鲁迅
现代伦理思想研究
苏懿◎著
中国社会科学出版社

图书在版编目(CIP)数据

鲁迅现代伦理思想研究 / 苏懿著 .—北京：中国社会科学出版社，2018.1
ISBN 978-7-5161-8974-0

Ⅰ.①鲁… Ⅱ.①苏… Ⅲ.①鲁迅（1881—1936）-伦理思想-研究
Ⅳ.①B82

中国版本图书馆 CIP 数据核字(2016)第 227458 号

出 版 人　赵剑英
责任编辑　任　明
责任校对　朱妍洁
责任印制　李寡寡

出　　版　中国社会科学出版社
社　　址　北京鼓楼西大街甲 158 号
邮　　编　100720
网　　址　http://www.csspw.cn
发 行 部　010-84083685
门 市 部　010-84029450
经　　销　新华书店及其他书店

印刷装订　北京君升印刷有限公司
版　　次　2018 年 1 月第 1 版
印　　次　2018 年 1 月第 1 次印刷

开　　本　710×1000　1/16
印　　张　13.5
插　　页　2
字　　数　221 千字
定　　价　68.00 元

凡购买中国社会科学出版社图书，如有质量问题请与本社营销中心联系调换
电话：010-84083683

目　录

导　论

鲁迅生活的时代，是大变革的时代。中国从封建时代向近代社会转型，最显著的一个困境在于理论上的选择太多而现实的选择太少。理论的丰富或者说混乱反映着社会的动荡与混乱，首先表现在新道德与旧道德、新生势力与守旧势力等的新旧冲突，又表现在新旧两方面各自的内部分裂，前一天还津津乐道的新道德可能到明天就是令人痛心疾首的旧道德，前一天还昂扬奋发的革命势力到明天可能就是反过来压迫人民的反动势力。正如新文化运动开始时新旧阵营博弈，代表了新文化代替旧文化的决心和勇气，然而迅速而来的就是陈独秀、胡适分道扬镳。正如瞿秋白所说："'五四'到'五卅'前后，中国思想界里逐步的准备着第二次的'伟大的分裂'。这一次已经不是国故和新文化的分别，而是新文化内部的分裂：一方面是工农民众的阵营，另一方面是依附封建残余的资产阶级。这新的反动思想，已经披了欧化，或所谓五四化的新衣服。"① 而这些新旧冲突、革命与反动的分化诸方面表面的分分合合最终表现在思想层面的根本问题则是伦理原则的冲突与分裂。五四新文化运动主张用新道德代替旧道德的认识抓住了问题的核心，可惜的是缺乏组织和行动能力的知识分子精英们在犹豫究竟是固守文艺和思想的阵地还是大谈政治与组织政党的时候，新时代的道德重塑已经抛开他们野蛮生长。

伦理学理论认为，伦理道德是调节个人与社会关系的一系列行为规范。而伦理原则是处理人与人、人与社会、社会与社会利益关系的伦理准则，是调整人们相互关系的各种道德规范要求的出发点和指导原则。伦理原则是制定道德规范、道德要求的依据，一定的道德规范、准则都必须与伦理原则相符合，同时，伦理原则又为道德具体要求提供指导与方向。由

① 瞿秋白：《〈鲁迅杂感选集〉序言》。

于一个社会的伦理原则是该社会的统治阶级极力倡导的道德根本准则，是一定社会道德最集中的反映，而在社会道德中，伦理原则主要表现为个人与社会的伦理关系问题，所以伦理原则的争论与探讨也往往集中在个人与他人、个人与整体的关系问题上。如个人主义与集体主义、人道主义与功利主义等的探讨与争论也主要是围绕着人与人、人与社会的伦理关系而展开的。[①] 在这一点上，鲁迅正如瞿秋白所观察的那样具有整个时代伦理原则转换的经典意义："正是期间鲁迅的思想反映着一般被蹂躏被侮辱被欺骗的人们的彷徨和愤激，他才从进化论最终的走到了阶级论，从进取的争求解放的个性主义进到了战斗的改造世界的集体主义。"自然，所谓的自由主义知识分子，如胡适等人也可以说他们的个人主义主张也包含了集体主义的含义。正如胡适的名言，一个国家不是一群奴隶可以建立起来的，争自己的自由就是争国家的自由。那么，鲁迅式的集体主义和胡适式的自由主义到底分野何在？在鲁迅和胡适冲突里面，大量的人格、知识结构、立场、观点的冲突差异的背后，更重要的是伦理原则的不同。

这种伦理原则的冲突是中国社会最为重大的事件之一，也是最难解决的困局："在20世纪，集体与个人的关系问题，是最富于现代性的问题之一，也是迄今为止，最难解决的政治难题。"[②] 这个难题在现代中国被更加放大，从五四新文化运动强烈主张的"个性解放""民主与自由"逐渐发展为为了新中国一锤定音的强调民族和国家利益最大化的集体主义，最终造成意识形态的冲突和决战，鲁迅针对现代中国思想特征的思考过程逐渐深入，恰好也是对这个历史过程深刻的反应与同步，同时也能给今天的思考和讨论提供宝贵的、真实的、具体的历史感受和学理的还原。对任何个体来说，生命都只有一次，任何人都没有重来的机会。如果将生命、财产、信仰等都毫无保留无条件地奉献给集体，个体又如何调适内心的冲突？集体利益得到确保之后，又将如何对待出于本能的个体诉求？是继续漠视人民做出的巨大牺牲，还是转而努力进行政策调适，从另一个角度维护抽象的人民群体中每个个体真实、具体的个人利益？一个完善与成熟的现代国家，在这一方面绝对要确立鲜明的伦理原则，不然整个社会必然陷入伦理困惑和选择困难，最终甚至可能导致社会的迷惘，甚至动荡。这个

① 倪愫襄：《伦理学导论》，武汉大学出版社2002年版，第59页。

② 林贤治：《鲁迅的最后十年》，中国社会科学出版社2003年版，第168页。

原则问题不解决，中国的现代化不论表面多么热闹，而最终很可能就是原地打转。国家还是人民，在利益尖锐冲突的时候如何处理？在集体和个人双方矛盾暂时得到解决之后，如何完善和发展集体主义还是对个人主义继续打压态势，同样事关我们国家的伦理原则，在某种程度上说，是这个国家信仰、理想、前途的自我选择。无论如何，这是一个没有得到理想的解决，还殷切希望得到解决的重大问题。

而在现代中国历史的维度中，中国社会表面上的冲突动荡、花样百出之后，中国这个古老的巨人在骨子里却又顽固依旧：“自晚清以来，中国社会一直有个特点，它在骨子里一切照旧，表面上却风波迭起，动荡得非常厉害。这就容易让人产生错觉，以为社会变化很大，新陈代谢的水流很急，新的浪潮还来不及扩展，更新的一波又扑面而来。”[①] 特定的时代特征掩盖了剧烈的矛盾冲突，但是问题一直都在：如何合理地、符合历史潮流地确立一个时代的伦理准则。个人主义原则在西方世界是已经得到证明的伦理准则，但是在中国文化语境和历史语境中，个人主义基本等于自私自利、无视集体利益的无组织无纪律性。当个人主义和自私自利画上一个约等号，个人主义就显得特别不适合中国国情。因为自从清朝以来国力衰弱的最直观的原因被认为是统治者的自私和道德堕落；新文化运动代表的国民性批判也是对国民的自私、麻木进行了尖锐而激烈的批判。在这种语境中，个人主义究竟有多少生存的空间？

克服这种表面动荡实则顽固的药方是什么？这是中国社会的也是鲁迅的问题，而答案就是：“唯一的救治方法是革命！”[②]“革命、革命，多少罪恶假汝之名！”鲁迅发现自己的革命言论成为制造“醉虾”的麻醉剂，人们在吃醉虾的时候并不喜欢吃全醉的虾，而是喜欢吃半醉的、还能反抗与动弹的。鲁迅怕他的文章是造就了醉虾一样的青年。将涓生、子君这些青年鼓动起来，前途是什么呢？是被旧社会吞没，还是创造一个新社会？这就是鲁迅铁屋中的呐喊；而毛泽东的革命理论却是革命的兴奋剂，针对反革命阶级的强大和顽固，革命要胜利只有一条道路，必须要做到“魔高一尺道高一丈”，“革命不是请客吃饭，不是做文章，不是绘画绣花，不能那样雅致，那样从容不迫，文质彬彬，那样温良恭俭让。革命是暴动，

① 王晓明：《无法直面的人生——鲁迅传》，上海文艺出版社2001年版，第92页。

② 许寿裳：《我所认识的鲁迅》，人民文学出版社1953年版，第18—19页。

是一个阶级推翻一个阶级的暴烈的行动”①。革命在鲁迅心目中是极其矛盾的运动，要民族解放，革命是唯一的道路，而革命的前途以鲁迅的判断很可能是改朝换代，抢一把椅子而已。这截然不同的两种感受却在毛泽东的《新民主主义论》中，在毛泽东对鲁迅的高度褒扬中得到完全的统一。从信仰革命到质疑革命，本身就是很值得讨论的问题。联想到亚洲同为落后国家的日本的现代化道路，中日两国的现代化其实能给出更多令人感叹的启示。日本通过明治维新自上而下实现了民族动员的现代化，中国通过革命自下而上实现了民族动员的现代化，两国现代化的结局却都是同样令人叹息。但是，历史根本没有留给现代中国多少叹息的时间，现实是鲁迅不由分说地被安放在了革命文化旗手的地位。

这种现象看似矛盾，却又并不矛盾。因为革命本身就是对矛盾的克服。不但是对单一矛盾的克服，而且是对知识分子与政治，统治阶级与无产阶级，个人主义伦理原则与集体主义伦理原则，宗法伦理与现代伦理之间矛盾的克服。中国现代伦理思想基本原则的确立就这样吊诡地以伦理始，以革命终。

无论是鲁迅的革命，还是毛泽东的革命都要服从中国的现实。而毛泽东的矛盾论就成为中国革命的重要哲学组成，而矛盾论作为一种杰出的理论创新最后指向了阶级斗争。在现代中国千丝万缕的矛盾中，穷人和富人的矛盾成为最重要的矛盾。而鲁迅毫无疑问是“矛盾”的，他的矛盾是对现代中国矛盾的矛盾，他更多的是出于一种绝望或者憎恨或者爱这些复杂的情绪而进行抗战，在理性上基本认为自己毫无胜算。与之相反，作为一种世界观，毛泽东的矛盾论认为：“时时有矛盾、处处有矛盾”，而作为一种方法论：“次要矛盾服从主要矛盾，矛盾的次要方面要服从矛盾的主要方面。”这就解释了中国革命充满了矛盾的现实又指出了解决的方法。在现代中国，还有比这更有力的哲学武器么？

但是问题在于，“差之毫厘，谬以千里”。在革命的最初，革命的方方面面是温和的、包容的、人道的、讲究方法方式的，但是随着主要矛盾对次要矛盾的一次一次的克服，次要矛盾对主要矛盾的一次次反动和反扑；矛盾主要方面对次要方面的一次一次的战胜，中华民族的核心利益是

① 毛泽东：《湖南农民运动考察报告》，转引自孔范今主编《百年大潮汐——20世纪思想解放运动文录》，泰山出版社1999年版，第651页。

政党的利益还是全民族的团结？鲁迅说我们是在背着古老民族的阴暗的心理与思维模式和灵魂在革命，旧中国有形的一切被砸得稀巴烂之后仍然具有异化革命的能力，这是迷信的诅咒，还是可以通过科学解释突破的宿命？革命的原始信息量在不断流失，在解决阶级矛盾和民族矛盾的过程中，革命日益激进化，革命越来越成功的同时离革命出发的地点也出现偏差。

鲁迅更多的是反映了与政治革命同步的伦理革命的变迁。鲁迅作为一个反抗绝望的矛盾集合体也能够在这个革命中得到说明，也需要在这个革命中得到说明。鲁迅在早期的光复会、后来的左联中观察到很多革命者背离革命初衷和宗旨的行动，他不断指责以郭沫若为代表的“革命文学”的鼓吹者其实是投机分子，今天的革命文学者，心理上已经是希望受到特殊对待的特权阶级。同时，他的无奈又在于他要服从于投机分子肩扛的那个招牌——革命的终极宗旨和革命的终极利益。毕竟已经烂透了的旧中国唯一的救治方法就是革命。在黑暗里沉沦，在反抗中异化，这就是鲁迅的现实，这和鲁迅在《野草》中表达的心境多么类似：在影子里，会被吞没，在光明里会被照灭；死火在山谷里会被冻灭，跃出山谷又会被烧完。鲁迅的纠结确实让人苦闷、痛苦、无所适从。还不如一场不顾一切的革命来得直接痛快。那么不怕牺牲、毫不利己的革命能不能摆脱这种令人纠结的气闷？历史的结局现在又成了反思的对象，中国现代化的道路真是难以破解的一种窘境。

鲁迅研究界“回到鲁迅”的口号提出了很长时间，问题在于真正要回到鲁迅实际很困难。假如要回到鲁迅，首先要回到那段历史，如果重来一次历史会改变吗？提出这个问题并不是毫无意义的，意义在于回到历史我们肯定会变得更聪明、拥有反思历史的能力，可是现代中国那种极端的内外部现代化的条件能改变吗？我们所有的讨论要考虑具体的历史情景和条件，这是讨论的前提。那么回到鲁迅，首先还是要面对鲁迅所面对的问题和面对他所处的时代的历史条件。不然，得到的仍然是一个自说自话的鲁迅，仍然是一个被风干的鲁迅。重回那段历史在当下看来是困难重重的，那个时代的史实需要发掘，用来分析历史的史观也需要重新建立，用还原历史中最核心的伦理原则的冲突也许是一个折中的办法。正是重新考察鲁迅对伦理革命的参与，在人道主义的演变、个人主义与集体主义的变迁、阶级斗争的论证与发展的过程中鲁迅的真正面貌才能得以浮现。鲁迅正是在对这些问题的观察和思考中，进行写作和生活，最终形成了历史的鲁迅。

鲁迅面对的第一个问题是知识分子伦理问题。知识分子是中国现代化的先锋与桥梁，没有知识分子的参与，中国的现代化不可想象。但是，面对实现现代化的重大责任，知识分子自身存在严重缺陷。鲁迅尖锐地指出担负这个使命的知识分子存在两大致命缺陷：知识匮乏与道德堕落。由此，鲁迅则陷入两线作战，既要反对知识分子的各种缺陷，同时又要反对打着现代化旗号进行的不公正的权力再生机制。因此，实际上，这两个问题在根本上反映的不仅仅是知识分子伦理重建所必须面对的自身内部困难，它们更加反映了知识分子的内战：在知识的背后，不同知识结构的知识分子有不同的利益诉求和政治诉求。同时在更深层反映了政治伦理中的一个古老难题：在什么情况下我们应该对政府忠诚，又在什么情况下我们应该拒绝效忠于它？这种分歧导致了现代知识分子的伦理与政治分裂。鲁迅面对这个困境时富于个性地将政治分为"革命"和"统治"，赞成政治"革命"一面，而反对政治"统治"的一面，鲁迅将之称为"文艺和政治的歧途"。虽然如此，在政治斗争的夹缝中，知识分子伦理重建的立场依然在启蒙与救亡之间摇摆，精神界战士是鲁迅知识分子伦理重建的最终选择。

第一章

知识分子伦理：激变时代知识分子的伦理诉求与体制角色

通常知识分子在处理个人与社会的关系时，其行为规范主要包括三个层面：第一，掌握足够的知识，基本的职业能力。这原本是最不应该成为问题的一点，因为这是一个基本的前提，但是由于近现代中国长期战乱动荡，教育极其落后，中国的知识分子仅仅是靠着少数精英在撑场面，绝大多数所谓知识分子实际知识水平较为低下是不争的事实。这个事实上事关知识分子“真伪”的问题，表明现代中国的知识分子是有先天缺陷的，更加严重的问题是很多不学无术的知识分子浑水摸鱼的时候，由于缺乏相应的标准和竞争，起到了“劣币驱逐良币效应”。第二，要保持独立思考的地位，警惕鲁迅所说“指挥刀”和“金元”对知识分子独立性的影响。在拥有养活自己和家庭的能力的情况下，不但要“独善其身”，还要“兼济天下”。鲁迅其实非常不愿意看到孔乙己式的知识分子穷困潦倒还要坚持“道统”的情况，但是他也常常越过经济独立的阶段，首先要求知识分子思想独立。知识分子不能做政治的传声筒和金钱的应声虫，要有强烈的主体意识，不被权力和金钱收编，这应该算是有良知的知识分子的持守。知识分子的进步与反动与否首先要看能否有独立的精神，不助纣为虐是确定知识分子立场的前提。第三，要对权力保持警惕，对抗权力造成的恶果，追求与捍卫正义，代表弱势群体。实际上，知识分子对抗权力在宋明时代一度是体制赋予科举知识分子的权利，保持一种畸形的平衡。但是随着近代进入了动荡的礼崩乐坏的时代，知识分子和政治的关系重新进入了一边倒的压制与被压制的关系。在没有经济独立和制度支持的前提下，知识分子要对抗整个权力体系。知识分子真正独立于金钱和政治的含义在于：他本身具有的生命力具有主体精神，能够判断是非对错，而不是屈从外来压迫。如此，知识分子势必要面对政治与权力。

实际上，在讨论知识分子如何确立自己的伦理规范之前，非常有必要讨论一下知识分子的现实境遇，因为知识分子从来不是独立于社会体制之外的，在做出自己伦理选择的时候，知识分子必然也要考虑社会体制的因素。因此，知识分子伦理问题，如果粗略一点说，实际是知识分子体制角色和自我伦理诉求之间权衡的问题。知识分子这一群体能够存在于社会之中，首先一个原因是社会需要赋予他一个体制角色；而当这种体制角色逐渐清晰之后，知识分子获得自我意识，然后就有了自我的伦理诉求。早在中国历史的春秋战国阶段，这个知识分子身份特征的形成过程已经有了明显表现：从百家争鸣逐渐过渡到儒家脱颖而出。深层的原因正是儒家知识分子在体制角色和伦理诉求上最符合社会发展的需要。在包括中国近现代历史在内的整个历史的过程里，知识分子的体制角色有时候与知识分子的伦理诉求一致，有时候则并不一致，甚至剧烈冲突。以鲁迅为例，在他身上一个容易被大家忽略的现实是，鲁迅亲身经历和体验了中国历史上几乎所有的体制角色。大致地说，中国知识分子的体制身份是很有特点的，可以分为这样几个阶段：在封建时代，知识分子的体制角色是科举制下的参与者，他们的伦理诉求就是修齐治平，家国合一，鲁迅曾经短暂参加过科举考试，成绩尚可但是并不足以在科举制中取得成功，科举制给鲁迅留下了终生难忘的痛楚，他塑造的孔乙己和陈士成是科举制下知识分子的经典形象，在这种体制下知识分子一定要自我摧残和自我激励达到科举的要求取得功名，才能获得体制角色，不然连自己的人生都被完全毁掉，能金榜题名的毕竟少数，虽然有很多人“位卑未敢忘忧国”，虽然很多读书人“天下兴亡匹夫有责”，但是没有功名，他们始终不敢或者不那么心安理得地称自己是读书人，是知识分子。就像孔乙己无法回答自己穿长衫而没有“进学”的窘境。其实，如果赤裸裸地揭破，这就是封建时代一种读书人的“一将功成万骨枯”的体制角色；到了北洋政府时代，传统的知识分子随着科举制的废除被终结了，在纷纷建立的北大、北师大之类的现代大学中，出现了新兴的以研究学问和探讨知识为职业的学院派知识分子，他们当然也关心社会现实，但是从体制上讲他们逐步地远离权力中心，进化到专家学者的社会角色，这类知识分子的伦理角色就比较尴尬。例如，在20世纪20年代鲁迅曾经受到攻击，指责他没有从北洋政府中辞职。鲁迅的反击则很有意思，他说陈西滢之流的所谓正人君子、学者和官员一样，都是从北洋军阀的政府里领取薪俸。如果学者们要求鲁迅道德上没有缺陷，不与反动的北洋军阀同流合污，那么这些学院派的知识分子也要一并辞职，脱离于社会体制之外。这些学院派知识分子当然只能保持尴尬的沉默，因为并没有哪个教授出于义愤能主动辞职，在“普天之下莫非王土”的大一统体制下，义不食周粟的伯夷叔齐，只能饿死在首阳山下，在那个大动荡的时代，学院派知识分子在饭碗和道义之间实在两难。

在上海的鲁迅，经历了现代知识分子的另外两种体制角色。一种当然是“无所顾忌，任意而谈”的自由撰稿人的体制外知识分子的角色，当然这种身份的获得，有着鲁迅极其特殊的个人特点，如杰出的文学天才和租界写作的历史条件，使得鲁迅的“自由”能得以维持。但是也不可否认，当时的社会上出现了一定比例的自由主义知识分子和所谓的自由职业者之类的体制外的知识分子。虽然他们也像科举制下的失败者一样游离于权力中心之外，但是大多数有一技之长，可以维持自己的生计问题和兴趣爱好以及政治观点的独立。表面看来这种知识分子的社会角色是比较理想的，但是事实上这种知识分子也是处境很尴尬。因为在当时的时代背景下，民族矛盾和阶级矛盾尖锐，这类知识分子受到严重批判，其中最主要的一股批判力量是共产党体系内军事化或半军事化体制下的知识分子。随着国共分裂，左联的建立，左翼知识分子被组织起来，有了坚强的领导和严密的组织，成为一支夺取国家政权不可或缺的文化军队。这种严密的组织性、纪律性、“革命”性在中国历史上也是比较少见的。随着鲁迅加入左联，一方面，他参与了左联对右翼知识分子和国民党政府的批判，另一方面，针对左联中出现的“宗派主义”“命令主义”“特权主义”等问题，他愈加珍视自己能够独立思考和经济、政治独立的可贵。可以说，晚年国民党反动统治给鲁迅造成的痛苦和困惑，可能还没有鲁迅的自由撰稿人知识分子的身份和左联准军事化组织知识分子的身份分裂造成的痛苦来得重大和深重。

整体上说，这基本就是鲁迅所处时代知识分子所面临的语境和困境。没有任何一种知识分子是心无旁骛的，是出淤泥而不染的，不论在体制内还是在体制外，都遭受着无往不在的挤压和迷茫。而他们又没有选择，无法抱怨时代的先天缺陷，只能去肉搏这个时代和体制。按照这个思路走下去，鲁迅所做的主要工作，并不是深入挖掘知识分子的精神痛苦，而是完成了对知识分子的时代批判，其实这是一个非常反讽的关于知识分子现代化的问题。因为知识分子在一个不完善的社会制度下希望通过自身的战斗建立一个现代社会，注定是失败的，但是如果不去斗争又违背了知识分子无论是传统的还是现代的自我的伦理诉求。在鲁迅重建知识分子伦理之前，知识界自身的缺陷首先为鲁迅所重视，也就是知识分子基本含义的首先一层，关于“真伪”的问题。鲁迅在开展他卓越的国民性批判的同时，也进行了知识分子的自我剖析与批判。进而在批判的基础上发展为知识分子的内战，进而才有知识分子对政治立场的伦理论证与选择。

第一节　揭示知识界尴尬现状之一：知识匮乏的知识分子

历史闪回到今天，鲁迅在当代中国的出场，其实也是源自当代知识分子试图重建自我，获取自我意识的契机，简单地说就是要求体制身份和自我伦理诉求的平衡。他们似乎看到“肉搏”这个时代的必要，又似乎看到了无谓挣扎的无奈与无效。在无数个书斋苦读的夜里，鲁迅的文字击打着他们的心。“文化大革命”的噩梦结束之后，作为鲁迅曾经的论敌和死后不遗余力的赞颂者，郭沫若欢呼迎来了科学的春天，知识分子将沐浴在阴霾散去之后的一片春光里。新时期改革开放的时代同时也是一个知识分子自觉的时代，思想和学术的繁荣让他们意识到自身的存在和价值。但是，这个觉醒的开始，同时也是彷徨的开始，很快新时代的知识分子也将不可避免地体味鲁迅那代知识分子体味过的“梦醒了却无路可走”的人生苦境。

一

在短暂的欢欣鼓舞之后，知识分子们沮丧地发现这个过程同样是个知识分子，尤其是人文知识分子式微的过程。这个过程并不完全合理，深深刺痛了知识分子的内心，人们将之称为“脑体倒挂”。初尝这种苦涩的知识分子们极不适应，没想到这种知识分子“边缘化”的尴尬现实在鲁迅的时代其实“早已有之”。这是当代知识分子理解鲁迅和理解时代的过程，这究竟是社会发展的大势所趋，还是新的一种社会结构的扭曲的时代秩序？如果知识也将成为一种商品，甚至是廉价的商品，那么知识分子将何为？鲁迅所谓“京派近官，海派近商”总之知识分子的定位不出帮忙与“帮闲”这两个范围的断言好像也并未过时，在经济起飞的时代氛围里，知识分子们在艰难迎风飞翔之前，需要新的榜样确定自己的坐标。此时鲁迅的身影重新进入知识分子的视野，虽然如此鲁迅却不是当代知识分子确认自我的首选参照。因为鲁迅那代知识分子身上有太多意识形态的油彩，谁也不知道要费多少口舌才能“回到鲁迅”“重走五四路”，将这些历史的遮蔽全部洗清还不如干脆从西方直接拿来。在中国，福柯、萨特、葛兰西、哈耶克、萨义德等名字在知识界口耳相传，他们的理论和观点广泛传播：知识与权力、有机知识分子与传统知识分子的区分，公共知识分子的界定，知识分子的道义责任等不一而足。他们的理论也不断启发中国的知识分子，促使他们热情讨论知识分子关心的市场经济与知识分子边缘化、人文精神、从广场到民间、从意识形态走向学院化等问题。

知识分子在向西方寻找理论资源的同时，却总感觉少点什么。如同现代历史上那些借鉴西方的活动一样，这次从西方拿来的种种理论也受到中国现实的巨大排斥。知识分子意识到一夜之间瓦解意识形态建构无异于痴人说梦，大批知识分子走向专业化或者干脆走向犬儒的同时，他们认识到这种瓦解不可能采用休克的方法，而应当采用从源头上分析形成原因与客观历史条件从而逐渐剥离的手法。这是一个试图远离政治的思想和学术的过程，这个逻辑与五四如出一辙，所以被命名为“新启蒙”。在这个过程中，鲁迅也重新成为中国当代知识分子重新审视自己的一个重要坐标，甚至被看作是现代化的某种重要思想资源与精神旗帜。

但是，让这些知识分子略显尴尬的是：他们越了解鲁迅，越发现自己似乎是在“谬托知己”。鲁迅或许折射出了当代知识分子的苦衷，但是同时映照出他们自身的缺陷。鲁迅式的“抉心自食，欲知本味”对当代知识分子来说是太过残酷的现实。对于鲁迅来说，对于他的年代，知识分子问题也许复杂，也许富有理论讨论的深度，但都不是他关心的重点。

对于知识分子，鲁迅所深恶痛绝的是最为基本的两点：知识匮乏与道德崩溃。至于知识的高深和思想的分歧，暂时还谈不到。也即是说，在当代知识分子在体制角色的束缚下苦苦挣扎的时候，鲁迅强调的是知识分子的伦理诉求。从这个意义上来说，鲁迅其实一直是一些所谓“高级、高层次”知识分子的读物，对于很多生活在社会底层或者边缘的知识分子来说，鲁迅其实较为遥远。反讽的是，鲁迅对所谓“高级”知识分子的瓦解和抨击更为猛烈。

鲁迅一生都在和形形色色的知识分子打交道，也在不断反思知识分子。知识分子是现代化的先锋与桥梁，没有知识分子参与的现代化是不可想象的。但是，现代中国的知识分子并没有表现出承担这个责任的现实能力与道德力量。放眼看去，在许多知识分子身上，特别是高级知识分子身上，鲁迅只看到“学者”的标签，却看不到与之相称的知识。对于这样的知识分子，鲁迅以调侃的语调说道：“即使看不到‘学’，却能看到‘学者’，明白那是怎样的人物，于‘世故’及创作，会有用处也。”① 没有学问，却可以成为学者，确实只能用世态和世故解释。在鲁迅的笔下，知识分子无论新旧、大小、显赫与卑微、可悲与可笑、可憎与可怜，他们在时代夹缝中的窘迫身影无处遁形。各式各样的知识分子令人眼花缭乱，但知识的匮乏却是他们的共同点。将鲁迅笔下各种并无知识的知识分子总结一下，大体可以分为三大类八个类型。鲁迅对各个类型知识分子的批判虽然都是从知识缺乏入手，但也存在细微的差别，尤其值得玩味。

第一，过时型。在晚清以降的剧烈社会动荡中，新时代的到来宣告了旧时代的死亡，随同殉葬的就是这些旧文化的拥抱者。废除科举制度造成了大量无所适从的多余人。孔乙己、陈士成是这些知识分子的代表。孔乙己的名字本身就是旧文化半通不通的象征。他一本正经地对小伙计讲述茴香豆的“茴”字有四种写法，对于改善他的处境不但没有任何帮助，反倒成为一个笑柄。鲁迅在表现这个过程中挽歌一样投去悲悯的同情，因此在表现这些知识分子时不但熟练、从容而且在情感上也是忧伤而且隽永。孔乙己为旧文化殉葬，为科举所抛弃被视为多余人，而他却口必称儒家经典，衣必穿儒生长衫，则更是十足的可悲。他是如此眷恋抛弃他、伤害他的旧知识旧文化。传统文化下被旧知识和价值观控制的知识分子的可悲、可怜可见一斑。科举被废除是大势所趋，当时的社会没有能力或者更不可能有意愿主动给这些只懂四书五经的知识分子提供出路和解决就业问题。那些能够快速适应时代巨变的旧式知识分子继续随着时代前进，而那些跟不上的就只能是像参加了一次有去无回的长征，被永远地留在了雪山草地，然后被永久地忘记。

如果说这些殉葬者们让鲁迅悲悯而且同情，但是那些为了追求自己的个人出路，完全将知识分子的操守弃之不顾的旧式知识分子又该如何对

① 鲁迅：《鲁迅全集》第12卷，人民文学出版社1981年版，第334页。

待？那些分明已经不适应时代的旧文化僵尸们却还死死拖住时代的脚步则让鲁迅痛恨不已，终生燃烧着鞭尸的热情。在鲁迅看来，这些封建文化的卫道者们都是“现在的屠杀者”，因此批判起来毫不留情。不但彻底否定他们所依仗的旧文化，同时对这些张口“子曰”，闭口“诗云”的守旧者，也给予严厉抨击。认为他们毫无旧学根底，与旧文化也是牵强附会、谬托知己。在鲁迅看来，旧文化如果甘居于历史的一角也不失为一种主张，但倘若被用来号召青年“钻故纸堆”就不可避免地坠入反动境地。鲁迅批判鼓吹“国故”最为有力的学衡派说：“倘使字句未通的人也算在国粹的知己，则国粹更要惭惶然人！‘衡’了一顿，仅仅‘衡’出了自己的铢两来，于新文化无伤，于国粹也差得远。”① 国粹有没有价值，价值几何还是要讨论的问题，但是那些崇古者食古不化的蠢态却是确凿无疑的。在这一点上鲁迅坚决站在了传统文化的对立面，这也使他陷入了彻底反传统的争议。但鲁迅就是偏执地坚持这一点：传统文化没有前途，现代化是旧式知识分子和传统文化唯一的出路。面对这样的挖苦，复古者的兴致再高也不免要汗颜吧！总结起来看，无论是“整理国故”的学衡派，还是主张“读点庄子”的施蛰存等文化保守派都在与鲁迅的论战中缄口不言，至于私底下个人爱好与否，鲁迅则并没有兴趣干涉。复古只要不拿出来作为号召就好，这是鲁迅对于旧传统的底线。能够汗颜的复古者，说明自己也认识到与时代的落差。但另有一部分知识分子沿袭自古以来攀附权贵的旧传统，却扬扬自得，时刻损害着社会却毫不为意，这就是帮忙帮闲型知识分子。

第二，帮忙帮闲型。1932 年鲁迅在北京大学演讲，指出中国历来的文学不外帮忙与帮闲两种类型。知识分子不为帮忙则为帮闲：“现在做文章的人们几乎都是帮闲帮忙的人物。”② 这类知识分子虽然不像前一类型知识分子抱住传统不放手，但是他们的社会角色确认仍然是旧式的，与现代社会不但无补而且有害。在鲁迅的时代，那些帮忙的知识分子却只有帮忙之志，并无帮忙之才。在论战中彻底揭露论敌的无知是鲁迅最常用的战法。那些为不得人心的执政府帮腔、打圆场的知识分子经常成为鲁迅的攻击目标。

---

① 鲁迅：《鲁迅全集》第 1 卷，人民文学出版社 1981 年版，第 379 页。

② 鲁迅：《鲁迅全集》第 7 卷，人民文学出版社 1981 年版，第 384 页。

在三一八惨案发生后，鲁迅与现代评论派进行了激烈论战。其实论战的焦点本来是双方对待学生请愿和政府弹压的具体态度。现代评论派认为学生不应该卷入政治，而鲁迅则支持学生的正当要求。但是随着论战的展开，双方都质疑起对方的知识背景，希望从此一角度釜底抽薪。现代评论派互相标榜自己留学生的知识背景，鲁迅则首先对章士钊的留学背景提出质疑。“现在的留学生是多多，多多了，但我总疑心他们大部分是在外国租了房子，关起门来燉牛肉吃的，而且在东京实在也看见过……所以，我看见回国的学者，头两年穿洋服，后来穿皮袍，昂头而走的，总疑心他是在外国亲手做过几年牛肉的人物。”① 鲁迅很尖刻地剥去了这些同情和支持北洋政府的“学者”的留学生外衣，贴上了闭门煮牛肉的“饭桶”“吃货”的标签，实在是极为尴尬。现代评论派的另一个代表人物陈西滢也自我标榜旧学很有功底，加以留过洋，总之在学问上有点自诩学贯中西，而鲁迅则攻击性十足地明确指出陈所犯的常识性错误。陈西滢故意炫耀说：“不研究汉宋明清许多儒家的注疏理论，‘四书’的真正意义是不易领会的”，鲁迅则直言其荒谬，捏造知识、无中生有：“那短短的一部‘四书’，我是读过的，至于汉人的‘四书’注疏或理论，却连听也没有听到过。”②陈西滢用来吹牛的“四书”注疏理论，根本子虚乌有，鲁迅的辛辣显示出的不仅仅是陈西滢的无知，还有无耻。

鲁迅更是大加揶揄众多的所谓学者正可以借口缺少参考书，兼之没有钱便做不出像样的学问，只好满口“闲话”。这些有钱买牛肉煮着吃，却没钱买书的知识分子也是活该大脑一片空白，满口废话、闲话：

> 总之，在近几年中，是未必能有较好的“做学问的工具”的，学者要用功，只好是自己买书读，但又没有钱……学者们另外还有什么法子呢，自然“也难怪他们除了说说‘闲话’便没有什么可干”。

而鲁迅在与梁实秋进行论争时，将之唤作资本家丧家的“乏”走狗，更是直指梁实秋想做资本家的走狗却因为知识与本领的缺乏而并不得力。“梁先生……不过想借此助一臂之力，以济其‘文艺批评’之穷罢了。所

① 鲁迅：《鲁迅全集》第3卷，人民文学出版社1981年版，第118页。

② 同上书，第109页。

以从‘文艺批评’方面看来，就还得在‘走狗’之上，加上一个形容字：‘乏’。”[①] 这样看来，那些为政府帮忙帮闲的知识分子的政见的高下、正确与否都谈不到了，因为他们的知识分子的身份都成问题，都是“冒牌货”。这些知识分子自己认为是在说一点公道话，而鲁迅坚持认为他们只不过是披着“公理”与“学者”的外衣给政府帮腔和洗白，所以撕掉他们带着欺骗性的学者外衣，将他们漫画为“草包”形象是鲁迅屡试不爽的论战手法。

当然也要承认，鲁迅揭露诸多类型知识分子的无知很多是从论战角度出发，使用的是攻其一点不计其余的战术，与实际情况并非完全一致。即如他攻击学衡派、现代评论派、新月派的无知、无能都是相对而言，实际上鲁迅也有一种依靠自己的渊博知识建立学术霸权的嫌疑，最后导致意见不同的辩论者最后都举手投降缄口不言，以为论战毫无意义，从这点上看也可见一斑。但是从整个中国的情况来看，知识分子的常识性错误屡屡为鲁迅所指出确实也说明了不但文艺界，社会各界也都被浓厚的知识匮乏所笼罩。

帮忙者并无其才，而帮闲者就更加等而下之。所谓帮闲，也就是知识分子自古以来名为士人，实为倡优的传统角色：“明末清初的时候，一份人家必有帮闲的东西存在的。那些会念书会下棋会画画的人，陪主人念念书，下下棋，画几笔画，这叫做帮闲。”[②] 如果不加分辨地批判知识分子的帮闲也是不科学的，因为像汉代的东方朔那样沦为皇帝弄臣的知识分子也有很多体制性苦衷。大多数的读书人实际内心都会鄙夷这种帮闲文人，所以仅仅是鄙夷他们实际并无充分的现代意义。帮闲文人最大的问题在于帮闲却也可以转化为帮忙，只是由于并无切实的知识，手法较为拙劣、下作而已。“帮闲，在忙的时候就是帮忙，倘若主子忙于行凶作恶，那自然也就是帮凶。但他的帮法，是在血案中而没有血迹，也没有血腥气的。”几千年来中国社会每每都可以粉饰太平，掩盖真相，除了统治者的刀以外，御用知识分子的笔是捆绑人民的另一条绳索。帮忙的手段却是极为下作，往往使用和任何正经知识都毫无干系的“捣乱”与打岔，使得“无

---

① 鲁迅：《鲁迅全集》第4卷，人民文学出版社1981年版，第247—248页。

② 鲁迅：《鲁迅全集》第7卷，人民文学出版社1981年版，第382页。

论如何严肃的说话也要减少力量”[①]。其实，对知识分子分类到此，可以发现能否用知识分子来概括所有的读书人阶层已经很成疑问了，因为他们已经分裂成了根本对立的两个阶层，而真正能成为历史的骨头的知识分子实际是很少数，而背离了知识分子的境界、情怀和信仰的是多数，当然要强调的还是这在很大程度上是体制的设计和结果。但是，不管如何，知识分子不能保持人身和人格的独立必然要沦为各式各样的帮忙或者帮闲。但是鲁迅在晚年，却认为这些既无知识又无才情的帮忙与帮闲实在是在扯淡。

第三，扯淡型。1935 年，鲁迅写作《从帮忙到扯淡》，叙述了这个演化的过程。鲁迅写道：“必须有帮闲之志，又有帮闲之才，这才是真正的帮闲。如果有其志而无其才，乱点古书，重抄笑话，吹拍名士，拉扯趣闻，而居然不顾脸皮，大摆架子，反自以为得意……但按其实，却不过‘扯淡’而已。帮闲的盛世是帮忙，到末代就只剩了这扯淡。”[②] 知识没有和时代形成良性循环，反而成了末世的象征，作为“士、农、工、商”四民之首的知识分子终于也成为末世景象的一部分和推动者。而在鲁迅所处时代的末世景象中，知识分子这种全无知识只能扯淡的情形比比皆是。例如，高老夫子收到贤良女学校的聘书，准备教授历史课。但他理解的历史实在是令人啼笑皆非，严肃的史实不见踪影，代之以通俗民间故事传授给学生：“他最熟悉的就是三国，例如桃园三结义，孔明借箭，三气周瑜，黄忠定军山斩夏侯渊以及其他种种，满肚子都是，一学期也许讲不完。到唐朝，则有秦琼卖马之类，便又较为擅长了。”[③] 这样的知识分子不要说“传道、授业、解惑”，简直连个职业说书人都不如。而在课堂上原形毕露之后，只好重新回到“打牌，看戏，喝酒，跟女人”的老路上了。其他还有《肥皂》中的四铭、《理水》中文明山上的学者们无不是毫无真才实学，一味扯淡来欺世盗名，这些人着实可谓士林败类，因其毫无顾忌不受伦理约束，反而处处得意，危害深远。

以上类型的知识分子，有旧知识根底者则迷恋着旧社会的“骸骨”，全无知识者则转向装腔与欺骗，对社会不但无益反而有害，成为中国革命

---

① 鲁迅：《鲁迅全集》第 5 卷，人民文学出版社 1981 年版，第 272—273 页。

② 鲁迅：《鲁迅全集》第 6 卷，人民文学出版社 1981 年版，第 345 页。

③ 鲁迅：《鲁迅全集》第 2 卷，人民文学出版社 1981 年版，第 75 页。

的阻碍力量。鲁迅对他们的揭露酣畅淋漓，常常带着嘲讽的笑意和诙谐的色彩。

但在另一类知识分子身上，鲁迅发现同样存在严重的知识匮乏现象，却因为他们倾向革命与进步，在对他们进行规劝或者批判时明显留有余地。此时，鲁迅因为种种原因无法发表对他们的真实看法，既怕对他们的批判成为反动派的口实，挫伤他们革命的积极性，也怕破坏团结引发不必要的争论，但又无法对他们的错误倾向保持沉默，只好提醒他们作为知识分子有充分掌握知识，进行理论研究的必要。

第四，浮躁型。鲁迅对文艺青年们寄予厚望，希望他们能够成为反对旧文化，建设新文化的主力军。但青年们的心浮气躁却让鲁迅大失所望："近十年中，有些青年，不乐科学，便学文学；不会作文，便学美术，而又不肯练画，则留长头发，放大领结完事，真是乌烟瘴气。假使中国全是这类人，实在怕不免于糟。"① 鲁迅这段议论针对的是学文不成，退而求其次学画而又不肯下功夫的青年。表面是说这种现象，实际骨子里说的是青年的浮躁。而鲁迅的这种担心并非多余，凡事都想走捷径，而不肯努力用功在当时社会上是一种普遍的现象，的确当得起"乌烟瘴气"，并且持续时间也远远超过"近十年中"。这种浮躁病也表现在寻找救国救民的真理的过程中。挽救危亡的急迫心情虽然是建立在完全可以理解的现实基础上，但知识分子也要负对于所引入理论在学理上深入分析与厘清的责任，可惜的是现实显然并不如此。鲁迅在一封书信中说："中国的书，乱骂唯物论之类的固然看不得，自己不懂而乱赞的也看不得，所以我以为最好先看一点基本书，庶不致为不负责任的论客所误。"② 在这里，知识分子的角色不但不是思想混乱的拨乱反正者，而且成了不负责任的论客。在封建时代，知识分子的监督和批判还是社会的一个安全阀，到了鲁迅时代知识分子的传统责任随着传统社会的崩溃也崩塌了。不管主观动机如何，客观上知识分子是部分地加剧了中国社会的思想混乱。而反讽的是，这封语气温婉的通信告诫的对象正是徐懋庸，后来成为鲁迅眼中他所碰到最为浮躁、蛮横的青年。至此，温文尔雅的知识分子距离和流氓泼皮画上等号已经不远。

---

① 鲁迅：《鲁迅全集》第 12 卷，人民文学出版社 1981 年版，第 445 页。

② 同上书，第 303 页。

第五，流氓型。在左翼文艺运动中，鲁迅发现了这样一群难缠的文艺青年，刚刚从学堂中走出，或者从斗争的火线败退下来，就满腔悲愤地占据了革命文学的“要津”，以站在时代风口的姿态强占了革命的话语权。在辩论中不但蛮横，还任意打击论敌，毫不考察事实而是肆意扣上各种帽子。鲁迅最初还注意到这一类型的知识分子富有才情、倾向进步的一面，将之命名为“才子加流氓”，并没有直指他们毫无知识。但是在与他们的论战过程中，鲁迅还是忍不住指出他们的无知和低能。先是指出冯乃超剧作的拙劣：“作品虽然也有些发表了，但往往是拙劣到连报章记事都不如……”来看两句冯乃超剧本结尾处的警句：

> 野雉：我再不怕黑暗了。
> 偷儿：我们反抗去！①

鲁迅指出冯乃超的创作就是喊口号和贴标语之后，又在文章中指摘王独清和郭沫若创作上的瑕疵，这样，他的指责几乎涵盖了主要的左联作家：

> 王独清的从上海租界里遥望广州暴动的诗，“PongPongPong”，铅字逐渐大了起来，只在说明他曾为电影的字幕和上海的酱园招牌所感动，有模仿勃洛克的《十二个》之志而无其力和才。郭沫若的《一只手》是很有人推为佳作的，但内容说一个革命者革命之后失了一只手，所余的一只还能和爱人握手的事，却未免“失”得太巧……我想，革命者所不惜牺牲的，一定不只这一点。《一只手》也还是穷秀才落难，后来终于中状元，谐花烛的老调。②

创造社代表的这种倾向，不但反映在创作中，因为创作中的幼稚和浅薄不是鲁迅所不能接受的，更反映在创造社青年们思想上和革命主张上。尤其是他们往往并不深究社会科学的实际，而只是空喊革命的口号。喊喊口号就能证明自己进步，进而给不肯喊口号的鲁迅扣上落伍、反动的帽

---

① 鲁迅：《鲁迅全集》第4卷，人民文学出版社1981年版，第84页。

② 同上书，第135—136页。

子，显然不但不能说服鲁迅，还会激起鲁迅更大的愤怒。但是，鲁迅感到愤怒的同时，也感到深深的无奈。这种突变式思想转变虽然在创造社的革命青年身上表现得最为明显，但是拼命抓取各种好听庄严的名号以掩盖自己牟取私利的企图的社会病却在知识分子中间大量、严重存在。这类知识分子所掌握的这种无法转化成信念、信仰乃至行动的知识只能是好听的借口、好看的招牌。而各种大小知识分子的“知而不能行”，并不是真知，更不能真行。不管嘴上如何说，这些知识者是无论如何不肯说出内心的真实想法的。鲁迅如此评价这些革命队伍中的知识分子显然是极为气愤情绪下和受到攻击情况下的产物，也缺乏十分周全理性的思考。在正常的时代环境下，也许鲁迅会在情绪冷却之后后悔自己口不择言的冲动。但现实是革命队伍中的某些知识分子用更加过分的举动，严重地刺激了鲁迅的神经，彻底激怒了他。

第六，暴君型。在鲁迅一生与中国现代知识分子纠缠的经历中，比流氓型知识分子更进一步的是暴君型知识分子。这类知识分子对于封建时代的皇权思想并无自觉、清晰的认识，相反却在现实中贯彻着这种暴君肆意施虐的皇权思想。这在旧派知识分子如《风波》中的赵七爷、《孔乙己》中的丁举人身上表现得非常明显。赵七爷因为一点琐事就一心要置七斤于死地，自然横暴得可以。然而，这位内心酷烈犹如暴君的乡村知识分子的蛮横和知识并不成正比例。赵七爷这位“三十里方圆以内的唯一的出色人物兼学问家”，他的学问不禁让人哑然失笑：“他有十多本金圣叹批评的《三国志》，时常坐着一个字一个字地读；他不但能说出五虎将姓名，甚而至于还知道黄忠表字汉升和马超表字孟起。革命以后，他便将辫子盘在顶上，像道士一般；常常叹息说，倘若赵子龙在世，天下便不会乱到这地步了。”①这不得不让我们自问，这种披着知识分子、读书人外衣的劣绅除了残暴的内心，还有什么呢？鲁迅这样描写自然是因为他认为旧派人物确实毫无切实的知识而加以调侃，但是新式知识分子却也对知识毫无兴趣，对权势与权术则醉心不已。那么，知识分子的新旧区分又有什么意义？即如徐懋庸之类的革命青年，虽然也有《打杂集》这样的创作，但和其在革命过程中表现出的横暴相比，实在不能使人相信这是一个以革命大局为重的作者。鲁迅针对这些青年的横暴，反唇相讥，同时也希望徐懋庸等青

---

① 鲁迅：《鲁迅全集》第2卷，人民文学出版社1981年版，第470页。

年能够认真学习革命理论，彻底摆脱肤浅而横暴的态度：“徐懋庸还叫我细细读《斯太林传》。是的，我将细细的读，倘能生存，我当然仍要学习；但我临末也请他自己再细细的去读几遍，因为他翻译时似乎毫无所得，实有从新细读的必要。”[①] 如果说，自青年时代就同革命党交往甚密的鲁迅此时读懂了青年们看似狂热、幼稚的行为背后的潜意识，他如何不能感到深深的悲哀和恐怖。

上述两类的知识分子可以笼统地使用进步和反动来区分。但是，这样的区分并不能全部涵盖整个的知识分子群体，在这进步与反动的划分之间还有一个庞大的知识分子群体。因为他们无法积极投身革命，同时却也无意反动站在革命的对面，只好被革命抛弃或者抛弃了革命而居于边缘。

第七，糊涂型。在鲁迅的透镜之下，知识分子的怪现象无所不有，有欺世盗名者，却又有蠢笨如牛者。表面上看，这类知识分子之所以糊涂是缺乏必要的判断标准，而知识性缺陷不能不说是一个重要的原因。这种缺陷并非知识的缺乏，相反，是太多知识的混杂导致了头脑的混沌，以致是非模糊。毕竟，饱读诗书却落得头脑糊涂的结果只能说是知识分子反被知识误，当然是一种伪知识。最典型的莫过于《采薇》中伯夷、叔齐两兄弟。两兄弟满口礼义，实则糊涂透顶。对于当时社会中最为重大的“武王伐纣”事件，尤其没有是非对错观念。商纣王的“变乱旧章”是错的，“原是应该征伐的”。不过，周武王“以下犯上”，“究竟也不合先王之道……”[②]这种糊里糊涂的性格正是鲁迅借着小丙君之口所说的：“尤其可议的是他们的品格，通体都是矛盾”[③]。最终，两兄弟也只好在首阳山上饿死了事。这也是晚年鲁迅对当时知识分子无是非立场的一个尖锐讽刺，僵化的思想内容严重束缚了知识分子判断现实的能力，最终走上逃避时代矛盾的末路。也许，鲁迅的批评太过严酷，对很多知识分子来说要求太高、太严。可是，联想到知识渊博的周作人沦为汉奸，不正是可以印证鲁迅对他的评价吗？一个“昏”字表达的不仅仅是对周作人个人的失望，也是对很多类似的知识分子读书越多越没有思考能力的呆子处境的哀叹。鲁迅可以毫不仁慈地将糊涂型知识分子送上末路，却对边缘型知识分子充

---

① 鲁迅：《鲁迅全集》第 6 卷，人民文学出版社 1981 年版，第 538 页。

② 鲁迅：《鲁迅全集》第 2 卷，人民文学出版社 1981 年版，第 395 页。

③ 同上书，第 409 页。

满同情。因为这是一群有心改革、无力回天的时代零余者。

第八，边缘型。这部分知识分子是现代知识分子中下层的主体，在鲁迅小说中也为数众多，因为处境的窘迫，而居于社会的边缘。他们大多出身农村，在他们“鲁镇”一类的宁静乡村接受一些古典文化的教育，然后在城市获得一些零星的西方观念，然而卑微的社会地位使他们忙于谋生而无法潜心读书，只能在社会的各个角落迁徙漂泊。在精神归属上恓惶地徘徊于城乡、中西之间。《故乡》中的“迅哥儿”、《在酒楼上》的吕纬甫和“我”、《伤逝》中的涓生和子君等都在此列。他们并不缺乏判断力，他们充满热情地接受了新文化和近代科学，也曾鼓起了与旧社会奋斗的勇气。鲁迅常常将他们这种奋斗失败后的颓唐归咎于知识分子的意志脆弱，或者环境的恶劣。但是，如果细究起来，他们其实有一点知识，可以教书，例如吕纬甫，却不过是做家庭教师教一些自认无聊的“子曰诗云”。也可以翻译一点文艺作品，例如涓生，不过实在是一种做小职员失败后的不得已选择，难以成为谋生的手段。《幸福的家庭》塑造的则是一种被鲁迅取消了同情，代之以嘲讽的无知而无聊的小知识分子的形象，更是毫无常识要在战火连天的现代中国寻出一个臆想中的幸福的家庭。在动荡的社会中，这些人谋生已经很困难，难免因为境遇困顿而精神颓唐。由于他们多少接受过一些新式教育，具有进步思想，所以精神的苦闷是他们的明显特征。即便是居于社会的边缘，而非纯粹的底层，但是他们的精神痛苦也极为发人深思。也是鲁迅小说擅长写“灵魂的深”的集中代表。

从以上可以看出，知识分子却无知识的现象涉及极为广泛，几乎涵盖了整个知识界。无论是新式的革命青年还是老派的卫道士，无论是处江湖之远的边缘知识分子还是居庙堂之高的帮忙帮闲知识分子，在鲁迅的拷问面前均无可遮掩，极为尴尬。从历史上来看也是绝无仅有的特殊时代的特殊现象。

这种特殊现象之后是否还有更深的时代意味？稍加观察会发现，虽然是从知识结构的角度来考察知识分子的特点，但是他们不可避免地分化为“左”、中、右三个大的群体：过时型、帮忙帮闲型、扯淡型属于右派；浮躁型、流氓型、暴君型大致属于“左”派；糊涂型、边缘型属于中间派。这些人对革命的态度并不相同，革命对待他们的态度自然也并不相同。鲁迅在如何对待这不同政治倾向的知识分子的态度上其实也有很大不同。正如毛泽东所说：“皮之不存，毛将焉附”，鲁迅在批判这三大类知识分子时态度并不完全一致，更多地考虑了这三类知识分子背后代表的思想倾向和政治目标。这在很大程度上也可以说，鲁迅揭露知识分子并无知识，主要目的并非指出这一事实，而是试图使知识分子中的错误倾向得到纠正。所以，鲁迅对这三大类知识分子的态度有着微妙的不同：对右派是淋漓尽致的批判；对中间派是同情的或者温情的批判；对“左”派是隐忍的批判。这样从表面上看，对于“左”派的隐忍和中间派的同情使得鲁迅主要的斗争目标是右派知识分子。在鲁迅看来，这些“文人学士”不但不自觉自己的无聊与空虚，反而纠结起来投靠军阀和权势布成无物之阵。这正是鲁迅早期针对知识分子内部反动倾向斗争的目标。

二

在这种无物之阵面前，鲁迅毫不犹豫地发出战叫，举起投枪。但是，鲁迅所面对的是整个知识分子阶层的溃败，鲁迅对他们的揭露只能导致他们更加刻骨的憎恨与谩骂。鲁迅和仍然保持了爱国热情的知识分子们不得不面对既无知识又无道德却高举着知识与道德旗帜的无物之阵。而这，可能是中国现代知识分子所要面对的最悲哀也最荒诞的自我景象。而知识界整体的自我分裂与溃败也导致了试图挽救者的最终失败：

> 他微笑，偏侧一掷，却正中了他们的心窝。
>
> 一切都颓然倒地；——然而只有一件外套，其中无物。无物之物已经脱走，得了胜利，因为他这时成了戕害慈善家等类的罪人。
>
> 他在无物之阵中大踏步走，再见一式的点头，各种的旗帜，各样的外套……
>
> 但他举起了投枪。
>
> 他终于在无物之阵中老衰，寿终。他终于不是战士，但无物之物则是胜者。
>
> 在这样的境地里，谁也不闻战叫：太平。
>
> 太平……
>
> 但他举起了投枪！①

① 鲁迅：《鲁迅全集》第2卷，人民文学出版社1981年版，第214—215页。

在这种情况下，其实已经接近鲁迅反抗绝望的那种“知其不可为而为之”的独特情感。成败已然无须挂怀，重要的是要反抗这种绝望对人生命的压抑和摧残。

可是，转了一大圈，穿过精神压抑的迷雾，鲁迅还是要面对这种困境。所谓“夜正长，路也正长”，鲁迅还是要拿出一种态度——与知识分子相处与自处的姿态。

中国走向现代化处在急需知识分子参与的起步阶段，却何以会出现这种尾大不掉的局面？而扭转这种危险倾向又必然是鲁迅等人必须面对的时代问题，鲁迅又将如何应对？自然，如果知识界能够依照鲁迅的观点，将自己的错误方法反其道而行就可看到解决的希望：泥古者不再泥古，浮躁者不再浮躁，横暴者不再横暴。正如鲁迅所提到过的这种思路：

> 可惜中国人但对于羊显凶兽相，而对于凶兽则显羊相，所以即使显着凶兽相，也还是卑怯的国民。这样下去，一定要完结的。
>
> 我想，要中国得救，也不必添什么东西进去，只要青年们将这两种性质的古传用法，反过来一用就够了：对手如凶兽时就如凶兽，对手如羊时就如羊！①

但是现实绝不可能这么合乎理想，何况鲁迅早说过他从未成为一个振臂一呼的英雄，更不可能他登高一呼知识分子的角色便可应声而变。如果说鲁迅对知识分子的批判属于知识分子内部的自我批判，那么对造成中国现代知识分子知识匮乏的原因进行分析时，我们可以看到，知识分子除了要接受鲁迅的自我批判还将受到时代的审判。而这远远要比鲁迅的批评严厉得多。

首先，造成这种尴尬处境的是新旧交替的时代因素。传统文化与西方文化冲撞造成旧文化与新文化的价值含糊。旧文化表面上威力坠地，实则依靠巨大的惯性顽强存在；新文化表面上一呼百应，实则它的确切内容并没有得到清晰、系统的阐释，只有一些口号和简单的理念在社会上传播，并且具体内容五花八门、无所不包。仅就文艺思想来说：“看见作品上多讲自己，便称之为表现主义；多讲别人，是写实主义；见女郎小腿肚作

① 鲁迅：《鲁迅全集》第3卷，人民文学出版社1981年版，第61页。

诗，是浪漫主义；见女郎小腿肚不准作诗，是古典主义；天上掉下一颗头，头上站着一头牛，爱呀，海中央的青霹雳呀……是未来主义……等等。"① 政治上的思想更加混乱，保守主义、自由主义、马克思主义、无政府主义、法西斯主义等都在中国社会有不同程度的存在。这对于知识分子来说实在是依违两难。一些人选择竭力求新求变，以免落后。又有人担心社会的反复，就竭力将几种内容上互相矛盾的思想兼于一身。在这种情况下，只有"变化"本身成为知识分子乃至整个社会关注的中心，而知识反而在频繁的变化中被严重扰乱与遮盖了。在社会上一种广泛存在的思想就是："现代变化急速，没有前人的悠闲，新旧之争，又正剧烈，一下子看不出什么头绪，他就也只好将先前两代的'道德'，并淬于一身了"②。这样，原本被期待为混沌的时代拨云见日的知识分子自己先就成了新旧杂糅的蹩脚人物，还谈何时代先锋和话语精英？这是知识分子时代悲剧之一。

其次，在社会环境相对和平的情况下，特别是在民初和稍后的五四时代，新旧冲突可以看作是造成知识分子却并无知识的一个重要原因。但在阶级冲突与民族救亡的时刻，知识本身的重要性更加降低，知识分子的地位并不如一个战士。"我现在愈加相信说话和弄笔的都是不中用的人，无论你说话如何有理，文章如何动人，都是空的，他们即使怎样无理，事实上却着着得胜。"③ 鲁迅自己是个只能写文章的文人，最后发现文人是最没有力量的。真正有力量的人是有武力的人："孙传芳所以赶走，是革命家用炮轰掉的，决不是革命文艺家做了几句'孙传芳呀，我们要赶掉你呀'的文章赶掉的。"④ 从这个逻辑来看，反革命对于革命者使用的是武力，革命者要实现革命目标所用的最有效的手段也是武力。知识在这种以暴易暴式的"血的游戏"的往还中并无位置。自然，鲁迅并没有看轻知识分子在文化建设中的作用，但是在现实面前，鲁迅也不得不妥协。与当前的斗争相比，文化建设只好以待异日。对于政治权威来说，知识分子具备丰富的知识固然重要，但服从政治权威才是首要的。正如毛泽东在延安

① 鲁迅：《鲁迅全集》第 4 卷，人民文学出版社 1981 年版，第 87 页。

② 鲁迅：《鲁迅全集》第 5 卷，人民文学出版社 1981 年版，第 349 页。

③ 鲁迅：《鲁迅全集》第 11 卷，人民文学出版社 1981 年版，第 74 页。

④ 鲁迅：《鲁迅全集》第 7 卷，人民文学出版社 1981 年版，第 119 页。

文艺座谈会上确立的“政治标准第一，艺术标准第二”。相反，倒是在知识分子内部才会对这种知识分子并无知识的现状充满焦虑。在这里，隐隐就看到了“知识越多越反动”理论的层层逻辑和现实的推演。因为革命是唯一的出路，而暴力是反革命唯一的手段，理论的争论和知识的思辨都是多余的。革命形势的严酷迫使有理想的革命者也成为暴力的崇尚者。实际上，毛泽东也并不是一开始就提出了“枪杆子里面出政权”的观点，早期还是和鲁迅一样，希望通过宣传和鼓动来实现自身影响。但是中国社会武装割据的现实迫使他提出了“工农武装割据”的观点。这说明靠武装斗争而不是理论辩论决定国家的权力归属，而这点也被鲁迅等知识分子自觉和接受。这样，其实就是提出了一个时代命题：一个在政治、经济、文化上极端落后的国家能否通过一次革命就建立一个理念先进、组织方式进步的现代文明国家？以暴力革命为前提的民族主义运动在理论上是可以走向文明或者将文明与武力放到相差无几的高度。但实际上，革命的现实一直都是，整个民族在走向对暴力崇尚的道路。被迫走到这一步也几乎就是知识分子的绝境了。

最后，在鲁迅看来知识者之所以没有知识，还在于知识分子道德上的溃败。鲁迅不断地指出各色知识分子知识上的硬伤，但在实际上，鲁迅更认为知识者利用所拥有的知识为自己寻找牟取私利的借口，假借大义才是使知识的功能与本质都发生异化的根本原因。孔孟之道可以是敲门砖，各种主义也是进身之阶。这个现象不但导致知识界学风浮躁，更加导致知识分子的道德沦丧与自我埋葬。像鲁迅这代知识分子是当时众多五四青年的精神启蒙者，这些启蒙者也遇到了青年学生们遇到的问题——到底是追求知识还是关注政治？不能安心求学，结果必然是知识匮乏，如果一心向学，那么知识分子的社会责任感又如何体现？知识问题化身成了道德问题，两难的道德问题。

知识分子在这种内外交困的窘境中，迫切需要寻找安身立命之处。但是，揭示知识者却并无知识的怪现象容易，要解决却是非常困难。事实上，体制深层的缺陷和时代动乱将很多知识分子不能左右的矛盾全都推到他们自身的个人选择上，这一切正如鲁迅在《孤独者》中所描写。魏连殳在坚持知识分子信念的时候，除了信念一无所有，生活在贫病交加的状态中。而当他放弃了原则，屈从了军阀时代的世俗标准之后，获得了令人艳羡的世俗成功。事实上，他的那种助纣为虐的精神痛苦除了死亡又没有别的方式缓解，这是多么深刻的悲剧。如果不将这些原因从根源上解决，知识分子的道德匮乏必将持续存在。并且，更为严重的是知识分子的知识匮乏在不能得到解决的同时，相应产生的恶果还在像滚雪球一样不断恶化。也就是说，知识分子在普遍无法控制自己整体知识水平的情况下将更加无法控制自身所处的状态，也更无法控制所处的复杂局面。

因此，知识分子只能承受知识匮乏带来的各种后果。这种知识分子没有知识的怪异现实其原因复杂，所造成的后果也是多层面的。从知识分子个人到整个国家的多个层面上，它的影响都极为深刻而恶劣。

第一，对于知识分子个人来说，他们丧失了立身之本，他们没有能力和时代对抗和对话，在急剧动荡的时代中更加难以自立。基本上，胡适和鲁迅五四那代知识分子就是这个阶层和时代对抗和对话的绝唱。后来的三四十年代成长起来的知识分子们，已经基本没有影响时代的能力了。这也就意味着传统知识分子丧失了自身存在的正当性，新兴知识分子加强了工具性，必须要依靠知识以外的原因特别是依附各种政治势力才能继续存在。这个丧失独立性自主性的过程与中国马克思主义者的解释是一致的：由于在经济上不能独立，只能依附别的势力，极有可能倾向革命也有可能倾向反革命。但是鲁迅与这些马克思主义者的不同在于，他虽然在一定程度上注意到了经济基础的决定作用，但在更多的时候将这个决定原因归结于知识分子的道德水准能否维持，体现了知识分子严重的身份焦虑与严厉的自我反思。在现实中，有的知识分子如吕纬甫、魏连殳等人因为缺乏专门的知识用以谋生而陷入颓唐、窘迫乃至死亡的境地；有的如高老夫子、四铭等人虽然并无知识却多有伶俐，表现出油滑、取巧，在欺世与骗世中蛀空了旧中国以自速其死。

第二，对于文艺界来说，则整个陷入混乱与浮躁之中，作为一个阶层来说，它不可避免地消失了。难以克制的思想混乱伴随着创作的匮乏与为了个人私利不休的争斗。作家不能为时代提供反映时代的作品，实际上就算能够提供，也没有出版、传播的空间了，无论是国共双方的政党政治都有其意识形态及其审查制度。各种不同文艺主张的作家无论在思想上还是在创作上都陷入混乱之中，只有极少数的作家凭借着个人的努力给时代留下了数量有限的文艺作品。右翼作家包括一些自由主义思想的知识分子攻击“左派”的“左而不作”，只有组织，没有作品。鲁迅又站出来批判保守的民族主义文学都是垃圾一样的“沉渣的泛起”，第三种人则是陷入超阶级的幻想，只有梦呓没有作品。综合起来，中国文坛就是一派万马齐喑的惨然景象。

第三，对于整个中国来说，这种知识分子没有知识的尴尬局面，是现代中国急剧动荡新旧冲突的结果，他们既是时代冲突的受害者，又是加剧时代冲突的推手之一。正是知识分子不能担负社会责任加剧了整个社会和国家的混乱与动荡。这种尴尬的地位，使知识分子处于现实的夹缝中，不能起到应有的现代化先锋与桥梁的作用。这也直接影响了对于知识分子的评价和定位，也是新中国成立后泛滥的反智主义思潮的一个重要原因，基本上这就是一个关于知识分子现代命运的恶性循环。事实上，知识分子，尤其是人文知识分子几乎在现代历史发展中没有起到什么推动性的作用。当然也无法为自己争取到一个合理的历史身份和地位。甚至沦落到“牢骚太盛防肠断”的地步。无法做到“风物长宜放眼量”的他们成为鼠目寸光，牢骚满腹的腐儒形象。

这样，知识分子其实陷入了内外交困的处境之中。内没有可以安身的知识，外缺乏立命的时代环境。就知识分子本身来说，知识匮乏这一事实就证明了知识分子的道德堕落，或者说知识匮乏必然导致知识分子的道德堕落。因为如果知识分子不能做到实至名归，必然要陷入或轻或重的欺世盗名与曲学阿世。另外，时代也不允许平心静气地研究知识，“华北之大，安不下一张平静的书桌”。并且，在时代救亡的夹缝中，知识本身的重要性又被降低了，知识分子的地位也在降低：“我现在对于做文章的青年，实在有些失望；我看有希望的青年，大抵打仗去了，至于弄弄笔墨的，却还未遇着真有几分为社会的，他们多是挂着新招牌的利己主义者。”① 甚至在鲁迅自己看来，知识分子应该在一个革命战士面前自惭形秽。“义军的记载看过了，这样的才可以成为战士，真叫我似的弄笔的人惭愧。我觉得文人的性质，是颇不好的，因为他智识思想，都较为复杂，而且处在可以东倒西歪的地位，所以坚定的人是不多的。”② 革命战士慷慨赴难、自我牺牲的精神让以“精神界战士”自比的鲁迅自我反省甚至多少有些自惭形秽，在这种道德优势面前除了敬佩之外，实在也无话可说。一场惨烈的民族战争，对各个阶层都进行了残酷的拷问，不能经受住

① 鲁迅：《鲁迅全集》第 11 卷，人民文学出版社 1981 年版，第 226 页。

② 鲁迅：《鲁迅全集》第 12 卷，人民文学出版社 1981 年版，第 593 页。

残酷考验的阶层要么被边缘化、要么沦为革命的敌人。很不幸的是，这种知识分子的内外交困必然导致他们宿命悲剧的到来。“还有知识阶级不可免避的运命，在革命时代是注重实行的，动的；思想还在其次，直白地说：或者倒有害。”① 戴着枷锁跳舞是一种富有诗意的形容，没有知识外衣的知识分子如同赤足走在荆天棘地中，只好以血肉肉搏这悲凉的人生。知识如何参与时代？

因此，这三个后果又形成一个总的后果：由于不能确立自身的价值更加不能实现社会与时代赋予的责任，在时代的不断发展中，特别是进入阶级斗争成为主旋律的时代之后，知识分子越来越有丧失主体性与存在合理性的危险。在封建社会时代，知识分子的社会角色是体制设计的一部分，一方面利用他们的才华与政权合作，另一方面利用他们对皇权的对抗和监督有限度地减低君主专制带来的体制性问题。这是一个集中了封建时代高度智慧的设计，但是到了现代中国随着大一统局面的消失，政府官员的来源已经不再依靠科举制度，而军阀政府显然也不喜欢这种过时而讨厌的对抗和监督。从传统到现代，这是知识分子命运的彻底的反转。在这种彻底反转的变局下，鲁迅个人的选择是“两间余一卒，荷戟独彷徨”，以个人之力苦苦探索、支撑，希望以自己的知识自足带来的精神自足和道德承担来弥补整个阶层的知识缺陷带来的各种后果。而历史的荒诞之处在于，鲁迅的成就和反抗被当作个人伟大的个例来处理，而鲁迅的痛苦实际是整个阶层的苦闷，鲁迅的痛苦，切切实实代表了那个时代知识分子整体的苦闷。最终，无所适从的知识分子在阶级斗争的现实面前要面对这样的窘境：要么是投入革命，要么是甘于反动，没有别的选择，因为知识分子已经找不到一个坚定的自我，翻遍历史，现代中国也只有一些梁漱溟、黄炎培之类的杰出民主人士可算得凤毛麟角的知识分子代表，即便如此，就算他们拥有坚定的自我意识，也已经溃不成军，布不了阵了。当马克思主义者引用马克思激动人心的口号时，“无产阶级要么是革命的，否则就是不革命的”②，知识分子已成散兵游勇，知识分子的意识形态化不可避免。这点仅仅从知识分子接受知识体系的不同就显露无遗。

① 鲁迅：《鲁迅全集》第 8 卷，人民文学出版社 1981 年版，第 188 页。

② ［法］雷蒙·阿隆：《阶级斗争——工业社会新讲》，译林出版社 2003 年版，第 22 页。

三

面对这种知识分子整体溃败的情况对于鲁迅来说是势所必至的事情，这是鲁迅必须面对的自我诘问，同时更是历史的诘问。但在实际上要决定如何面对这种诘问却并不简单。如果说知识是知识分子安身立命的前提，真正的学富五车、皓首穷经就可以使得知识分子的困境迎刃而解，显然事实也并非如此。首先鲁迅要面对的就是如何对待知识的态度。知识分子本身在很大程度上成为他们知识结构的产物。最明显的分野就是日本留学生倾向革命，而欧美留学生则倾向改良。两派留学生共同参加新文化运动，这一点虽然有"整理国故"的分歧，但整体上还是反对旧道德、旧知识。正如有的研究者所说："鲁迅及其同伴不是对中国文化的形成过程进行分析，而是从中国文化的整体功能来考察中国社会现实的落后的原因，考察这一文化传统对现实进程和现实人的实际心理状态的影响。"① 包括鲁迅在内的五四知识分子对旧知识进行的整体性、功能性、道德性的判断是他们反对旧文化的重要理由。但是，按照这个思路进行下去的新文化运动却很快陷入分裂。因为所谓的"新思想"背后也是矛盾重重，从性质上来说甚至是自相矛盾。自由主义思想来自西方世界，但尼采主义、马克思主义何尝不是来自西方？鲁迅对"问题与主义"之争并不热心，他甚至写了《来了》一文来说明，中国人固守的旧文化、旧知识并不能被外来的主义所打动。

最终，判断知识的道德性和知识者现实表现成为鲁迅解决这个问题的方法。但是问题同时接踵而至，鲁迅又反对一种口头上的卫道，不管卫的这种道是新道德还是旧道德。知识是造就五四一代的一个重要思想因素，但五四一代，尤其是鲁迅，克服这种溃败的方法却是相对摆脱僵化的研究知识、略带反智主义色彩的道德主义来超越整个知识界的灰色与腐朽。

如何判断知识的道德属性成为首要问题。在不同的阶段，不同的知识结构代表不同的道德属性和行为倾向。鲁迅、胡适等五四知识分子之所以能够发起新文化运动首先也在于依靠西方知识确立起的话语权以及社会声望与地位。鲁迅在新文化运动之后仍然坚持批判现实的努力也是依靠了这

① 汪晖：《反抗绝望——鲁迅及其文学世界》，河北教育出版社 2000 年版，第 55 页。

种自身知识结构建立起来的自由撰稿人的独立身份。鲁迅对于很多知识分子来说首先是一个让他们尴尬的知识性存在。“我确曾认真译著，并不如攻击我的人们所说的取巧，的投机。所出的许多书，功罪姑且弗论，即使全是罪恶罢，但在出版界上，也就是一块不小的斑痕，要‘一脚踢开’，必须有较大的腿劲。”① 知识能和金钱和政治对抗，不是一句空话，是要靠着社会对鲁迅文学知识和才华的认定才能实现。又有多少知识分子能够获得社会范围内的肯定和承认呢？当科举制设计出的知识分子的那种不言自明的社会角色被否定之后，实际上现代中国并没有给他们设计一个社会体制角色，或者也可以说现代中国就没有建立一个所谓体制。这是现代知识分子的先天悲剧。不但如此，鲁迅在旧学和新学上都有深厚的基础，以上凡此种种才是他在风云变幻的时代保持独立思考和相当话语权的最重要的知识性原因。虽然鲁迅自诉中了庄周、韩非的毒，在行文、为人上时时带着令人气闷的“沉重”，或者是带着虚无气息的“随便”，然而正是这种内化到心灵的古典文化修养让泥古者汗颜，鲁迅自称封建阶级的逆子贰臣并非有些谩骂者所认为的脑后长了反骨，而是因为他洞悉了古老文化一切腐朽的隐秘。而鲁迅留学日本的经历，虽然没能让他像胡适一样建立对于西方文化的信仰，但在当时日本拼命介绍西方文化的时代氛围里，虽然也存在一定的偏颇，但整体上鲁迅也深入理解了西方文化的价值与原理，在时代的喧嚣里，西方文化的符号诸如“个性主义、人道主义、进化论、阶级论”这些都是被当时的中国人挂在嘴边的名词，但是真正将这些名词内化为信仰和人格的实际人数稀少，能够真正捍卫这些价值观的人更是少数，而鲁迅正是这少数人中的一个。在他的早期论文里甚至可以看到他对当时处于先进地位的西方文化的弊病进行反思。这种文化的视野和格局，加上鲁迅文学上的表达天赋，这是鲁迅确立其历史位置的重要知识性因素。正是如此，一切希望借着东方文化的余温残热和西方文化的风头正劲来牟取一己私利者的伎俩在鲁迅近乎偏执的笔下昭然若揭。

五四之后，随着旧军阀逐渐倒台，新一轮政治争夺甚至意识形态斗争逐渐展开，知识分子的格局也从无物之阵的混战开始过渡到两军对垒。以胡适为代表的右翼知识群体与鲁迅代表的左翼阵线的对峙形成了知识界的内战。鲁迅代表的知识体系为马克思主义色彩的唯物论、《艺术论》等思

① 鲁迅：《鲁迅全集》第4卷，人民文学出版社1981年版，第184页。

想内容。当然鲁迅思想的发展有一个渐进的过程，并且就具体内容来说还存在内在分裂，但在整体的思想倾向上却是如此。鲁迅接受马克思主义的过程也十分值得研究，早在李大钊、陈独秀热情传播马克思主义的时候，鲁迅基本置身事外。等到了1928年之后，鲁迅在与创造社的论战中，大量购买、阅读马克思主义书籍。转变的过程其实相当之快，实际上鲁迅本人是十分反对和警惕思想突变的，在强调是中国人民被统治被压迫的事实对马克思主义的理论支持以外，鲁迅对马克思主义作品的研读、争论是重要的原因。马克思主义的战斗性和对现实的阐释能力让鲁迅心悦诚服。但是，还有重要的一点在于，鲁迅对苏联取得成就的关注，这是他信服马克思主义的一个现实基础。在这个意义上说，鲁迅除强调知识的对抗性之外，也很注重知识与社会结合程度的有机性。他相信只有能够深刻改造中国的知识才是道德的。

不但广义的知识具备了道德属性，就是中国一直沿用的汉字也具有了道德属性，繁难的汉字被认为是阻碍大众接受教育的重要原因。汉字的拉丁化和大众语的提倡是鲁迅晚年一个很重要的工作，但是往往却被忽略了。这里代表的是大众的、工农的、左翼的具体立场："中国人要在这世界上生存，那些识得《十三经》的名目的学者，'灯红'会对'酒绿'的文人，并无用处，却全靠大家的切实的智力，是明明白白的。那么，倘要生存，首先就必须除去阻碍传布智力的结核：非语文和方块字。如果不想大家来给旧文字做牺牲，就得牺牲掉旧文字。"① 繁难的汉字剥夺了大众受教育的权利，而统治者希望通过维护旧文字的地位来垄断教育，从而巩固统治。鲁迅从这个角度出发，坚持汉字的拉丁化，正是大众的、民族的立场。在文化的范围内，文字的兴废是非常重大的问题，很多知识分子会本能地反感对汉字的改革。但是在鲁迅看来，为了民族的生存，去牺牲旧文字是最为理智的行为和最道德的行为。再坚持"繁难"的汉字，在鲁迅看来，已经不是一种单纯的文艺观点，而是一种道德上的恶意。而汉字的拉丁化和大众语背后的逻辑也是鲁迅五四启蒙思想的延续。"只是拉丁化提倡者的成败，乃是关于中国大众的存亡的。"而大众的存亡，更加推动了革命走向激进，整个知识体系也更加激进。在这个意义上，鲁迅还要感谢创造社，"我有一件事要感谢创造社的，是他们'挤'我看了几种科

---

① 鲁迅：《鲁迅全集》第6卷，人民文学出版社1981年版，第115页。

学底文艺论，明白了先前的文学史家们说了一大堆，还是纠缠不清的疑问。并且因此译了一本蒲力汗诺夫的《艺术论》"[1]。阅读、思考甚至亲自翻译马克思主义著作，在鲁迅严谨学风的背后，是一种文化民族主义的"善、恶"元伦理在支配。只要是利于民族生存和发展的，鲁迅都愿意花上时间与精力毫无个人功利地仔细探寻。只要是阻碍民族生存、发展的言行，都是鲁迅眼中的大恶，无数次外人看来莫名其妙的争吵都是源于此。外人以为无足重轻的枝节问题，鲁迅认为是关乎善恶的原则问题。

而胡适代表的知识立场是整理国故和西方体系，被鲁迅认为是依附政府与帝国主义的诤臣的体系。虽然将帝国主义的知识和金钱、道德价值观都等同于帝国主义本身是显而易见的谬误，但是在当时半殖民地半封建"恨屋及乌"的语境下却又是似是而非的易于理解，连五四时代鼓吹西方伦理观的鲁迅也有这种潜意识："而这回胡适博士却'能够用英国话和他们会谈'，真是特别之极了。莫非中国的监狱竟已经改良到这地步，'自由'到这地步；还是狱卒给'英国话'吓倒了，以为胡适博士是李顿爵士的同乡，很有来历的缘故呢？"[2] 就连胡适他们引用西方人权观点批评国民党，也被鲁迅做出了"小骂大帮忙"的解读，令人有天下反动是一家之感，将胡适等同于国民党的家奴，进而揭示出这种西方知识体系的虚伪："三年前的新月社诸君子，不幸和焦大有了相类的境遇。他们引经据典，对于党国有了一点微词，虽然引的大抵是英国经典，但何尝有丝毫不利于党国的恶意"[3] 这时，胡适代表的知识立场却受到批判。所谓"英国的经典"的是非对错先不说，而鲁迅已经懒得就事论事讨论这些价值观的是非曲直，这些经典出自英国就很能说明知识的属性问题。有意思的是，胡适等不但是受到鲁迅等左翼知识分子的批判，他们也进行很严厉的自我批判，胡适就在给徐志摩的信中说：

> 究竟我回国九年来，干了一些什么！成绩在何处？眼看见国家政治一天糟似一天，心里实在难过……我们固然可以自己卸责，说这都是前人种的恶因，与我们无关，语虽如此，我们种的新因却在何处？

① 鲁迅：《鲁迅全集》第 4 卷，人民文学出版社 1981 年版，第 6 页。

② 鲁迅：《鲁迅全集》第 5 卷，人民文学出版社 1981 年版，第 63 页。

③ 同上书，第 115 页。

> 满地是“新文艺”的定期刊，满地是浅薄无聊的文艺与政治，这都是种新因了吗？几个朋友办了一年多《努力》……这又是种新因了吗？
>
> 我们这几年在北京实在太舒服了，太懒惰，太不认真了。当年［任］叔永说我们在北京的生活有点 frivolous（原为英文，意指轻浮），那时我们也许以此自豪。但我现在想起来，我们在北京的生活也正是十分 frivolous。①

赖以支撑知识分子独立性的知识及其背后的道德属性都被胡适判定为“浅薄”。胡适自由主义知识体系的稳健，被鲁迅认为是维持现状，代政府维持治安，进而对人民的痛苦、国家的沦陷无动于衷。胡适很难提出有效的、有说服力的反驳有时候也不由自主地进行自我否定和批评，而鲁迅也由西方欧美价值体系个人主义和进化论转向对苏联体系的马克思主义，对其宣称的拯救无产阶级所代表的穷困大众的不言而喻的道德性倾心。当西方价值体系实现的可能和土壤被胡适等认定在国民党身上，在清党之后的中国，胡适心仪的西方价值观被捆绑在了蒋介石政府身上，休戚与共。鲁迅则实现了艰难的剥离，通过判断社会现实，研读马列书籍，逐步转向苏联的知识与道德体系。反过来用这种知识武器对中国现实进行了接近与政治批判的猛烈抨击。

相应地，当知识的意识形态性越来越明显，意识形态之间的对抗也越来越引人注目。作为一种对抗的方式方法，在革命过程中整体上出现了反知识的倾向。鲁迅同样表现出了类似反知识或者说反伪知识的倾向。对国民党政府进行的那种厚颜无耻和心口不一的道德捆绑和知识捆绑，鲁迅都表示了极大蔑视和逆反。“去年我主张青年少读，或者简直不读中国书，乃是用许多苦痛换来的真话，决不是聊且快意，或什么玩笑，愤激之辞。古人说，不读书便成愚人，那自然也不错的。然而世界却正由愚人造成，聪明人决不能支持世界，尤其是中国的聪明人。”② 正是在这个意义上，鲁迅在《这样的战士》中以蛮人自称，用长矛对抗知识分子“文人学者”

① 转引自［美］格里德《胡适与中国的文艺复兴——中国革命中的自由主义（1917—1937）》，江苏人民出版社2005年版，第183—184页。

② 鲁迅：《鲁迅全集》第1卷，人民文学出版社1981年版，第286页。

“慈善家”的美称。鲁迅不但单纯反对知识分子的知识匮乏，他更加反对知识分子对知识的异化。当然，鲁迅并没有一般地、绝对化地反对各种知识，他甚至承认整理国故也可以作为一种学说，只要不作为青年的号召就好。在晚年，他也在历史中寻找现世的影子，深挖当代劣种的文化祖坟。当然，这种仅存的理性，已经是在剑拔弩张的大批判背后非常非常支流的观点了。

正是在实际斗争中，鲁迅表现出他最重要的时代意义：面对时代、政治、体制的压迫，他非但不认为这应该成为知识分子无知的借口，他更加散发出挑战政治与体制的勇气。“然而知识阶级将怎么样呢？还是在指挥刀下听令行动，还是发表倾向民众的思想呢？要是发表意见，就要想到什么就说什么。真的知识阶级是不顾利害的，如想到种种利害，就是假的，冒充的知识阶级。”① 这个时候再要求知识分子安心去饱读诗书、埋头试验已经近乎不近人情。在这个逻辑下，很多左翼作品，例如夏衍的《法西斯细菌》塑造的俞实夫就是这种概念化的产物，却在文学史上拥有不能抹去的地位。鲁迅也反对青年踱进研究室，去发现一颗彗星，相反倒是胡适主张知识分子必须固守知识的阵地。反动政府和先进理论的捆绑是鲁迅遇到的最大困境，国民党虚伪至极地将自己伪装为民主政府，占据了所有实现西方价值观伦理原则的可能，全国人民都看到了实际的不可能。鲁迅则不耐烦地将这个政府和他所据为己有的价值观扔进了垃圾堆，开始嘲讽幼稚的胡适们和他们的自由主义价值观。今天，我们对鲁迅赤膊上阵式的道德主义抗争和胡适坚韧的、温和的、鹦鹉救火式的抗争还存在很大的争议。事实上也确实很难彻底抹杀两者在路径上的巨大不同，一种不能实现的理论有什么价值呢？一种能够实现、看上去很美的理论如果有一个高风险的前途呢？这种不同远远不是传统文化中“知与行”的矛盾所能概括的。也并不如鲁迅所讽刺胡适等右翼知识分子“知难，行亦不易”的道德堕落。更是一种难以两全的历史的冲突和纠缠。

但是，我们也能感受到两者的共同之处，不管是胡适的幼稚的坚持还是鲁迅老辣的游移，都是一种可贵的斗争：就是坚强的道德主义和人格魅力超过了对知识的坚守和承担。不管是左翼还是右翼，知识分子只能和自己选择的知识体系和道德体系形影相吊。他们所有的力量和所有的悲哀都

---

① 鲁迅：《鲁迅全集》第 8 卷，人民文学出版社 1981 年版，第 190 页。

是来源于此。鲁迅批判胡适是一个复杂的问题，有实现现代化路径选择的区别，也有对于知识分子道德承担方式的区别。鲁迅一脉，包括胡风被批判，王实味被肃反，他们表现的实际上是知识分子在一个残酷的时代希腊命运悲剧一样宿命的遭遇。在这个命运模式下要么作伪知识分子，要么殉道，没有第三种选择。像沈从文那种郭沫若所说的粉红色知识分子，像鲁迅所说第三种人那样的超阶级的幻想在新中国成立后更只能遭受清算的命运。胡适看似在政治和知识之间走了中间路线，左右逢源，实则首鼠两端。只有鲁迅远离“纯粹”的知识与象牙塔，投身反抗政治与体制，他表现出的道德勇气使他成为现代中国灵魂一样的人物。而他对知识分子本质的表现与实践，对中国知识分子的批判又达到了前所未有的高度。这就是现代知识分子的悲剧，从知识体系的选择与知识权威的确立到道德祭坛上的牺牲，是他们无可挽回的命运。

知识分子的知识匮乏本应当是他们的致命伤，使他们不能拥有知识者的身份也不能承担相应的时代责任。但在知识分子内战背后，知识匮乏又只是一个微小的方面而已，无论知识分子本身还是政治权威都要求知识者以道德热情来替代知识的积累和探索。鲁迅本人也是从积累、研究知识发展到更加注重道德承担的典型，这是他的光荣也是他的悲哀。但同时，鲁迅深刻地揭示了知识分子的道德堕落，在知识分子的道德战中进行知识分子伦理重建的新的探索。

第二节　揭示知识界尴尬之二：道德堕落的知识分子

一直以来，能够支持知识分子实现社会角色的因素有两个：一个是知识，另一个是道德。这在古今中外并没有什么大的区别。中国古代知识分子讲究“道德”与“文章”并列的“义理、考据、辞章”“立德、立功、立言”“妙手文章、铁肩道义”等。而文章又是要“文以载道”，因此这两者密不可分。在西方，知识分子一词最早出现在19世纪的俄国。当时这些俄国知识分子的特征就是：“这样一批与主流社会有着疏离感、具有强烈的批判精神、特别是道德批判意识的群体，当时就被称为知识分子。”① 而现代知识分子，却处在极端的尴尬当中，一方面缺乏令人信服

① 许纪霖：《知识分子十论》，复旦大学出版社2003年版，第3页。

的知识，另一方面在道德承担上更是表现拙劣。正如龚自珍所说：“士不知耻，为国之大耻。”① 正是在这个意义上鲁迅对中国知识分子的堕落与溃败展开了全面的批判。

一

现代中国知识分子的道德堕落主要体现在两个方面：一个是知识分子，特别是中下层知识分子琐碎的灰色人生；另一个是知识分子在参与社会生活，特别是政治生活时表现出的道德堕落。前一个方面不独在鲁迅文章中，包括钱锺书的《围城》、叶圣陶的《潘先生在难中》、沈从文的《八骏图》等作品中都有传神的描写。鲁迅最为全面和深刻地活画出了中国现代知识分子中堕落者的群像，包括底层的无聊赖和高层的无禁忌。后一个方面主要表现在中国知识分子传统上以依附于皇权为代表的特权阶层帮忙与帮闲为业，他们比普通社会成员要更多接触皇权的玩弄权术与肆意残暴。而这个传统在现代还顽固存在，并没有随着皇帝专制制度的废除而彻底消失于历史舞台。并且，与鲁迅在知识匮乏的层面上批判知识分子所向无敌不同，在批判知识分子道德崩溃的过程中，鲁迅本身也遭到严厉的反击，鲁迅所指出的知识分子的缺点，也被论敌寻出加以鞭挞。表面看去，好似一场知识分子的内战。这大概可以看到，在知识分子内部已经不存在什么道德法庭，知识分子的内部自律也根本无从实现，大量存在的是不同立场的知识分子直接开战。

关于知识分子的灰色人生，鲁迅曾经深有感慨地说道：“昔之称为战士者，今已蓄意险仄，则或气息奄奄，甚至举止言语，皆非常庸鄙可笑，与为伍则难堪，与战斗则不得，归根结蒂，令人如陷泥坑中。”② 其实，这段材料表现的更可能是鲁迅已经失去了对其他知识分子的信任感，鲁迅已经不太愿意感同身受地去理解这些知识分子，相反已经先入为主地认定他们已然颓唐、落伍，这不是很容易让人想起创造社以同样的理由批判鲁迅本人吗？鲁迅在描写他们时虽然也是将他们的丑态纤毫毕露地呈现出来，但鲁迅不同于钱锺书、叶圣陶等人之处在于他首先塑造了一个自我谴

① 转引自张岂之、陈国庆《近代伦理思想的变迁》，中华书局2000年版，第6页。

② 鲁迅：《鲁迅全集》第12卷，人民文学出版社1981年版，第8—9页。

责类型的知识分子，很明显他们身上或多或少都有鲁迅自己的影子。例如吕纬甫、魏连殳等人，鲁迅既描写了他们的颓唐，更描写了他们的绝望。他们确实没有了“铁肩担道义，妙手著文章”的五四运动时代的英气与豪迈，更没有了知识分子应有的道德担当，而这些知识分子对自己在道德责任面前的退缩，在很大程度上表现出了悔恨和无奈。

鲁迅对知识分子的灰色人生进行全面批判正是建立在自省基础上。也正是由于这个原因，鲁迅的批判更加具备了强烈的道德色彩。鲁迅的反思几乎涵盖了小知识分子弱点的所有方面，也涵盖了几乎所有新旧、大小知识分子群体，这使鲁迅总结出在许多方面甚至是互相矛盾的特点。例如有些群体油滑、取巧然而另一些则封建卫道，有些胆小怕事然而另一些欺凌弱者，贪利与轻浮则大有打通各个群体的差异成为普遍的共同特征。

知识分子身上的油滑、取巧最为鲁迅所反感乃至憎恶，在各个场合都给予严厉抨击。而油滑、取巧之所以为鲁迅所深恶痛绝在于这种恶劣倾向已经遍布于文坛内外，弥漫于社会上下，呈现出一派令人不寒而栗的景象。《聪明人和傻子和奴才》就是鲁迅关于某些知识分子油滑、取巧的寓言。聪明人安抚奴才的哭诉，然而要告发傻子改变奴才悲惨现状的活动，这样的聪明人为主人所夸奖，为奴才所感激。可是奴才的现状没有任何改变：“连猪狗都不要吃的，尚且只有一小碗……可是做工是昼夜无休息的。”[①] 如果将这个故事当作隐喻来看，假如像故事中一样，知识分子通过巧言令色获得了个人利益，从来都是回避问题，奉承敷衍的方式处理问题，那么这种知识分子对中国来说只有害处没有好处。当然，鲁迅在这篇文章中也显示出极度反讽的另一面：中国社会是极度排斥实干的人，反而是空谈的人适应这个社会。要做真正的知识分子就要有挑战病态社会的勇气。如果知识分子的道德防线崩溃了，一切不但无从谈起，而且知识分子也成了损害民族利益的人。而在《起死》这篇真正的寓言中，鲁迅通过庄子作为知识分子的一种典型表达了复杂的信息。首先“哲学家与汉子”的对立代表了五四启蒙不能解决实际问题，空洞说教必然遭受失败。“庄子式的尴尬和在欲望的索求面前哲学和思想的苍白无力，这难道不是对

---

① 鲁迅：《鲁迅全集》第2卷，人民文学出版社1981年版，第216页。

‘五四’启蒙者思想现实处境的一种隐秘的自我反讽、自我象征吗？”[①] 另外，鲁迅表现了知识分子的失败不但是启蒙这一方式的局限，更是知识者本身的道德缺陷，特别是在传统文化中知识分子的油滑与现代知识分子对国家权力的投靠。鲁迅塑造的庄子其实并不是一个深沉、坚实的启蒙者的形象，相反，却是油滑、浮夸的角色，面对跟他索要衣服的汉子，他的说辞是多么可笑：“你先不要专想衣服罢，衣服是可有可无的，也许是有衣服对，也许是没有衣服对。鸟有羽，兽有毛，然而王瓜茄子赤条条。此所谓‘彼亦一是非，此亦一是非’，你固然不能说没有衣服对，然而你又怎么能说有衣服对呢？……”[②] 在传统上，很多知识分子对现实问题是不明确表态的，理论就是儒家的“中庸”或者庄子的“彼亦一是非，此亦一是非”。基本上可以认为，在传统文化的观念里，认为在处理复杂问题的时候，运用含糊的、灵活的、变化的方式是智慧的象征。而鲁迅将这种方法归结为道德问题。鲁迅认为在民族存亡的关头，是非清楚，正误分明，搞含含糊糊和稀泥的那一套传统方法是故意制造混乱，对个人来说是饮鸩止渴，从中获取私利，对民族来说同样是慢性自杀。也就是说，从混乱的言行与表象下，鲁迅认定了知识分子有背后不可告人的卑劣动机，这点动机也无非就是一点金钱、名誉、地位之类。这里，鲁迅固然是对知识分子私德加以描写和表现，却更加呈现出浓厚的隐喻特征，表达的是整个知识分子阶层的道德溃败。中国传统文化主张“正心诚意”，认为一个人对一件事的态度是“诚于心而形于外”的，知识分子外表的油滑表现出的是内心的轻浮，这种内心的轻浮必将导致在现实生活中一事无成，更何况在民族救亡的时代危机之下。这一品格也将是知识分子的致命缺陷。所以，中国传统文化拼命讲究个人的修身与道德修养，希望成为圣贤、豪杰，从而成就一番事业，相应地极为排斥、警惕道德的堕落。正是如此，鲁迅的论敌也试图在这一点上来否定鲁迅，从而在根本上否定鲁迅的全部观点与言论。

左翼和右翼的知识分子虽然没有直指鲁迅创作油滑、取巧，但也明确指出他的创作并不庄重、严肃。冯乃超指责鲁迅为无聊且卑污：“无聊赖

---

① 郑家建：《被照亮的世界——〈故事新编〉诗学研究》，福建教育出版社 2001 年版，第 67 页。

② 鲁迅：《鲁迅全集》第 2 卷，人民文学出版社 1981 年版，第 474 页。

地跟他弟弟说几句人道主义的美丽的说话。隐遁主义！好在他不效 L. Tolstoy 变作卑污的说教人。"①"中国杂感家老牌，自然要推鲁迅。他的师爷笔法，冷辣辣的，有他人所不及的地方……杂感文章，短短千言，自然可以一挥而就。则于抽卷烟之际，略转脑子，结果就是十元千字。大概写杂感文章，有一个不二法门。不是热骂，便是冷嘲。如能热骂后再带一句冷嘲或冷嘲里夹两句热骂，则更佳矣。"②"短短千言、略转脑子、热骂冷嘲"自然就是态度轻浮、散漫，这样怎么会写出严肃的作品？这种论断恰恰就是没有一句话是对鲁迅写作内容的评论与反驳，完全是从伦理道德上来攻击。仅仅在鲁迅和论敌互指油滑这一点上我们就可以看出，论战双方在逻辑上都受到传统上道德主义的影响，在目标上都是以批判对方进而彻底战胜或摧毁对方为目的，而并非探讨、探索理论问题的论战。这两点都不同程度地超出了知识分子自身伦理重建的范畴。我们可以看到，在知识分子内部，就事论事的实事求是的思辨精神、追求真理的精神都淡化了，完全是为了批判而批判，懒得从琐碎的知识角度入手，而从更加浅表的道德层面来否定知识的真理的层面。综合起来看，就是混战的双方都很看重知识分子态度严肃庄重这一品质，但是他们显然都不认为对方属于这样的一种群体。那么知识分子言行肤浅、缺乏严肃性及其背后的私人动机这点不可避免地成为公认的时代缺陷。

中国现代知识分子问题的复杂之处在于，有些知识分子依靠油滑、取巧安身，而有些知识分子却依靠僵化的卫道思想立命。例如鲁四老爷那样学"理学"的封建顽固，祥林嫂被埋伏的婆家人绑走，鲁四老爷的反应是"可恶！然而……"绑走自家能干的使女自然"可恶"，"然而"在礼教下，祥林嫂是婆家的财产却也合理。在利益的诱惑下，鲁四老爷希望忽略祥林嫂在礼教中的异端身份，却总不忘说一句"然而……"这个意味深长的句式让读者体会到的是这个理学老监生灵魂深处的卫道本能。

普通卫道皆是卫封建之道，采用的方式也是直接陈述所好与所恶。但四铭采取的却是新式的卫道方式，就是"以退为进"式："其实，在光绪年间，我就是最提倡开学堂的，可万料不到学堂的流弊竟至于如此之大：什么解放咧，自由咧，没有实学，只会胡闹……吓，什么学堂，造就了些

① 鲁迅：《鲁迅全集》第4卷，人民文学出版社1981年版，第67页。

② 鲁迅：《鲁迅全集》第5卷，人民文学出版社1981年版，第401页。

什么？我简直说：应该统统关掉！”[①] 所以，他们一群“志同道合”的卫道士组成“移风文社”，挺身而出捍卫传统道德。自然这不是因为他们眷恋旧道德，而是因为新道德太不像样。在这样的逻辑下，四铭之流不但不是历史的绊脚石，还是现实的中流砥柱。鲁迅故意将他们的征文题目设计为长长的一串，“恭拟全国人民合词吁请贵大总统特颁明令专重圣经崇祀孟母以挽颓风而存国粹文”[②]，目的正是要揭露在这一长串名目之下对“孝女”的轻薄之意，极力写出卫道者冠冕堂皇之下的龌龊。鲁迅更是揭露即便在所谓文艺界中动辄“含泪”向作者进言的批评家内心却也并不澄净。“我以为中国之所谓道德家的神经，自古以来，未免过敏而又过敏了，看见一句‘意中人’，便即想到《金瓶梅》，看见一个‘瞟’字，便即穿凿到别的事情上去。”[③] 鲁迅揭示很多保守知识分子之所以具有卫道的那种强烈敏感性，是因为内心的强烈渴望，其时刻关注才会有。因此，鲁迅得出的结论就是所谓“卫道”其实是“毁道”。所以，很多口口声声卫道的知识分子，内心龌龊不堪。鲁迅在批判封建文化的卫道者时，同时被前进的创造社作家指为落后过时，反过来死死抱住死去了的阿Q时代不放。鲁迅指责创造社随意变化，毫无思想演变、进步的痕迹可寻，与流氓任意抓取招牌为自己牟取私利无异，将他们的这种表现名为“突变”。这引起了创造社的绝大反感，反击鲁迅是一个卫道的老夫子，年龄大已经是一个不革命的罪过，更不用说还要主张文艺守节论：“我们可以看出，鲁迅实在是富于保守性的，不然，为什么一年以上的刊物就不能转变方向，必须维持以前的态度呢？这可以说，鲁迅是主张文艺守节论的。”[④]在辩论中，鲁迅始终坚持动机论，他不但怀疑保守派的动机，以为他们卫道是因为他们内心龌龊，用伪君子的招牌欺世盗名。鲁迅对激进的创造社的怀疑同样是动机论，他怀疑这些主张激烈的年轻人背后有投机革命的不良倾向，谓之“突变”。但是，在一个道德标准突变的时代，任何卫道行为都被定义为贬义，这个困局让鲁迅本人也极其无奈。他质疑的是保守的卫道士们和激进的革命青年们看不见的动机，而他被质疑的是看得见的“卫

---

① 鲁迅：《鲁迅全集》第2卷，人民文学出版社1981年版，第47页。

② 同上书，第52页。

③ 鲁迅：《鲁迅全集》第1卷，人民文学出版社1981年版，第403页。

④ 转引自梁实秋等《围剿集》，河北教育出版社2000年版，第49页。

道”与保守。

“主张新道德，反对旧道德”本来是五四新文化运动的重要主张之一，在鲁迅的笔下“卫道、守节”从来都是贬义词汇。而在社会的激烈动荡中，什么是新道德却也发生了争议，先驱很快就成为落后者，这一方面反映了人们急于寻找新道德，发挥道德在社会组织与动员上的作用；另一方面却反映出这种强烈意愿的背后在短时间内无法找到合适的伦理体系与道德规范。未来谁会拥有巨大的道德话语权，谁就会拥有整个世界。而在这个局面形成之前，中国社会必定要经历一个痛苦而混乱的过程。面对这种矛盾，鲁迅只好感叹：“后烈实在前进得快，二十五年前的事，就已经茫然了，可谓美史也已。”[①]知识分子的道德突变也让知识分子成了一群没有历史记忆的人，一切只为了突围的狂奔，知识分子的投机取巧和道德突变之间的联系也没有人有耐心进行区分。鲁迅希望知识分子能保持态度的严肃性，持续性反倒被攻击为“艺术守节论”。知识分子已经不可能变得厚重与深沉，他们对现实有热切的关注，但是历史的记忆早已作为包袱被彻底丢掉。这可能就是知识分子们看似不断进步，实际却走了个大弯路回到起点的原因。

胆小和凌弱也是一对附着在知识分子身上看似矛盾的特征。较为典型的是鲁迅所说的新闻记者。他们一面受着新闻检查的压迫，另一面却又肆意行使无冕之王的威力，这在当时闹得沸沸扬扬的阮玲玉自杀事件上表现得尤为明显。“现在的报章之不能像个报章，是真的；评论的不能逞心而谈，失了威力，也是真的，明眼人决不会过分的责备新闻记者。但是，新闻的威力其实是并未全盘坠地的，它对甲无损，对乙却会有伤；对强者它是弱者，但对更弱者它却还是强者，所以有时虽然吞声忍气，有时仍可以耀武扬威。于是阮玲玉之流，就成了发扬余威的好材料了，因为她颇有名，却无力。”[②] 当媒体知识分子们失去了对新闻道德的严肃性的坚持，他们也很容易学会了欺软怕硬，恃强凌弱。以新闻为职业的记者们既是这个社会体制的受害者，同时也是加害者，“忍气吞声”却又“耀武扬威”。给人的感觉就是他们并非憎恨社会上存在的不公正和压迫弱者的现象，只不过在意识或者潜意识里愤恨于自己不是处在施加压迫的地位的社会阶层

---

① 鲁迅：《鲁迅全集》第4卷，人民文学出版社1981年版，第129页。

② 鲁迅：《鲁迅全集》第6卷，人民文学出版社1981年版，第331页。

而已。现代社会传媒的力量是不可忽视的，但是充斥在现代传媒中的知识分子们的职业操守却是十分堪忧。他们早就失去了传统知识分子的那种道德担当，不畏强权的精神，在现代社会体制下的半殖民地半封建的语境下，是一群可怜的环境顺从者。可以断定，他们不是中国现代化的推动力，而是一种不大不小的阻力。

在左翼文学勃兴之后，社会上各式各样的知识分子胆小、懦弱然而又不忘顺手凌弱的事件非但没有绝迹，相反，还是顽固地一脉相传。如鲁迅所说："惟有中国特别，知道跟着人称托尔斯泰为'卑污的说教人'了，而……连他的'剥去政府的暴力，裁判行政的喜剧的假面'的勇气的几分之一也没有；知道人道主义不彻底了，但当'杀人如草不闻声'的时候，连人道主义式的抗争也没有。剥去和抗争，也不过是'咬文嚼字'，并非'直接行动'。"① 当时，革命在白色恐怖的低潮中，革命者们的情绪是非常愤激的，无论是对敌人还是同路人都失去了冷静的态度，一概以责骂和批判为主要交流方式。这让鲁迅感到很不理解，也很反感。鲁迅在以上公开发表的文章中还算有所保留，在私人通信中对创造社表面气势汹汹实则胆小的判断就说得更加明显，直接指责他们糊涂而胆小："但近来创造社一派，却主张一切都非依这史观来著作不可，自己又不懂，弄得一塌糊涂，但他们近来忽然都又不响了，胆小而要革命。"② 创造社知识分子对其他作家任意而蛮横的批判让鲁迅非常反感，进行了针锋相对的斗争。实际上，创造社知识分子是属于共产党领导下的体制下的知识分子，属于文化战线的战士，受到党坚强的领导。他们可能确实比较"糊涂"，理论水平并不高。但是鲁迅批评他们胆小、怕死一种很可能的原因是其组织被打散和破坏，创造社的很多自发行动得不到党的及时指挥。而这种自发斗争很多时候让鲁迅觉得莫名其妙。

而许多文艺青年在革命过程中，却又以"文坛皇帝"与"革命工头"自居，以鸣鞭为唯一的业绩，让鲁迅寒心不已。而对文人学者之类，鲁迅一面不屑其形成宗派、党同伐异的举动，另一面痛斥其一遇危险则抱头鼠窜的窘状："继杨杏佛而该死之榜，的确有之，但弄笔之徒，名列其上者实不过六七人，而竟至于天下骚然，鸡飞狗走者内智识阶级之怕死者半，

① 鲁迅：《鲁迅全集》第4卷，人民文学出版社1981年版，第62页。

② 鲁迅：《鲁迅全集》第11卷，人民文学出版社1981年版，第629页。

盖怕死亦一种智识耳。”[①] 当鲁迅因为杨杏佛之死，内心充满了义愤之际，鲁迅也部分地拥有了创造社那种靠着愤激情绪，极度憎恨国民党特务统治的丑恶，也极其鄙视表现出所谓“懦弱”情绪的知识分子。随着国内形势的发展，知识分子的愤激化越来越严重，也越来越明显地出现传统知识分子舍生取义的倾向。

这样就出现了一种很有意味的现象：一方面鲁迅完全理解知识分子只能以知识为业，阵上杀敌非其所长：“我并不希望做文章的人去直接行动，我知道做文章的人是大概只能做文章的。”[②] 但另一方面，他还是忍不住指责知识分子胆小怕事，更甚至将知识分子的文弱、懦弱指责为胆小怕死。这反映的其实还是在当时社会条件下，时代赋予知识分子的道德责任本来就超出了他们能够承担的范畴，更为严重的是知识分子表现出的种种道德堕落显示出这个阶层更加难以完成使命。这个巨大的反差必将造成知识分子内部的分裂，一部分希望承担道德责任的知识分子将激烈地攻击道德缺陷更加明显的另一部分知识分子，并且是以完成时代赋予的责任为名。被攻击者又并不服气，反唇相讥认为对方也不过就是激进的知识分子而已，也绝非生死置之度外的烈士。鲁迅其实也深知所谓的“激进和胆小”之间并不能单靠表面来判断，他试图在观察和评判的过程中保持最大程度平衡和全面的观点。但事实上他还是逐步倾向于以道德主义的承担姿态来反对道德堕落，尽管这依然不能弥补知识分子在革命时代的天然缺陷。

在知识分子胆子小这个问题上确实很容易做文章。鲁迅攻击着知识分子的偷生，而他同时也遭受着种种胆小懦弱的指摘。有人感慨着鲁迅思想与创作上的躲闪与回避，更有人嘲笑鲁迅的“逃亡”。1927 年被“正人君子”杀退到海边的鲁迅记录了一段对他偷生躲避的批判：“鲁迅先生竟跑出了现社会，躲向牛角尖里去了。旧社会死去的苦痛，新社会生出的苦痛，多多少放在他眼前，他竟熟视无睹！他把人生的镜子藏起来了，他把自己回复到过去时代去了，噫嘻！异哉！鲁迅先生躲避了。”[③] 这是指责鲁迅作文的胆怯，其后更是有人指责鲁迅做人的胆小。1933 年杨杏佛被

---

① 鲁迅：《鲁迅全集》第 12 卷，人民文学出版社 1981 年版，第 196 页。

② 鲁迅：《鲁迅全集》第 4 卷，人民文学出版社 1981 年版，第 62 页。

③ 同上书，第 36 页。

杀之后，大小报章又嘲笑鲁迅胆小怕死："最近上海暗杀之风甚盛，文人的脑筋最敏锐，胆子最小而脚步最快，他们都以避暑为名离开了上海。据确讯，鲁迅赴青岛，沈雁冰在浦东乡间，郁达夫杭州，陈望道回家乡……"[①]这真让鲁迅有口难辩，面对现实存在的暗杀危险，却被嘲笑躲避暗杀就是胆小，难道坐在那里等着来杀才是好汉？可是，鲁迅自己也确确实实鄙视过如同惊弓之鸟的知识分子们。知识分子们在当时极为凶险的社会环境下如何规范自己的行动，实际已经成为一种无论如何取舍和选择都会陷入某种困境的状态。可见，在当时的时代语境下，也许只有主动牺牲才能表现革命的真实和热情。现实逼迫得知识分子们感觉到他们的清白只有牺牲生命一种方式才能证明。在知识分子这个强调理性的群体中，他们也被民族危亡的局势扰乱了神经，充满了革命的盲动主义和冲动情绪。反过来以这种冲动情绪转化成道德谴责去攻击不肯主动牺牲的知识分子。而这成为知识分子稳妥派和激进派难以绕过的陷阱。

而鲁迅在自述与《语丝》关系的始终时也自认并不一味秉笔直书，而喜欢和"叭儿狗之类"开些玩笑。但这一点则为现代评论派攻击，认为鲁迅不敢嘲骂军阀，而鲁迅也只好特别做出说明："而一到觉得有些危急之际，也还是故意隐约其词。陈源教授痛斥'语丝派'的时候，说我们不敢直骂军阀，而偏和握笔的名人为难，便由于这一点。"[②]当鲁迅不能直接批评军阀时，论敌同样会以不顾军阀进行军事管制、滥杀无辜的现实而指责鲁迅只能欺软怕硬。这时，知识分子的论战好似变成了为了辩论而辩论，只要能伤害对方，将对方逼到无可辩驳的道德洼地上，毫不考虑现实的原因，只要让对方无法辩驳就好。而丝毫不考虑所抛出的问题不仅仅对方难以回答，就是自己也难以承担。而鲁迅与论敌互指怕死，就使整个知识分子阶层陷入巨大尴尬之中：原地不动或者退一步就是怕死、落伍甚至反动，而进一步就将陷入政治斗争，直面生死。鲁迅只好感叹："谨案在'清党'以后的党国里，讲共产主义是算犯大罪的，捕杀的网罗，张遍了全中国，而不讲，却又为党国的忠勇青年所鄙视。这实在只好变了真的蜗牛，才有'庶几得免于罪戾'的幸福了。"[③]其实，真便如此苟活

① 鲁迅：《鲁迅全集》第5卷，人民文学出版社1981年版，第162页。

② 鲁迅：《鲁迅全集》第4卷，人民文学出版社1981年版，第167页。

③ 同上书，第190页。

也不过是如诸葛亮所说“苟全性命于乱世”而已，但是知识分子如此遭遇，只能说现代中国的国运衰微远远甚于东汉末年天下大乱那样的乱世了。在成为知识分子的过程中，当年那些不同经历的年轻人有意无意之间选择了东渡日本或者远赴欧美，从而建构了不同的知识体系。他们形成了独立的思想，对社会有了明确的期望和理想。这时候，他们面临的是政治阵营的挑边。要么是站在国民党集团一边，不然就会动用政权的力量镇压思想的异己者。要么就是革命青年一边，不然会被革命青年群起攻之，口诛笔伐之下被宣布为反动、落伍。知识分子受到外力的压迫是必然的遭遇，鲁迅的经历也是同样如此。

鲁迅批评知识分子常有凌弱的表现，有些论敌也将这个罪名加在鲁迅头上。有作者匿名在报刊上发表文章，认为鲁迅是腰斩张资平的幕后主使，迫害呼告无门的张氏：“在靠卖文为活的张资平，却比宣布了死刑都可惨，他还得见见人呢！”[①] 而文章进而分析，鲁迅之所以能够这样蛮横是因为要独霸文坛而张氏挡了道路：“鲁先生为了要复兴文艺（？）运动，当然第一步先须将一切的不同道者打倒……张资平如若识相，自不难感觉到自己正酣卧在他们榻旁，而立刻滚蛋！无如十洋一千使他眷恋着，致触了这个大霉头。当然，打倒人是愈毒愈好，管他是死刑还是徒刑呢！”该文语言肆意、轻佻，但用心却险恶。

在鲁迅以为是“公仇”的，在小报看来是“私心”。鲁迅觉得捕风捉影而无意置辩，在他一篇长长的《后记》中，也只好将这些文章放在一旁备考，有清者自清，浊者自浊的意味。而在与陈西滢的论战中，鲁迅则对徐志摩拐弯抹角暗示与诬蔑他煽动青年火烧陈家的下作予以调侃。徐志摩在报刊上发表文章，叙述陈西滢家事，有段陈氏妹妹的话：“‘阿哥’，他的妹妹一天对他求告，‘你不要再作文章得罪人家了，好不好？回头人家来烧我们的家，怎么好？’”[②] 这话看似俏皮，鲁迅也将之称作“有趣的消息”，实则其中包含着对鲁迅的极大诬蔑。很难让人理解留学英美的徐志摩、陈西滢自称绅士，却又以小人之心度人，将论战的对手描绘成杀人放火之辈，而又借着别人之口自己脱掉干系。鲁迅当然不会认为这是知识分子之间真理愈辩愈明的论战，不过是“将来怕要遭殃了，因为我知

---

① 鲁迅：《鲁迅全集》第 5 卷，人民文学出版社 1981 年版，第 164 页。

② 鲁迅：《鲁迅全集》第 3 卷，人民文学出版社 1981 年版，第 202—203 页。

道，得罪人是要得到报应的”[①] 之类的冤冤相报。如果这就是中国知识分子论战所得到的结果，那么知识分子之间的互不信任与不能沟通就很明显了，而这也正是这个阶层分裂的表现。知识分子在面对知识匮乏的窘境中试图以道德介入来填补知识上的缺陷，但是道德介入很快要面临分裂的危险。在民族救亡的关头，人们不再认为知识者与战士是一种分工，转而认为知识者不能投戎或者赴死都是一种道德缺陷。而从论战双方互相指责对方借用强力将自己压服而非说服这一点上来看，论战已经变质，变为道德战甚至意识形态之争。这是知识分子的无奈与悲哀。

油滑与卫道、胆怯却凌弱的知识分子是鲁迅较早注意的类型，在晚年到达上海之后，贪利与轻浮的知识分子更加引起鲁迅的注意。中国传统知识分子羞于言利，义利之辨从来是君子与小人的分野：“君子喻以义，小人喻以利。”但鲁迅并不是单纯反对取利，而是反对贪利而导致的堕落与下作。典型的例子便是语丝社最初以批判社会为己任，待到有了一定社会声誉后，反而沽名钓誉从中谋私：“语丝派的人，先前确曾和黑暗战斗，但他们自己一有地位，本身又便成黑暗了，一声不响，专用小玩意，来抖抖的把守饭碗。”[②] 语丝派的同人曾是共同战斗的志同道合者，而当这些曾经的战友以往昔的言论和成绩获得社会的尊敬和认可时，反而抛弃了曾经的宗旨，反过来谨小慎微地维护已有的地位、声誉这些个人利益，曾经豪情万丈的社会责任感如今只剩下个叮当作响，任谁也不让侵犯的“饭碗”。这种现象引起了鲁迅极大的不满。实际上，不单单是语丝的作者们，在教育界也是如此，表面上都是出于公心，背后其实都有不可告人的私利，早就没有了是非对错的标准，其黑暗程度堪比你争我夺的政界人士：“教界这东西，我实在有点害怕了，并不比政界干净。”[③]学校往往不如政府那样引人注目，其中内情只有内部人才了解。实际所谓内情，不但并不神秘，而且和社会上的歪风邪气惊人地一致。根据鲁迅的观察：“学校是一个秘密世界，外面谁也不明白内情。据我所觉得，中枢是‘钱’，绕着这东西的是争夺，骗取，斗宠，献媚，叩头。没有希望的。”[④] 为数

---

① 鲁迅：《鲁迅全集》第 4 卷，人民文学出版社 1981 年版，第 198 页。

② 鲁迅：《鲁迅全集》第 12 卷，人民文学出版社 1981 年版，第 5 页。

③ 鲁迅：《鲁迅全集》第 11 卷，人民文学出版社 1981 年版，第 544 页。

④ 同上书，第 526 页。

不少的知识分子已经毫无节操可言，为了金钱，各种丑态频出，那种对金钱毫无原则的渴望和抢夺让鲁迅大为绝望。鲁迅甚至觉得，教育界的黑暗和无节操并非特例，知识分子充斥的出版界的情况也并不更好。上海作为当时中国的文化集散地，集中了大量知识分子与出版机关。而知识分子与书店老板的贪婪令鲁迅痛恨不已，他与北新书局的纠葛更是加深了鲁迅的这种认识："一切书店，纵使口甜如蜜，但无不唯利是图。"① 说来说去，问题的症结不在"图利"，而在"唯"字。一群饱读诗书，以坚持道义为宗旨的知识分子竟然两眼除了一个"利"字什么也看不到，甚至毫无诚信，口甜如蜜、巧舌如簧，比奸商还不如。鲁迅与北新书局双方在纠葛之下再也没有信任可言："北新现在对我说穷，我是不相信的，听说他们将现钱搬出去开纱厂去了，一面又学了上海流氓书店的坏样，对作者刻薄起来。"② 也许，鲁迅与北新书局的龃龉有可能存在某种误会，但是这种误会很形象地象征了知识分子内部诚信的消失与整个社会对知识分子信任的降低。书店的贪婪也严重损害了鲁迅作为自由撰稿人的收入，甚至让鲁迅觉得自己受到的盘剥有敲骨吸髓之感："上海真是流氓世界，我的收入，几乎被不知道什么人的选本和翻版剥削完了。然而什么法子也没有。不过目前于生活还不受影响，将来也许要弄到随时卖稿吃饭。"③ 对于依靠稿费来生活、养家的鲁迅来说，对他作品的随意盗印和断了他的经济收入的来源是一样的。因此，鲁迅对上海的书店老板与作者都无好感，直言其敛钱行径与流氓无异："所以这里的有些书店老板而兼作家者，敛钱方法直同流氓，不遇见真不会相信。"④ 不但如此，上海的书商和各色知识分子给鲁迅留下了太黑暗的印象，他们种种贪婪甚至会驱使这些文弱书生去想方设法谋取别人的性命："所谓上海文学家们，也有些很可怕的，他们会因为一点小利，要别人性命。"⑤ 也很难证实，哪些作者让鲁迅如此痛恨，也正可谓"不遇见真不会相信"，但是知识分子之间关系的紧张，互不相信互相损害，甚至达到了话不投机半句多的境界也并不夸张。鲁迅提防知识分子胜过防贼，真是令人唏嘘不已，堪称离奇。

---

① 鲁迅：《鲁迅全集》第13卷，人民文学出版社1981年版，第378页。

② 鲁迅：《鲁迅全集》第11卷，人民文学出版社1981年版，第680—681页。

③ 鲁迅：《鲁迅全集》第13卷，人民文学出版社1981年版，第336页。

④ 鲁迅：《鲁迅全集》第11卷，人民文学出版社1981年版，第676页。

⑤ 鲁迅：《鲁迅全集》第12卷，人民文学出版社1981年版，第620页。

总之，知识分子在最能腐蚀他们的两件事物——权力与金钱面前失去了免疫力。不但没有抵抗的能力，反而抛弃各种原则，去主动地追逐权力和金钱。针对当时知识分子有“京派”和“海派”分别的说法，鲁迅赤裸裸地指出，他们不过是官的帮闲和商的帮忙，并无优劣之分，都是一种附庸而已。这也是知识分子希望道德介入知识的另一个失败表现。废除科举后散落在社会各个角落的某些知识分子一靠近官，则气焰熏天，一靠近商，则利欲熏心。不但与传统知识分子的清高、斯文截然相反，并且，比那些没有知识分子身份者还要变本加厉。

除去贪利这一点之外，鲁迅呈现出知识分子的道德缺陷还有他们身上的浮夸、浮躁。在知识界广泛存在知识分子为人轻浮、学风浮躁、政治思想虚浮。鲁迅小说里写四铭、高老夫子满口道德实则为人轻薄、内心龌龊。并且，鲁迅显然并不认为这些人是个案，社会上还多有这类人物。例如，新闻界和出版界都被轻浮、浮躁之气充斥，这种轻浮与浮躁甚至到了习以为常的地步。鲁迅描写上海文坛的轻浮，非常详细、形象地指出各种细节：“‘文坛’上的丑事，这两年来真也揭发得不少了：剪贴，瞎抄，贩卖，假冒。不过不可究诘的事情还有，只因为我们看惯了，不再留心它。中国之君子，叹人心之不古，憎匪人之逆伦，而恐人间没有逆伦的故事，偏要用笔铺张扬厉起来，以耸动低级趣味读者的眼目。”① 并且这还不是孤例，新闻记者格调轻浮、低下和不负责任的描写激起了鲁迅极大的愤慨：

> 上海的有些介乎大报和小报之间的报章……一遇到女人，可就要发挥才藻了，不是“徐娘半老，风韵犹存”，就是“豆蔻年华，玲珑可爱”。一个女孩儿跑掉了，自奔或被诱还不可知，才子就断定道，“小姑独宿，不惯无郎”，你怎么知道？一个村妇再醮了两回，原是穷乡僻壤的常事，一到才子的笔下，就又赐以大字的题目道，“奇淫不减武则天”，这程度你又怎么知道？……然而中国的习惯，这些句子是摇笔即来，不假思索的，这时不但不会想到这也是玩弄着女性，并且也不会想到自己乃是人民的喉舌。②

---

① 鲁迅：《鲁迅全集》第5卷，人民文学出版社1981年版，第153页。

② 鲁迅：《鲁迅全集》第6卷，人民文学出版社1981年版，第332—333页。

无论新闻还是知识的传播，都以不准确为大忌。因为这是一种假新闻与假知识，不但无用反而有害。上述引文中仅仅为了吸引读者阅读，就故意夸大甚至扭曲事实，各种忖度、附会、暗示、渲染，从而根本上违背了职业道德。新闻界的格调与品位以轻浮为极大问题，而出版界的“新花样”体现的不是时代的进步，而是一种浮躁之气，鲁迅在极端的失望之下，也详细记下这些所谓新花样：

> 推测起新花样来：其一，是豫先设定一种丛书的大名，罗列目录，大如宇宙，微至苍蝇身上的细菌，无所不包，这才分头觅人，托他译作，限定时日，必须完工，虽然译作者未必定是专家，但总之有许多手同时在稿纸上写字，于是不必穷年累月，一大部煌煌巨制也就出现了；其二，是原有一批零碎的旧译作，一向不甚流行，或者虽曾流行，而现在却已经过了时候，于是聚在一起，略加类别，开成一串五花八门的目录，而一大部煌煌巨制也就出现了。①

鲁迅大力抨击知识分子种种道德堕落的行径之时，实际的情形并不是一种文坛的自我批判和澄清。很多知识分子对鲁迅的指责并不服气，甚至其中有些人指责鲁迅是问题的制造者。鲁迅在批评知识分子贪利与轻浮、浮躁之时，也正是他受到相同诘责的时刻。知识分子如何经济独立而且坚持道德原则也是知识分子内部激烈争辩的问题。鲁迅对知识分子的清贫予以同情，又对那些贪婪的知识分子予以谴责。知识分子如何正当地“经济”生活随着社会秩序的动乱，也彻底失去了应有的秩序。

鲁迅有一本杂文集专门名为《花边文学》，也正是他对此种质疑的回应。“因为‘花边’也是银元的别名，以见我的这些文章是为了稿费，其实并无足取。”② 苏雪林攻击鲁迅也是从积累金钱入手：“鲁迅个人版税，年达万元。其人表面敝衣破履，充分平民化，腰缠则久已累累……彼在上海安享丰厚之版税稿费，又复染指于政府支配下之某项经费。”进而以为鲁迅钟爱金钱与信仰共产实在是“人格分裂”。③ 这种论

---

① 鲁迅：《鲁迅全集》第6卷，人民文学出版社1981年版，第230—231页。

② 鲁迅：《鲁迅全集》第5卷，人民文学出版社1981年版，第147页。

③ 转引自梁实秋等《围剿集》，河北教育出版社2000年版，第166页。

调虽然包括胡适在内的很多知识分子并不赞同，但是应该说还是有很大的市场，不仅仅在上海时代是如此，在北京时代鲁迅的经济生活的伦理性也是一直受到争议，包括他四处代课，包括恋栈“区区佥事”。当革命大潮涌起，新的观点又认为鲁迅以小资产者的身份，思想激进倾向革命是典型的人格分裂。

贪财自然非“重义轻利”的君子所为，贪财的人自然有小人的嫌疑，而小人又往往是轻薄的。时常也有一些人以许广平与鲁迅的关系为证，认为鲁迅为人轻薄。为此鲁迅也承受了极大的精神压力。虽然自述：“一到爱起来，气起来，是什么也不管的。”① 虽然被王晓明称为“是他一生中最光彩的举动”。但是也正如王晓明所说：“也恰恰在这件事情上，他内心深处的软弱和自卑，他对传统道德的下意识的认同，他对社会和人性的根深蒂固的不信任，都表现得格外触目。”② 这些在很多革命巨子或者反动大鳄看来，完全可以付之一笑的指责，在鲁迅看来却是字字千斤，不知道如何辩白。如果坐实了这些指责，从一个纯正知识分子的角度别说是作文与论战，就是做人都很难。然而，苏雪林也属于以胡适为代表的开明一派知识分子，在论战上却并未守住底线，文风恶劣又是问题的另一方面。即便是胡适也委婉相劝，不要有旧文人的恶劣习气。按照苏雪林的逻辑，前半段话就是有钱就是有罪，而不问这钱是辛苦撰稿得来还是如何得来。后半段话则是政府的钱拿了就是人格破产。真不知这是苏雪林知识分子的迂腐气，还是为了指责鲁迅不顾现实故意揪住不放。鲁迅已然与国民党政府决裂，拿国民党的钱自然并非因为豢养。这种几近骂街的论战不但毫无意义，拿自己的无知攻击鲁迅的无奈，好像是很得力，实际上苏雪林的举动也只能让知识分子更虚弱，更让知识分子被外来力量牵着鼻子走。不过，也要承认，这就是当时知识分子之间，互相攻击到什么程度的现实情况。其实，相对于经济上的指责，对鲁迅做人轻浮的指责，更让鲁迅痛恨。在传统社会一个人“德”之不立，人即不立的思维下，北京城里知识圈里沸沸扬扬传言鲁迅与许广平的流言，肯定加剧了鲁迅与北京知识分子界的紧张关系。也许正如王晓明所言，知识分子在反传统的同时，传统社会的泛道德主义让他们喘不过气来。

---

① 鲁迅：《鲁迅全集》第 11 卷，人民文学出版社 1981 年版，第 660 页。

② 王晓明：《无法直面的人生——鲁迅传》，上海文艺出版社 2001 年版，第 131 页。

不但如此，在知识分子内部已经不是为了确立伦理标准而进行的争论。而是赤裸裸的人身攻击。陈西滢甚至诬蔑鲁迅抄袭盐谷温的著作，学风、人品大有男盗女娼之嫌。进而有人甚至认为文坛的浮躁都是鲁迅所一手造就："第一流的作家们既然常时混战，则一般文艺青年少不得在这战术上学许多乖，流弊所及，往往越淮北而变枳，批评人的人常离开被批评者的言论与思想，笔头一转而去骂人家的私事，说人家眼镜带得很难看，甚至说人家皮鞋前面破了个小洞；甚至血偾脉张要辱及人家的父母，甚至要丢下笔杆动拳头。我说，养成现在文坛上这种浮嚣，下流，粗暴等等的坏习气，像鲁迅先生这一般人多少总要负一点儿责任的。"① 这笔文坛的乱账最终没有算在知识分子整体头上，甚至都没算在双方头上，只被某些人单方面算在了鲁迅头上。在这一点上，胡适认为陈西滢欠鲁迅一个道歉，因为后来盐谷温的书被翻译出来，证明鲁迅是被冤枉的，胡适希望陈西滢能摆一摆知识分子的"绅士"架子。但是可惜的是，骂战仅仅止于骂战，没有成为佳话。也许从人情世故来讲，双方骂得太难听，已经完全无法和解。这对知识分子来说是个巨大的遗憾，也很值得后世的知识分子进行分析和总结，因为原本这是一个知识分子进化的机会，最后演变为分裂和仇视的开端。也许鲁迅指出的"浮躁"病症触到了很多知识分子的痛处。许多本应用在知识分子身上的词汇：事实、逻辑、分析、理性，一下子都被浮躁代替了。知识分子的焦虑可想而知，寻找这种浮躁源头也可以理解。但是互指浮躁的双方却不能将这种病症的来龙去脉说清楚。鲁迅的杂文，虽然也经过很多艺术加工，但在根本上他不但是所谓的"骂人"，他更加讲究的是证明被骂者"为何被骂"。这几乎是鲁迅杂文的一个写作原则。不管怎样，文坛的混乱使双方都痛苦不堪，陈西滢甚至污蔑青年知识分子聚集的北师大师生造就了茅厕一样的环境。实际上，鲁迅看陈西滢也好不到哪里去。在第三方看来，确实也要问一句，这样的文坛，如果确实有存在的必要，真的是该如何是好？可悲的是，对鲁迅来说知识分子的这种乌七八糟的论战还是一个虚症，在他眼中，知识分子另有恶疾，更加深重。

① 鲁迅：《鲁迅全集》第5卷，人民文学出版社1981年版，第402页。

二

油滑与卫道，胆小却凌弱，贪利与轻浮等构成了知识分子在日常生活中的道德缺陷。但是，这些道德缺陷的影响却不单单在日常生活中，因为缺少了知识分子的自我约束，这些缺陷变本加厉最终导致整个阶层的腐朽和异化。虽然如此，可悲的是这还并不是知识分子最为严重的道德缺陷。这些也还并不是对鲁迅伤害最为严重的知识分子恶德。例如贪利的缺点，鲁迅批判时还留有余地，甚至表现出有所体谅："书贾也像别的商人一样，惟利是图；他的出版或发议论的'动机'，谁也知道他'不纯洁'，决不至于和大学教授的来等量齐观的。但他们除惟利是图之外，别的倒未必有什么用意，这就是使我反而放心的地方。"① 确实，以上行为毕竟没有造成什么巨大危害，更多具有猥琐的特点，鲁迅也能部分地理解：很大程度上还是因为书商受着生活逼仄的压迫，毕竟时局如此。但有些知识分子更加恶劣的行径就绝非鲁迅所能忍受和体谅。这些恶德就是：假借大义、含血喷人、宗派意识、粉饰太平、曲学阿世等。当然，作为知识分子缺乏共同道德标准与沟通能力的表现，鲁迅对知识分子的批判也受到同样的还击。鲁迅的论敌们将他的倾向革命理解为假借革命的名义打击他们，将他尖锐的笔法总结为绍兴师爷的含血喷人等。于是，现代史上一场知识分子波澜壮阔的内战，特别是道德战，开始上演。

首先，知识分子假借大义、挂招牌的行为极为鲁迅所不齿。中国传统中讲究"名不正则言不顺，言不顺则事不成"。所以事事讲究师出有名就是中国人的习惯，无论多么细小的个人动机，几乎都要找一个极其宏大的堂皇理由。中国社会长此以往也就变得极为扑朔迷离。而这个"名顺"都是为了"事成"，也就是背后的利益。这本是中国社会从古至今的常情，但在知识分子这里却变本加厉，花样与程度无以复加。在鲁迅看来，这即有古书的遗绪："倘不是笨牛，读一点就可以知道，怎样敷衍，偷生，献媚，弄权，自私，然而能够假借大义，窃取美名。"② 在鲁迅看来，五千年的传统毕竟还是糟粕为多。为了个人一点利益，甚至是合情合理合

---

① 鲁迅：《鲁迅全集》第3卷，人民文学出版社1981年版，第153页。

② 同上书，第129页。

法的利益，也一定要遮遮掩掩，寻找个好听的名目。几千年的积累下来，这已经成了难以撼动的民族心理结构，不如此事事难成。好在有了传统的教科书，只要仔细研读不缺效仿的例子。当然，更加糟糕的是在传统的积习下面，也有现今知识分子的发挥："我看中国有许多智识分子，嘴里用各种学说和道理，来粉饰自己的行为，其实却只顾自己一个的便利和舒服，凡有被他遇见的，都用作生活的材料，一路吃过去，像白蚁一样，而遗留下来的，却只是一条排泄的粪。社会上这样的东西一多，社会是要糟的。"[①] 维护社会的既定规范是传统知识分子的重要特点，而知识分子亲手打破社会所需要的规范，显然就是打破了自己立足根本之处，毫无疑问在这一点上对知识分子的伤害极为严重。传统中国作为一个典型的前现代社会，虽然有很多精妙的设计，但整体上它的组织方式也是粗放和含混的。其中最重要的一点就是反复灌输规范知识，同时又不断用各种方式和名义破坏规则。在这一点上，现代中国的知识分子体现的还是古老中国旧知识分子的特点。也就是说他们无法代表新生力量来探索新的伦理思想和体系。可以看出，知识分子是否具备这种能力还在其次，更主要的是他们根本就没有这种意愿。

将鲁迅作品中所批判的知识分子梳理一遍，就会发现这些被批判者皆有招牌，四铭、高老夫子、鲁四老爷背靠传统，拼命卫道；新月派占据艺术之宫，把持着莎士比亚或者白璧德之类；徐懋庸等左翼青年将自己等同于革命本身。鲁迅向他们反问了一个大煞风景的问题：如果都如自己标榜的这样好，那么何以中国要闹到这样糟？

鲁迅的诘问虽然有力，但是也不是无法回答，答案当然是自己是好的，是对方把中国弄糟了。这种时代的紧张造成的知识分子之间关系的紧张破坏了知识分子成为一个整体的很微薄的可能。于是，各色知识分子也绝不肯让鲁迅居于批判者的地位。鲁迅也要赶紧声明对这些纸糊的高帽毫无兴趣，不但毫无兴趣还要赶紧洗清自己假借大义、挂招牌的嫌疑。所谓青年导师、思想界权威等徽号鲁迅都一一"辞大义"一般推在一边。"我也不是'思想界先驱者'即英文 Forearunner 之译名。此等名号，乃是他人暗中所加，别有作用，本人事前并不知情，事后亦未尝高兴。倘见者因

① 鲁迅：《鲁迅全集》第 13 卷，人民文学出版社 1981 年版，第 116 页。

此受愚，概与本人无涉。"[①] 在知识分子中间出现一个权威到底是不是一个好事情？这个问题似乎并没有得到过正式的讨论。但是，根据蔡元培先生主持北大的经历看，知识分子虽然要保持思想独立，但是真正要互相合作、沟通还是要有桥梁。作为新旧知识分子都服膺的"权威"，蔡元培的那种地位使他能起到整体上协调各自为政的知识分子的作用。但是当蔡元培逐步退出这种中心地位，一方面没有后来者可以完美地填补这种地位，另一方面时代也完全不同于蔡元培的时代。所以，知识分子陷入了一种交流和恶性循环。在这种语境下，鲁迅连为逝去多年的老友写一篇悼文也要小心翼翼，来撇清自己并无假借营私之处，虽然其中并无大义："现在我以这几千字纪念我所熟识的素园，但愿还没有营私肥己的处所，此外也别无话说了。"[②] 假借大义要害主要还不在"大义"，而是在"假借"，并且假借者也并不如何关心所谓"大义"。可见，"躲避崇高"也并非新时期文学的一种发明，在鲁迅时代就是一种颇为普遍的文坛现象。所谓假借大义，本质上是一种狐假虎威式的欺骗手法，是知识分子最严重或者说是最高级的弄虚作假。获取私利和获取美名一举两得，而又可以在大义的掩护下全身而退，实在是这一群体的知识分子将知识与心计用错了地方。问题的另一面在于，当知识分子都厌恶这种显而易见的虚伪症状后，谁还能开口谈点"大义"与"崇高"？知识分子难道不是要坠入尴尬的虚无主义？鲁迅在接受马克思主义之前的那段时间，很大部分上就是虚无主义最浓重的时刻。中国到处缺乏秩序，而秩序如何建立，又看不到可行的方法。无论对知识分子来说，还是对整个民族来说，都是一种痛苦的折磨。

假借大义自有它的危害，但总归只是抓一个美名为自己遮羞，或者用作障眼法。但含血喷人却是另一些知识分子常常使用的攻击对手的方法，将对手妖魔化，全然不顾实际或者论辩的基本规则。在这一点上，知识分子的体制角色已经发生了重要变化，或者说是知识分子的异化。这时候知识分子已经不是传统意义上的概念了。这对鲁迅刺激极大，他不但详细梳理了其历史的演变，也揭示了其现实的运作方法。鲁迅在三一八惨案发生之后就一直极受流言的困扰，以为所谓读书人含血喷人的背后是看不见的杀机：

---

① 鲁迅：《鲁迅全集》第3卷，人民文学出版社1981年版，第391页。

② 鲁迅：《鲁迅全集》第6卷，人民文学出版社1981年版，第68页。

> 这是中国的老例，读书人的心里大抵含着杀机，对于异己者总给他安排下一点可死之道。就我所眼见的而论，凡阴谋家攻击别一派，光绪年间用“康党”，宣统年间用“革党”，民二以后用“乱党”，现在自然要用“共产党”了。其实，去年有些“正人君子”们称别人为“学棍”“学匪”的时候，就有杀机存在，因为这类诨号，和“臭绅士”“文士”之类不同，在“棍”“匪”字里，就藏着可死之道的。但这也许是“刀笔吏”式的深文周纳。①

在鲁迅此后的笔墨生涯中这样的经历更是层出不穷。从与梁实秋论战时被诬为拿苏联卢布，到苏雪林指责他是盘踞在内山书店的日本间谍兼人格分裂的共产主义信仰者，其余在报刊上用笔名丢给鲁迅“文坛霸主”的诨号都已经算是很客气的做法了，更别说随意丢给鲁迅的流言与子虚乌有的猜度。“我自旅沪以来，谨慎备至，几于谢绝人世，结舌无言……而上海文坛小丑，遂欲乘机陷之以自快慰……通讯社员发电全国，小报记者盛造谰言，或载我之罪状，或叙我之住址，意在讽喻当局，加以搜捕……老母饮泣，挚友惊心……千夫所指，无疾而死。”② 鲁迅初到上海，以为只有无良的文坛小丑才会有如此无耻谰言。更以为是自己思想进步，参加左翼文学运动而获罪，其实在左翼阵营中他也难逃遭受含血喷人、罗织周纳的经历。“在中国近来已经视为平常，而其实不但‘助长’，却正是‘恶劣的倾向’的，是无凭无据，却加给对方一个很坏的恶名……在‘统一战线’这大题目之下，是就可以这样锻炼人罪，戏弄威权的？”③ 谣言止于智者，本来最应该成为智者的知识分子却成为谣言的制造者；本来应该成为真理捍卫者的知识分子却不遗余力地捏造事实。这样，现代知识分子中出现严重异化、流氓化情况。并且，鲁迅认为这种情况存在比较普遍，他也并不会认可这中间存在误会的可能。

含血喷人的恶劣倾向让鲁迅苦不堪言，而论敌也常常认为下笔尖锐、逻辑周密、充分玩弄文字技巧的师爷笔法是鲁迅最常用、最重要的论战手法。虽然并无论敌直指鲁迅血口喷人，给人罗织罪名。但他们对鲁迅写作

---

① 鲁迅：《鲁迅全集》第3卷，人民文学出版社1981年版，第369页。

② 鲁迅：《鲁迅全集》第12卷，人民文学出版社1981年版，第37页。

③ 鲁迅：《鲁迅全集》第6卷，人民文学出版社1981年版，第536—538页。

常常使用独特笔法放大论敌的可笑与荒谬之处大为不满，谓之为“讽刺”与“骂人”。这种看法在一段时间内非常普遍，鲁迅也不得不出来争辩说，讽刺并非造谣与诬蔑：“其实，现在的所谓讽刺作品，大抵倒是写实。非写实决不能成为所谓‘讽刺’；非写实的讽刺，即使能有这样的东西，也不过是造谣和诬蔑而已。”① 固然我们可以说，鲁迅在艺术手法上坚持自己的特点，主观上并无罗织论敌罪名的举动。但是客观上却不得不承认，鲁迅也罢，文坛小丑或者革命青年也罢，这种壁垒森严的论战已经早已不是心平气和的商榷和沟通，而是一开始就是互不服气的大批判。双方关心的更像是“态度、气量和年纪”这些论据之外的东西。

鲁迅所论述的讽刺与写实的关系问题，其实已经涉及了事实的判断标准问题。正如罗素所言，所有的伦理判断都是主观的，这在一定程度上来说真理又是人类定义出来的。“人们将感到困难的是，在理性论证中，有一种我们正在求助的、被认为是非个人的真理标准，而在伦理学中，按照上述观点，却没有这样的标准。这个困难是现实的、深奥的。”② 立场的不同与对立自然要导致不同的认识，就是信息的不足也能够造成判断的失误，特别是在鲁迅与论敌互相猜忌的情况下。知识分子的隔膜成了一个顺理成章的结果。

鲁迅的文字生涯中有一次因为误会发生的痛苦记忆，那就是杨树达事件。一个叫杨树达的青年到鲁迅的住处吵闹之后，鲁迅记下了经过和他对杨树达动机的揣测：“我历来对于中国的情形，本来多已不舒服的了，但我还没有豫料到学界或文界对于他的敌手竟至于用了疯子来做武器，而这疯子又是假的，而装这假疯子的又是青年的学生。”③ 而经过某些学生证实，杨树达确实是有精神疾病之后，鲁迅也承认了自己的多疑和神经过敏：“现在我对于我那记事后半篇中神经过敏的推断这几段，应该注销。但以为那记事却还可以存在：这是意外地发露了人对人——至少是他对我和我对他——互相猜疑的真面目了……由我造出来的酸酒，当然应该由我自己来喝干。”④ 如果从论战的角度看，在激烈的事实争论和问题争辩中

---

① 鲁迅：《鲁迅全集》第6卷，人民文学出版社1981年版，第278页。

② ［英］伯特兰·罗素：《伦理学和政治学中的人类社会》，肖巍译，河北教育出版社2003年版，第62页。

③ 鲁迅：《鲁迅全集》第7卷，人民文学出版社1981年版，第47页。

④ 同上书，第49—50页。

保持理性和克制是很困难的，但是从鲁迅的这种喝下自己所酿酸酒的后果来看，保持理性与克制又是必需的方式。

如果这种针对论战对象的攻击是双方面心知肚明的污蔑，这当然是十足的下作，但是如果涉及双方对事实的判断标准就极为复杂了。况且，因为立场不同而相骂甚至相诬，这在中国也并不奇怪。鲁迅自己也主张："革命者为达目的，可用任何手段的话，我是以为不错的，所以即使因为我罪孽深重，革命文学的第一步，必须拿我来开刀，我也甘于咬着牙关忍受。"① 在这一点上，鲁迅主要还是服从革命大局，甘愿自我牺牲。但是，也分明说清楚了革命自然不是请客吃饭，要用到必需的手段。就像当年《新青年》杂志那场著名的双簧戏，胡适以为并不光明正大，而鲁迅认为虽然不值得鼓吹但也无伤大雅。随着革命越来越深入，鲁迅与论敌关于事实判断的标准越分裂，最终必然要走向立场的冲突与意识形态的冲突，将当年李大钊与胡适未完成的"问题与主义之争"更加清晰地进行下去。

知识分子个人私德已经千疮百孔，而他们又结成小集团牟取私利，将他们的道德堕落加倍放大。这就是知识分子的宗派性。所谓宗派就是对小集团的观念和利益的维护。这种行为无论在中国古代还是在现代都会受到批判。中国古代认为"君子不党"是一种崇高的境界，在现代中国只有一个利益是至高无上的，就是民族利益。但是实际上，无论是古代连绵不断的党争，还是现代中国严重的军阀割据和其他形式的宗派纷争都普遍而严重地存在。鲁迅对知识分子中广泛存在的宗派思想给予了严厉批判，但同时也承受了宗派的指责。在历次论战中，鲁迅都会发现论敌背后有一个思想的或者利益的集团，绝不是知识分子的简单论战。三一八惨案后，徐志摩为了表示对陈西滢的支持，撰文称陈为"有根"的学者，而陈又称赞徐志摩为五四以来"尤其"杰出的思想家和文人。这种赤裸裸的帮腔立刻被鲁迅揭出并给予抨击。"我总算已经被中国现在'有根'的'学者'和'尤其'的思想家及文人协力踏倒了。"② 当鲁迅将新月派表述为"学者""思想家""文人"的协同行动的组织时，他表现的不是敬佩，而是嘲讽。鲁迅在厦门大学的经历极不愉快，极重要的一点就是其中许多知识分子热衷于拉帮结派，牟取私利："盖彼辈谋略，无非欲多拉彼辈一流

① 鲁迅：《鲁迅全集》第4卷，人民文学出版社1981年版，第628页。

② 鲁迅：《鲁迅全集》第3卷，人民文学出版社1981年版，第258页。

人，而无位置，则攻击别人。”① 上海的文坛更是宗派的世界，无论刊物还是书店：“上海刊物已不多，且大抵有些一派专卖，我却不去交际，和谁也不一气的。每一书店，都有‘文化统制’，所以对于不是一气的人，非常讨厌。”② 并且，鲁迅自己对于结成宗派也时时保持警惕：“以我为师，我是不敢当的，因为我没有东西可以指授，而且约为师弟的风气，我也不赞成。”③ “我一去，一定又有几个学生要回去，这是我力所不及的，别人容易误会我是呼朋引类。我也许此后不能教书了。”④ 但是这并不能够使鲁迅避免受到宗派主义的指责。最为严厉的一次是徐懋庸发起：“胡风他们的行动，显然是出于私心的，极端的宗派运动。”⑤ 而鲁迅已经被胡风他们私有，鲁迅也就成为宗派的头子，这让他极为愤怒，愤而将宗派主义的大帽子掷回：“欲以‘国防文学’一口号去统一作家，也先豫备了‘汉奸文学’这名词作为后日批评别人之用。这实在是出色的宗派主义的理论。”这里，双方互指对方宗派，可见都对宗派避之不及，却希望给对方扣上这顶百口莫辩的帽子，达到一击制敌的效果。

宗派主义在形式上是一种小集团主义，介于个人主义与集体主义之间。但在本质上既不是一种强调个人独立的个人主义，也不是一种维护整体利益的集体主义，而是以小集团的利益为至上原则。所以，宗派主义在任何团体中都是一种极为有害的现象。但是，宗派主义的存在又有深厚的历史和现实原因，在当时的体制下缺乏有效的组织方法保障个人权益，宗派的方式就应运而生，而宗派的介入在处理个人与集体的关系时让这一问题变得更为复杂。坚持宗派主义，谋求小集团利益必将伤害集体利益，抹杀了大是大非的问题；而反对宗派主义，又可能倾向于集体主义，单靠个人力量弱小无法争得与保障个人的权益与自由，也可能出现反对知识分子独立地位和独立思考的可能。徐志摩对陈西滢的吹捧，代表了前一种倾向，而徐懋庸对鲁迅的指责代表了后一种倾向。宗派主义的指责是表现知识分子尴尬地位的最好例证。

鲁迅所注意的知识分子的恶德还有粉饰太平与曲学阿世，他在多个场

---

① 鲁迅：《鲁迅全集》第 11 卷，人民文学出版社 1981 年版，第 504 页。

② 鲁迅：《鲁迅全集》第 13 卷，人民文学出版社 1981 年版，第 252 页。

③ 同上书，第 344 页。

④ 鲁迅：《鲁迅全集》第 11 卷，人民文学出版社 1981 年版，第 577 页。

⑤ 鲁迅：《鲁迅全集》第 6 卷，人民文学出版社 1981 年版，第 526 页。

合均予以严厉抨击。粉饰太平与曲学阿世是对知识分子身份以及坚持真理的道德责任的直接背叛，也直接代表着知识分子的道德沦丧。“中国的有一些士大夫，总爱无中生有，移花接木的造出故事来，他们不但歌颂升平，还粉饰黑暗。”① 知识分子帮忙或者帮闲，在旁帮腔、捣乱或者直接参与论战维持治安都是粉饰太平和曲学阿世的应有之义，这在现代知识分子身上屡见不鲜。鲁迅批判现代评论派，以为用“软刀”的知识分子将“泪揩了”，“血消了”，而“屠伯们逍遥复逍遥”。②

又如新月派事实上并没有完全屈服并依附于国民党，但鲁迅依然认为他们争民权的活动不过是装点了国民党的一党专政，就其本身来说并没有意义，而他们同时也就与曲学阿世、粉饰太平脱不了干系。《理水》中文化山上的学者们就是以新月派为代表的各式曲学知识分子的缩影，这些豢养的知识分子恨不能论证天下不但毫无大水造成的饥荒，甚至连大水都不曾有过。更不必说，鲁迅所讽刺的高老夫子、四铭等以整理国故为名来迎合复古思潮。知识分子为了统治者的需要或者自身利益的需要而粉饰黑暗和曲学阿世，在有效时就是反动统治的帮凶；在无效时，却混淆了大众的视听，形成公开说谎与大言不惭的社会环境。不但败坏了社会风气，更加阻碍了社会理想和正面价值的确立。人民在不相信知识分子编织的谎话的同时，也羞于谈论被御用知识分子玩弄于股掌之间的价值与理想。

而鲁迅长时间以一个战斗者的姿态出现，较少被论敌指责为粉饰太平或者曲学阿世，但并不代表鲁迅全然没有受到过类似指责。苏雪林在给蔡元培的信中称鲁迅表面看虽未“阿世”，却已“曲学”：“鲁迅之左倾，非真有爱于共产主义也，非确信赤化政策之足为中国民族出路也，为利焉耳，为名焉耳。”③ 而更加致命的地方在于，“曲学”导致知识分子从“入世”堕落到了“阿世”。对知识的扭曲先就丧失了判断这个“世”是“盛世”还是“乱世”的能力或者愿望。知识分子完全陷入“无是非”或者“颠倒是非”的境地。

鲁迅一生对知识分子的道德沦丧进行了全面而深刻的反思与批判，但他同时也受到同样的批判与反击。这正陷入了知识分子的内战。假借大

---

① 鲁迅：《鲁迅全集》第6卷，人民文学出版社1981年版，第172页。

② 鲁迅：《鲁迅全集》第3卷，人民文学出版社1981年版，第365页。

③ 转引自梁实秋等《围剿集》，河北教育出版社2000年版，第166页。

义、含血喷人、宗派意识、粉饰太平、曲学阿世这些道德缺陷，虽然有知识分子自身的原因在，但更主要的还是对于事实，特别是政治事实的判断标准的不同。“又其实，错与被骂，在中国现在，并不相干。错未必被骂，被骂者未必便错。凡枭首示众者，岂尽‘汉奸’也欤哉?”[①] 知识分子的道德堕落固然触目惊心，但是上述标准的不确定却更加致命。这说明无法通过经由统一价值标准的辩论或论战来取得一致，而要在切实的政治斗争中解决。

戴望舒在法国撰文认为，当时国内以鲁迅为代表的左翼知识分子对“第三种人”的批判是知识分子的内战。“正如我们的军阀一样，我们的文艺者也是勇于内战的。在法国的革命作家们和纪德携手的时候，我们的左翼作家想必还在把所谓‘第三种人’当作唯一的敌手吧!”[②] 虽然鲁迅作了措辞严正的回应，但是实际上却不能掩盖知识界陷入深刻分裂的事实。鲁迅在更早时候所记述的对“无物之阵”的反抗，其实就是针对知识分子沦为军阀帮凶的现象。在这场内战中，鸡同鸭讲的论战显然无法建立一道知识分子的共同阵线。“如果这就等于‘军阀’的内战，那么，左翼理论家就必须更加继续这内战，而将营垒分清，拔去了从背后射来的毒箭!”[③] 这感触虽然是针对第三种人而发，实际上却是整个知识界的左与右的总决战：

> 所谓“第三种人”，原意只是说：站在甲乙对立或相斗之外的人。但在实际上，是不能有的。人体有胖和瘦，在理论上，是该能有不胖不瘦的第三种人的，然而事实上却并没有，一加比较，非近于胖，就近于瘦。文艺上的“第三种人”也一样，即使好像不偏不倚罢，其实是总有些偏向的，平时有意的或无意的遮掩起来，而一遇切要的事故，它便会分明的显现。如纪德，他就显出左向来了；别的人，也能从几句话里，分明的显出。所以在这混杂的一群中，有的能和革命前进，共鸣；有的也能乘机将革命中伤，软化，曲解。左翼理论家是有着加以分析的任务的。

① 鲁迅：《鲁迅全集》第 12 卷，人民文学出版社 1981 年版，第 238 页。

② 鲁迅：《鲁迅全集》第 4 卷，人民文学出版社 1981 年版，第 533 页。

③ 鲁迅：《鲁迅全集》第 5 卷，人民文学出版社 1981 年版，第 534—535 页。

这样，在鲁迅看来，无论在理论上还是在事实上都没有所谓独立于“甲乙对立或相斗之外的第三种人”。如果真要实践“第三种人”这种似是而非的概念，则只能用自己手造的墙将自己和时代隔绝，放弃了知识分子的社会责任；而若要参与“甲乙对立或相斗”，则实际上又参与了政治斗争。同时就必须判断政治的道德基础。因为“在什么情况下我们应该对政府忠诚，又在什么情况下我们应该拒绝效忠于它？这个在政治领域中最持久的两难命题激发了我们对政府的探索研究”。① 鲁迅对知识分子知识上乃至道德上的批判，以及论敌们对鲁迅的反批判不但构成了知识分子的内战，更加是超越了道德层面，进入了政治领域。

但是，鲁迅的问题在于：知识分子进入政治领域不可避免，但在如何介入上存在巨大的困难。因为没有一个政府会宣称自己在道德上是不合法的。知识分子就是要鉴别和监督这种合法性，而不是听命于政治做政治的留声机。而政治则会本能排斥这种“干扰”，利用金钱和权势来诱惑知识分子或者利用维护大局、反对破坏思想统一等为名来打压知识分子，这才是知识分子将要经受的真正考验。鲁迅不仅仅是在对知识分子的批判中成为鲁迅，更是在上述考验中成为中国知识分子的楷模。

第三节　知识分子的伦理重建：精神界之战士

在现代中国特殊的时代语境下，知识分子在内外交困之中无可避免地表现出大面积的知识匮乏与道德堕落。而这两个理由足以让鲁迅得出关于知识分子的整体结论：“其实中国并没有俄国之所谓智识阶级，此事说起来话太长，姑且从众这样说。”②

俄国知识分子被认为是形成现代知识分子概念的一个重要源头，鲁迅这样说也就表明他认为中国当时并不存在真正意义上的知识分子。知识匮乏与道德堕落同时表明了中国知识分子对自身身份和使命的严重背叛。因为中国知识分子的自我瓦解同时也瓦解了西方知识分子确立的批判原则。批判精神是几乎所有知识分子定义中的核心内容。例如，许纪霖从语用学

---

① ［美］伊安·夏皮罗：《政治的道德基础》，姚建华、宋国友译，王世茹校订，上海三联书店 2006 年版，第 1 页。

② 鲁迅：《鲁迅全集》第 3 卷，人民文学出版社 1981 年版，第 25 页。

与词源学给出的定义，即："知识分子在语用学上具有强烈的现实的与道德的批判精神，并且与一种文化的疏离感联系在一起"①，"因此，现代意义上的知识分子也就是指那些以独立的身份、借助知识和精神的力量，对社会表现出强烈的公共关怀，体现出一种公共良知、有社会参与意识的一群文化人。这是知识分子词源学上的原意。在这个意义上，知识分子与一般的技术专家、技术官僚以及职业性学者是很不同的"②。

一

萨义德则对知识分子的属性做了更为详细的规定，总结认为：知识分子的存在方式是对抗正统；存在理由是代表弱势集团；依据的原则是人类正义。知识分子"在扮演这个角色时必须意识到其处境就是公开提出令人尴尬的问题，对抗（而不是制造）正统与教条，不能轻易被政府或集团收编，其存在的理由就是代表所有那些惯常被遗忘或弃置不顾的人们和议题。知识分子这么做时根据的是普遍的原则：在涉及自由和正义时，全人类都有权期望从世间权势和国家中获得正当的行为标准；必须勇敢地指证、对抗任何有意和无意地违犯这些准则的行为。"③

从这三个要求来看，鲁迅则是在最大程度上坚持了这种难能可贵的批判精神。但是，鲁迅坚持批判精神又明显地不同于西方知识分子。像法国的左拉、英国的罗素、美国的萨义德等坚持批判精神的知识分子的形象与鲁迅极为不同。当鲁迅试图从事萨义德所说批判型知识分子的事业时，希望能够"代表所有那些惯常被遗忘或弃置不顾的人们……从世间权势和国家中获得正当的行为标准"，他却并没有获得西方知识分子获得的普遍尊重。鲁迅最具锋芒的针对权势和不公的批判被分为两部分：针对国民党的批判被认为卷入了意识形态的政治斗争；而针对左翼文学的批评则长时间内被遮掩或者曲解。鲁迅坚持知识分子的批判性最后只剩下了远离直接政治斗争的社会批判和文明批判。"中国现今的文坛（？）的状况，实在不

① 许纪霖：《知识分子十论》，复旦大学出版社 2003 年版，第 3 页。

② 同上书，第 4 页。

③ ［美］爱德华·W. 萨义德：《知识分子论》，单德兴译，陆建德校，生活·读书·新知三联书店 2002 年版，第 17 页。

佳，但究竟做诗及小说者尚有人。最缺少的是‘文明批评’和‘社会批评’，我之以《莽原》起哄，大半就是为了想由此引些新的这一种批评者来，虽在割去敝舌之后，也还有人说话，继续撕去旧社会的假面。”[①] 可见，鲁迅坚持知识分子的批判性在方式上符合西方观点，但在内容上却富有争议。因为这种批判被意识形态化了，而研究者在解释这种意识形态化时大多采取否定或者回避的态度，而不是详细分析的态度。

其实，在最初的启蒙活动中，鲁迅等人非但没有附属于意识形态，甚至有浓厚的排斥政治的倾向。在那个时刻，知识分子的伦理立场奠基在启蒙之上。

五四知识分子从文化启蒙的角度希望摆脱政治的纠缠为政治奠定了一个文化的基础。因此，胡适主张“打定二十年不谈政治决心，要在思想文化上替中国建筑一个革新的基础。”[②] 陈独秀也竭力撇清《新青年》与政治的关系，宣称“批评时政，非其宗旨”。鲁迅则认为，不通过启蒙改变国民的精神结构，共和的招牌也是挂不住的。认为能否挂住共和这块招牌关键在于文化伦理这颗钉子的不仅仅是鲁迅一个人，陈独秀说“这腐旧思想布满国中，所以我们要诚心巩固共和国体，非将这班反对共和的伦理、文学等思想完全洗刷的干干净净不可，否则，不但共和国政治不能进行，就是这块共和招牌也是挂不住的。”[③] 因此，知识分子的伦理重建要在启蒙的基础上进行。这就是鲁迅反复强调的知识者应有的态度。具体说对待西方文化的态度是：“总之，我们要拿来。我们要或使用，或存放，或毁灭。那么，主人是新主人，宅子也就会成为新宅子。然而首先要这人沉着，勇猛，有辨别，不自私。没有拿来的，人不能自成为新人，没有拿来的，文艺不能自成为新文艺。”[④] 同时，对待新文化的态度则是：“由历史所指示，凡有改革，最初，总是觉悟的智识者的任务。但这些智识者，却必须有研究，能思索，有决断，而且有毅力。他也用权，却不是骗人，他利导，却并非迎合。他不看轻自己，以为是大家的戏子，也不看轻别人，当作自己的喽啰。他只是大众中的一个人，我想，这才可以做大众的事

---

① 鲁迅：《鲁迅全集》第 11 卷，人民文学出版社 1981 年版，第 63 页。

② 转引自易竹贤《胡适传》，湖北人民出版社 2005 年版，第 212 页。

③ 陈独秀：《旧思想与国体问题》，《新青年》1919 年第 3 期。

④ 鲁迅：《鲁迅全集》第 6 卷，人民文学出版社 1981 年版，第 44 页。

业。”[①] 作为鲁迅系统思考的结果，还有就是对待旧文化的态度：“虽是仅仅攻击旧社会的作品，倘若知不清缺点，看不透病根，也就于革命有害……惟有明白旧的，看到新的，了解过去，推断将来，我们的文学的发展才有希望。我想，这是在现在环境下的作家，只要努力，还可以做得到的。”[②] 这应该是一个周密而严谨的观点，也有对知识者明确的态度和希望。但是可惜的是，这种期望在现实中依然要遭受严重挑战。这种挫折其实就是启蒙在中国现代化中的一种结构性困境。

通常认为中国从晚清开始学习西方以来，对西方的认识经历了一个逐步深入的过程，即为器物制造—政治制度—文化伦理的过程。洋务运动代表了单纯注重器物的层面，戊戌变法代表了单纯变革政治制度仍然无法突破现实困境的局限，到五四运动就转为强调文化伦理的基础作用。这种由器物、政治、文化的进化论演进过程是在前后相继的历史实践中汲取经验教训的结果，确实反映了历史的进程。但是这个过程有一个问题，就是忽略了这三者自身的复杂性与三者之间的立体关系，将之简单看作一个线性过程。在这个链条上，文化伦理成为最高级的一环，人们非但没有强调缺少了经济与政治的支撑，文化极易流于空谈，反而会向倡导者期望的反方向发展，最终形成的是朱学勤所说的文化决定论。

朱学勤对文化决定论有着精彩的论述：

> 世界历史上可能还没有哪一个民族像我们这样，要让“文化”承担那么多的东西。既有历史的，又有现实的，既有经济的，又有政治的，既有社会的，又有个人的……在文化决定论者眼里，文化问题没有最终解决以前，所有的社会改革都是不彻底的。
>
> 再进一步，还可以想一下世上究竟有没有可以决定一切的东西，管它叫“文化”还是别的东西。
>
> 我们是否先想一下文化究竟有没有那种决定性力量？我的看法是，没有。文化、政治、经济这三大块，各自有不同的发生机制，如果硬要说哪个与哪个接近，我只能说政治这一块离经济近，离文化

① 鲁迅：《鲁迅全集》第6卷，人民文学出版社1981年版，第102页。

② 鲁迅：《鲁迅全集》第4卷，人民文学出版社1981年版，第301页。

最远。[①]

这就是五四极为尴尬的地方：它是总结历史经验教训的产物，有其合理性；但是局限性同样明显，表现了政治、经济、文化三者不但不能相互促进，反而相互掣肘的窘境。

在汪晖眼中，最为典型地体现了文化决定论的五四运动则是一个“神话”。“‘五四’时代对中国知识分子来说不啻是一个辉煌的梦想，一个不能忘怀的追忆……不过对于一个真实地、历史地存在过的时代而言，这个定义不过是一种神话式的解释。如果说神话表达了一种令人神往的独特形式所展示的未来，并通过一种具体行动预示着这个未来的实现，那么，‘五四’就是这样一种神话。”[②]

这样，五四运动走向瓦解，也标志着启蒙的失败。对于这个失败的解释，鲁迅认为是参与者“有的高升，有的退隐”个人逃避责任的道德堕落。鲁迅自言，“政治和经济的事，我是外行”，[③] 由于时代的复杂并且多变，鲁迅其实也难以窥见启蒙的内在矛盾，尤其是这种政治、经济、文化各板块之间体制性的矛盾。有研究者认为是运动内容缺乏内在逻辑，自身包含了分裂的因素。其实，最主要的原因还是文化决定论这种避开政治、经济谈文化思路的失败。思想改造的启蒙思路失败了，政治改造又被重新置入知识分子的视野中心：

> 基本上，“五四”以后出现了一个具有诡论意味的现象：一方面很多人因为对政府甚至政治的整体失望，而如梁启超所说“觉得社会文化是整套的，要拿旧心理运用新制度，决计不可能，渐渐要求全人格的觉悟”，进而探索“文化”方面的深层变革；另一方面，学生运动又使此前大受青睐的“个人”开始淡出，思想和行动都转而朝着群体的方向发展，不少知识精英关注的重心开始由文化向政治转移，并在新的意义上“再发现”了坐而言不如起而行的旧说……到五卅

① 朱学勤：《思想史上的失踪者》，花城出版社 1999 年版，第 221—222 页。

② 汪晖：《预言与危机——中国现代历史中的“五四”启蒙运动》，《文学评论》1989 年第 3—4 期。

③ 鲁迅：《鲁迅全集》第 4 卷，人民文学出版社 1981 年版，第 424 页。

运动之后，此前处于竞争中的各倾向基本有了结果：群体压倒了个人，政治压倒了文化，行动压倒了言论，可以说开启了一个新的时代。①

所以，鲁迅在1929年的认识已是十足的后知后觉："各种文学，都是应环境而产生的，推崇文艺的人，虽喜欢说文艺足以煽起风波来，但在事实上，却是政治先行，文艺后变。倘以为文艺可以改变环境，那是'唯心'之谈，事实的出现，并不如文学家所豫想。"② 但是，鲁迅的独特之处在于他同时又是一个启蒙运动失败结局的预言者，五四启蒙运动对鲁迅来说是一次放大了的仙台经验。鲁迅在日本仙台留学时，创办《新生》而中途夭折，加以《域外小说集》滞销，让他充分体验了用文艺改造国民精神的艰难。这解释了为什么在钱玄同去找鲁迅做文章时，他并不十分热心。从五四初始之际来看，鲁迅的仙台经验是五四的预演，而十几年后的五四又重复了鲁迅经历的从兴奋到落寞的过程。鲁迅描写了《新生》失败后的寂寞心境："我感到未尝经验的无聊，是自此以后的事。我当初是不知其所以然的；后来想，凡有一人的主张，得了赞和，是促其前进的，得了反对，是促其奋斗的，独有叫喊于生人中，而生人并无反应，既非赞同，也无反对，如置身毫无边际的荒原，无可措手的了，这是怎样的悲哀呵，我于是以我所感到者为寂寞。"③ 而这种心境与五四的参与者们其后必然要经历的心路其实是一样的，如同鲁迅在和钱玄同交谈时所暗示的："我懂得他的意思了，他们正办《新青年》，然而那时仿佛不特没有人来赞同，并且也还没有人来反对，我想，他们许是感到寂寞了。"④ 总而言之，五四的各个方面，从发起的思路、过程，到结果，鲁迅在仙台几乎都有过完整的经验。他对五四最初开始时并不抱有特别的希望，但是民族主义的热情又让鲁迅内心极为痛苦。

同一逻辑的活动重复失败两次，鲁迅内心的失望可想而知。于是有了《彷徨》《野草》的创作。鲁迅一时也不知道新的出路在哪里。《新青年》

① 罗志田：《激变时代的文化与政治——从新文化运动到北伐》，北京大学出版社2006年版，第3—7页。

② 鲁迅：《鲁迅全集》第4卷，人民文学出版社1981年版，第133页。

③ 鲁迅：《鲁迅全集》第1卷，人民文学出版社1981年版，第417页。

④ 同上书，第419页。

因为日益政治化而分裂，鲁迅则保持默然。也许当时的他对问题与主义之争表面下隐藏的革命路径乃至意识形态的冲突并不敏感。而他却有意无意地卷入了女师大学潮，使他开始卷入政治，开始在权力和强力面前感受启蒙的脆弱和无力。表面上是知识分子内部关于学潮这一具体事件上意见的冲突，鲁迅最初也是看不过强势的校方压迫学生，但却发展成为某籍某系与某派的冲突，而后双方毫不隐讳地指出对方依靠着某种在朝或者在野的政治势力，更是深深地卷入了政治论争。自此以后，鲁迅的小说创作基本告一段落。

五四之后，第一次世界大战期间获得的短暂宁静被打破，国内、国际政治势力重新开始在中国大地上展开争夺，政治斗争重趋尖锐。被五四遮盖与回避的政治与文化的关系重新被思考，政治的作用与弊端被不断谈论。从晚清开始的重视文化思想发展到五四运动的文化决定论，根本的原因还是政治的有限性与不作为。不能忽视的是，无论是鲁迅在日本反对"借众凌寡，遂其私欲"的中国式民主，还是新文化运动的参与者避而不谈政治，最为主要的原因就是当时政治环境表现出黑暗与反动，知识分子转而从文化的角度来克制这种反动。正是因为袁世凯称帝、张勋复辟这些政治逆流，让知识者羞于谈论政治，也对政治的黑暗一面深恶痛绝，认为在现有的理论与现实条件下，即便谈政治也谈不出什么东西，虽然否定的是政治的有限一面不是政治本身，但是很多知识分子却没有作出有效的区分。而认为可行的对策是从文化上、伦理上清理与建筑政治的思想基础。

在这股潮流中，鲁迅从启蒙陷入了知识分子的内战，与各种政治势力在文艺界思想界有意无意的代言人展开论争。这些论战在表面上大都属于文艺论争，实际上却有着深刻的政治斗争乃至意识形态冲突的属性。所以，鲁迅的事业就被意识形态冲突的双方作出了截然相反的判断。在新月派看来，鲁迅已经在意识形态的路上走得太远，而在钱杏邨等人看来却远远不够。陈独秀的一段话很好地说出了鲁迅的窘境："世之毁誉过当者，莫如鲁迅先生……在民国十六七年，他还没有接近政党以前，党中一班无知妄人，把他骂得一文不值，那时我曾为他大抱不平。后来他接近了政党，同是那一班无知妄人，忽然把他抬到三十三层天以上，仿佛鲁迅先生从前是个狗，后来是个神。"①

---

① 转引自瞿秋白等《红色光环下的鲁迅》，河北教育出版社 2000 年版，第 53 页。

知识分子的内战使整个知识界随着政治斗争的版图也分裂为互相冲突的阵营。一切的文艺争论都指向政治斗争。鲁迅与陈西滢、梁实秋、创造社甚至与施蛰存的论战虽然都在思想界展开，都借着文艺争论的形式，却都无不带有政治思想的对立与争论。在鲁迅与陈西滢的论战中，胡适写信给鲁迅、周作人和陈西滢，希望居中调解，在无意中透露出其中的政治信息："我深知道你们三位都自信这回打的是一场正义之战；所以我不愿意追溯这战争的原因与历史，更不愿评论此事的是非曲直，我最惋惜的是，当日各本良心的争论之中，不免都夹杂着一点对于对方动机上的猜疑；由这一点动机上的猜疑，发生了不少笔锋上的情感；由这笔锋上的情感，更引起了层层猜疑，层层误解；猜疑愈深，误解更甚。"① 这"动机上的猜疑"最为主要的表现就是双方都猜测背后有在朝或者在野的政治力量的操控。鲁迅怀疑对方为统治者制造无耻流言，陈西滢怀疑鲁迅煽动、蛊惑学生陷入执政府门前的"死地"。

被"正人君子"杀败的鲁迅，开始了厦门、中山、上海的迁徙，同时开始了与知识界的大规模冲突。正如萨义德所说，这些文字在一开始就带有浓厚的政治性，离启蒙活动越来越远。而萨义德则从正面和反面论证了知识分子必然要参与政治，不管有意无意："纯属个人的知识分子（a private intellectual）是不存在的，因为一但形诸文字发表，就已经进入了公共世界。"②对知识分子来说，重要的不是是否应当参与政治，而是如何参与："每位知识分子的职责就是宣扬、代表特定的看法、观念、意识形态，当然期望它们能在社会发挥作用。宣称只是为了他或她自己，为了纯粹的学问、抽象的科学而写作的知识分子，不但不能相信，而且一定不可以相信。20世纪的大作家热内就说过，在社会发表文章的那一刻就已经进入了政治生活；所以如果不要涉及政治，那就不要写文章或发表意见。"③ 而宣称远离政治的知识分子就是选择了逃避："在我看来最该指责的就是知识分子的逃避；所谓逃避就是转离明知是正确的、困难的、有原

---

① 谢泳编：《鲁迅还是胡适》，中国工人出版社2003年版，第331—332页。

② ［美］爱德华·W. 萨义德：《知识分子论》，单德兴译，陆建德校，生活·读书·新知三联书店2002年版，第17页。

③ 同上书，第93页。

则的立场，而决定不予采取。不愿意显得太过政治化；害怕看来具有争议。”①

而鲁迅与邵洵美、施蛰存、杜衡、林希隽（鲁迅语之为“一个一知半解的大学生”）等人看似并不关乎政治的论战在鲁迅看来也是具有现实的乃至政治的意义：

> 战斗一定有倾向。这就是邵施杜林之流的大敌，其实他们所憎恶的是内容，虽然披了文艺的法衣，里面却包藏着“死之说教者”，和生存不能两立。
>
> 这一本集子和《花边文学》，是我在去年一年中，在官民的明明暗暗，软软硬硬的围剿“杂文”的笔和刀下的结集，凡是写下来的，全在这里面。②
>
> 莎剧的确是伟大的，仅就杜衡先生所绍介的几点来看，它实在已经打破了文艺和政治无关的高论了。③

可见，对文艺形式的纠缠不是鲁迅关注的重点，他甚至认为与知识分子内部的反动者论战有些无聊：“倘若再和陈源教授之流开玩笑罢，那是容易的，我昨天就写了一点。然而无聊，我觉得他们不成什么问题。”④反抗着“官民”形色各异的文化围剿才是他的重点所在。鲁迅对知识分子内战与政治斗争同构性的强调表示：知识分子伦理的重建是在政治斗争的基础上进行的。更多的时候不是五四文化塑造政治的思路，而是政治决定文化的走向和形态。鲁迅的思想也毫不例外地被政治塑造走向意识形态化：“鲁迅的‘圣化’渊源于某种深远的民族文化心理，渊源于特定政治意识形态的需要。”⑤ 所以，根据以上的考量，重要的不是否定鲁迅重建知识分子伦理的基础是在政治运动之上，而是要分析他是如何以知识分子的身份介入政治。而鲁迅最为富于个性的一点在于：他将政治作了“革

① ［美］爱德华·W. 萨义德：《知识分子论》，单德兴译，陆建德校，生活·读书·新知三联书店2002年版，第84页。

② 鲁迅：《鲁迅全集》第6卷，人民文学出版社1981年版，第3—4页。

③ 同上书，第121页。

④ 鲁迅：《鲁迅全集》第3卷，人民文学出版社1981年版，第454—455页。

⑤ 汪晖：《反抗绝望——鲁迅及其文学世界》，河北教育出版社2000年版，第319页。

命”与“统治”的区分，赞成前者而反对后者，而非笼统地反对知识分子参与政治。

二

根据美国学者梯利所阐释的伦理学理论，伦理与政治完全可以有一致的一面。他认为：“伦理学是有关善恶是非的科学，它发现行为的原则，揭示道德评价的根据。政治学则须探讨国家的性质、来源和发展，研究现在和以往的不同国家形式，努力确定国家的职能。因此可以说，政治学是讨论社会组织原则的科学。假如伦理学发现道德是致力于某个目的或目标的，发现它之所以存在就是要实现这个目标，又假如政治学发现国家也致力于同样的目标，那么在两者之间显然就有一种密切的联系……伦理学要确定行为的一般规则，告诉我们作为个人应当怎样行动；政治学要告诉国家怎样行动，它应当指导人在有组织社会内的行为。”①

而在中国，被政治冲突否定的启蒙事业，特别是作为启蒙手段的文艺活动，其实也和伦理有着一致的一面。根据费希特的观点，文学家所致力的工作就是“把先验哲学观点变成普通意识观点”，“哲学家劳神费力，按照规则，才把自己和别人提高到先验哲学观点上。文学艺术家不必明确思考就站在这个观点上。”②

可见，在通常情况下政治与伦理以及文学存在一致的一面。政治作为一种手段可以起到惩恶扬善，实现人类幸福与伦理理想，维护整个人类利益的作用。但问题在于，人类并不总能忠于自己的利益，尤其是人类的政治活动事实上又常常违背人类的利益：“在以往的全部历史中，权力一直被用于给强者带来穷奢极欲的享受，而给弱者留下辛酸的折磨”。③ 罗素认为，“人的一切活动都是由愿望和冲动所引发的”，而“政治上的重要愿望可以分为初级的和次级的。在初级期望中的是生活的必需品：食物、住所和衣服。当这些东西变得缺少时，人们希望获得它们所将作出的努力

① ［美］弗兰克·梯利：《伦理学导论》，广西师范大学出版社 2002 年版，第 11—12 页。

② ［德］费希特：《伦理学体系》，商务印书馆 2007 年版，第 385 页。

③ ［英］伯特兰·罗素：《伦理学和政治学中的人类社会》，肖巍译，河北教育出版社 2003 年版，第 114 页。

是没有限度的，或者说它们将表现出来的残暴是没有限度的"[①]。在罗素看来，人类还存在更高层次的政治愿望——"占有欲、竞争心、虚荣心和权力欲"以及"与其它政治动机交织在一起的是两种密切相关的激情，令人遗憾的是，人们非常之倾向于它们：我指的是恐惧和仇恨"。这一切将造就可预见的人类的苦难。"竞争同样是灾难性的……有组织的集团之间的竞争，这是战争的来源。"[②] 由于政治执行的有效功能是贯彻了伦理理想，所以纠正政治有限性的一个重要方式是伦理介入或者说伦理批判。而这种批判以知识分子的道德批判为主要方式。

毫无疑问，中国晚清以及北洋军阀时代的政治闹剧让鲁迅完全认同罗素的观点。1927 年，鲁迅开始集中思考知识分子与政治的关系，这就是著名的《关于智识阶级》《文艺与政治的歧途》。在讨论文艺与政治的关系之前，鲁迅还是一如既往地首先展开知识分子的自我批判。指出知识分子的两个缺点。一个是容易脱离民众，变成既得利益者："但是他们既受此荣誉，地位就增高了，而同时却把平民忘记了，变成一种特别的阶级……他不但不同情于平民或许还要压迫平民，以致变成了平民的敌人，现在贵族阶级不能存在；贵族的知识阶级当然也不能站住了，这是知识阶级缺点之一。"另一个则是苛刻、挑剔，很多时候不考虑伦理主张的现实可行性："还有，知识阶级对于别人的行动，往往以为这样也不好，那样也不好。先前俄国皇帝杀革命党，他们反对皇帝；后来革命党杀皇族，他们也起来反对。问他怎么才好呢？他们也没办法。所以在皇帝时代他们吃苦，在革命时代他们也吃苦，这实在是他们本身的缺点。"[③] 鲁迅对国外的知识分子算是比较宽容，但是还是先指出其缺点。这和分析中国知识分子特点是大体一致的。

然后，鲁迅才开始细致分析文艺与政治的各自特征与相互间的关系。鲁迅对政治做了富于个人特征的区分，他将革命引入了对文艺与政治的分析：

---

① ［英］伯特兰·罗素：《伦理学和政治学中的人类社会》，肖巍译，河北教育出版社 2003 年版，第 118 页。

② 同上书，第 114 页。

③ 鲁迅：《鲁迅全集》第 8 卷，人民文学出版社 1981 年版，第 188—189 页。

> 我每每觉到文艺和政治时时在冲突之中，文艺和革命原不是相反的，两者之间，倒有不安于现状的同一。惟政治是要维持现状，自然和不安于现状的文艺处在不同的方向。不过不满意现状的文艺，直到十九世纪以后才兴起来，只有一段短短历史。政治家最不喜欢人家反抗他的意见，最不喜欢人家要想，要开口。而从前的社会也的确没有人想过什么，又没有人开过口。①

而鲁迅所说的革命其实是："所谓革命，那不安于现在，不满意于现状的都是。"② 所以，鲁迅所说的政治，其实是统治阶级"维持现状"的统治。政治当然也包含有自身合理存在的一面。就是鲁迅说的影响社会一切方面的巨大能量："学风如何，我以为是和政治状态及社会情形相关的，倘在山林中，该可以比城市好一点，只要办事人员好。但若政治昏暗，好的人也不能做办事人员，学生在学校中，只是少听到一些可厌的新闻，待到出了校门，和社会接触，仍然要苦痛，仍然要堕落，无非略有迟早之分。"③ 政治这种无所不在的能量在得不到控制的情况下，当然会像鲁迅担心的那样伤害社会，但如果运用得当，却可以造福社会。在这个意义上，其实政治也还是"不安于现状的"革命。所以，鲁迅富于个性地将政治分为两个方面：消极一面为"统治"，积极一面为包括渐变的改革在内的"革命"。

而文艺在革命的过程中也表现出两面性，一面是与革命同一的。另一面却是为统治服务的维持治安、瞒和骗的文学。所以，鲁迅反对一种政治代表的"统治"，转而希望实现政治代表的"革命或者变革"。而知识分子要克服自身的弱点，承担社会责任。如果不能承担，就是假的知识分子，丧失了存在的理由：

> 然而知识阶级将怎么样呢？还是在指挥刀下听令行动，还是发表倾向民众的思想呢？要是发表意见，就要想到什么就说什么。真的知识阶级是不顾利害的，如想到种种利害，就是假的，冒充的知识阶

① 鲁迅：《鲁迅全集》第7卷，人民文学出版社1981年版，第118—119页。

② 同上书，第125页。

③ 鲁迅：《鲁迅全集》第11卷，人民文学出版社1981年版，第13页。

级；只是假知识阶级的寿命倒比较长一点。像今天发表这个主张，明天发表那个意见的人，思想似乎天天在进步；只是真的知识阶级的进步，决不能如此快的。不过他们对于社会永不会满意的，所感受的永远是痛苦，所看到的永远是缺点，他们预备着将来的牺牲，社会也因为有了他们而热闹，不过他的本身——心身方面总是苦痛的。[①]

时刻对权力保持警惕与批判，时刻对人类的非理性保持警惕与批判，这是知识分子的职责所在。这一职责在西方比较明确，就是知识分子要保持对立与批判的态度，拒绝屈服于政治。不然就是班达所说的知识分子的背叛："他们的活动仍然是理论的；他们也没有阻止住世俗大众让全部历史充满了仇恨和杀戮，但是他们制止了这些世俗大众形成崇尚仇恨和杀戮的宗教以及因美化它们而具有的成就感。我们可以说，正是由于有了他们，在两千年里，人类虽然行恶，但是崇善。这一矛盾是人类的荣耀。人类文明正是在这一矛盾所造成的夹缝中发展出来的。"就算是不能直接干预政治，制止政治犯下的错误知识分子仍然可以做出自己的努力，谴责这种政治的暴力。但是，班达也注意到在新的时代背景下情况发生了一定的变化："在 19 世纪末，却产生了一种主要变化：知识分子玩起政治激情的游戏来了。这些本来约束人民的现实主义的人们现在却成了煽动者。"[②]

而中国现代知识分子的困境在于，获取国家的生存与安全对于中国来说也是一种罗素所说的初级的政治愿望，如果这种不言而喻的愿望得不到满足，或者说这个任务得不到实现，就会出现罗素所说的无限残暴，无论是对自己还是对敌人。同样会被动地卷入"有组织的集团之间的竞争"——民族主义狂热。所以，知识分子转向政治以后，必须面对的问题是，如何实现基本的初级的政治愿望，实现救亡，同时如何防止政治激情与残暴。如此精确地掌握介入政治的尺度，这是否可能？

在中国，国民党曾经代表了革命的势力，鲁迅是在到达广州之后才发现革命的策源地并不像想象中完美，此地可以做革命的策源地，也可以做反革命的策源地。[③] 鲁迅对国民党的认识也在不断加深。在形式上完成国

① 鲁迅：《鲁迅全集》第 8 卷，人民文学出版社 1981 年版，第 190—191 页。

② ［法］朱立安·班达：《知识分子的背叛》，上海世纪出版集团 2005 年版，第 79 页。

③ 鲁迅：《鲁迅全集》第 4 卷，人民文学出版社 1981 年版，第 33 页。

家统一后，国民党所确立的一党专政是这样一种政治：“是一种全能主义的政治体制，即通过党组织对国家以致全社会实行高度控制。在夺取政权以后，一党制的首要目标，就是消灭异己之后，用党员占据和充实所有的行政职位，达致国家和政党的完全合并。其结果必然导致普选制的废除和党政不分。”① 因此，这种体制正是统治的高效与革命的低效甚至反动的结合。总之，用鲁迅此时的关于“文艺和政治的歧途”中的观点来看，国民党的政治是统治占了主流，不再具有革命性。这样知识分子面对这种情况只有两种选择，承认并且珍视国民党政权包含的有限的革命有效性，希望保存发展与完善的可能，从而尽量容忍有限性。这条道路的代表是胡适。而更多的知识分子，则坚持批判政治的统治特征，坚持不容忍的态度，在维护政治舞台上新的政治势力的有效性与合法性上表现出明显赞成的倾向。这是鲁迅的道路。鲁迅认为在日本侵华的民族危机下国民党丧师失地是无能，割地求和是无耻，不能容忍国民党的统治。而胡适基本上则是认同苏雪林的政治立场：“国家缔造艰难，今日基础始稍稳固，而国难如此严重，吾人正需要一内可促现代化之早成，外可以抵抗强敌侵略之中心势力。”②

所以从技术上来说，鲁迅与胡适在对待政治的态度上有一致性，都表现出对政治有效性的期待。当然，这其中也包含远远超出技术手段的意识形态问题。例如，胡适选择容忍与支持现政府，就要容忍现政府反动、倒退的封建主义掺杂着官僚资本主义的意识形态。鲁迅倾向于集体主义，就要冒着牺牲自己个人主义的危险，这也是鲁迅不能接受的，但是作为一种现实选择，他又必须去尝试。这个过程因此显得充满了悖论与冲突，鲁迅批评胡适“维持现状”，胡适一派批评鲁迅不顾大局只顾个人泄愤。其实，鲁迅与胡适也意识到了各自所选择道路的有限性。因此，胡适在做政府“诤友”的同时，要掀起争取人权的运动，来反对国民党统治的强化与意识形态的反动。而鲁迅则在加入左翼文学运动的大前提下要坚决反对“四条汉子”的跋扈与徐懋庸集体主义面目下的宗派主义，捍卫自己个性主义的伦理原则。

这样，无论胡适还是鲁迅都深刻地介入了政治。而这也正是他们建立

---

① 转引自林贤治《鲁迅的最后十年》，中国社会科学出版社 2003 年版，第 23 页。

② 转引自梁实秋等《围剿集》，河北教育出版社 2000 年版，第 168 页。

现代知识分子伦理的基础。但是，对于他们来说重要的并非捍卫某个党派的利益，而是捍卫民族的利益。他们的痛苦在于并不存在一种悬空的不经政治可以实现的民族利益。他们没有迷失在以民族利益甚至存亡为号召的政治旋涡里，他们坚持着知识分子最重要的教义。在这个意义上，鲁迅反对作为一种“统治”的特别是专制统治的政治。

中国现代民族救亡的危机，向每一个中国人发出号召，要求每个中国人参与到这场运动中来，这也是鲁迅关注的中心：“现在中国最大的问题，人人所共的问题，是民族生存的问题。所有一切生活（包含吃饭睡觉）都与这问题相关；例如吃饭可以和恋爱不相干，但目前中国人的吃饭和恋爱却都和日本侵略者多少有些关系，这是看一看满洲和华北的情形就可以明白的。而中国的唯一的出路，是全国一致对日的民族革命战争。”[①]而知识分子同时拥有了两个身份——知识者和公民：“中国目前的革命的政党向全国人民所提出的抗日统一战线政策，我是看见的，我是拥护的，我无条件地加入这战线，那理由就因为我不但是一个作家，而且是一个中国人。”[②] 但是鲁迅也并不打算在服从民族利益的名义下服从新的专制与奴役，“用笔和舌，将沦为异族的奴隶之苦告诉大家，自然是不错的，但要十分小心，不可使大家得着这样的结论：‘那么，到底还不如我们似的做自己人的奴隶好’”[③]。

所以，基本上鲁迅实现的知识分子伦理就是萨义德所说：“虽然在民族存亡紧要关头，知识分子为了确保社群生存的所作所为具有无可估量的价值，但忠于团体的生存之战并不能因而使得知识分子失去其批判意识或减低批判意识的必要性。”在这方面，印度的泰戈尔和古巴的马蒂那样的知识分子都是典范，“虽然他们一直是民族主义者，但绝不因为民族主义而减低他们的批评。”[④]鲁迅也是这样一个民族主义者。他同样也不准备用民族至上来掩盖这个民族革命中存在的问题。根据伊藤虎丸的研究，他更愿意将鲁迅定义为一个文化上的民族主义者。“当时鲁迅的民族主义，首先是来自中国被西欧列强瓜分的危机日益紧迫的危机感……他虽然也相当

---

① 鲁迅：《鲁迅全集》第 6 卷，人民文学出版社 1981 年版，第 591 页。

② 同上书，第 529 页。

③ 同上书，第 595 页。

④ ［美］爱德华·W. 萨义德：《知识分子论》，单德兴译，陆建德校，生活·读书·新知三联书店 2002 年版，第 39 页。

深的介入了直接的政治运动，但是，他的民族主义特征却在于他并不把中国危机的原因，单纯视为军备和国力的落后，而是更深刻地看成为民族灵魂的衰弱。鲁迅把他的这种民族主义，概括为‘改造国民性’。”①

三

晚清以来政局动荡，你方唱罢我登场，而中国的情况不但没有好转反而每况愈下，甚至出现了在共和建立之后帝制的复辟。这对知识分子形成巨大刺激，促使他们要为政治塑造一个文化的、文明的基础。知识分子要站在自身立场上，在启蒙运动立场上建立知识分子伦理规范。这个思路自有其价值，但是问题是如果将启蒙上升到文化决定论的高度，反而让文化承受了无法承受的压力，让启蒙承担民族救亡的预期也将启蒙推向了自我瓦解。当启蒙的有限性越来越明显时，政治的作用再次凸显。知识分子们一反不谈政治的姿态开始不同程度地参与政治活动，这个过程是知识分子对鲁迅所定义政治的积极一面——作为革命或者改良一面的向往与追求。这又要求知识分子以公民的身份，在救亡运动立场上确立自身的伦理，以及参与民族伦理的塑造。但问题在于，很快，国民革命建立的新政权、新政治由“革命”走向政治的另一面——作为统治的一面。并且由一般的统治，走向一党专政的政治全能主义。鲁迅和胡适作为五四一代知识分子又天然地反对这种独裁和专制，即便是在民族救亡的背景下。面对启蒙与救亡、政治与文艺的纠缠，知识分子要何去何从？

中国现代历史中的知识分子启动的思想启蒙在一个特殊的时刻进入历史，也就是在辛亥革命与第一次国内革命战争开始之间的政治低谷时期进入历史，试图以文化的力量来克服政治的缺陷。一方面有着历史的必然，另一方面必然遭受失败的命运。因为，文化与政治不是一对对等的概念，政治问题在深层次上确实和文化相关，但是在具体运作上更多的是现实的考量与政治集团利益的权衡，然后才是从文化的、观念的角度来操作。正如毛泽东在致蔡和森信中谈到罗素的政治观念时所说：“罗素在长沙演说……谓宜用教育的方法使有产阶级觉悟，可不致要妨碍自由，兴起战

① ［日］伊藤虎丸：《鲁迅与日本人——亚洲的近代与“个”的思想》，李冬木译，河北教育出版社2000年版，第23页。

争，革命流血。我对罗素的主张有两句评语：理论上讲得通，事实上做不到。”① 对于政治家来说，做不到虽不至于等于空谈，但是也只能以待异日条件具备再谈。但对于知识分子来说，防止政治上事事拘泥于现实利益的分配甚至是政治分赃，继而陷入“统治”而不愿进行“革命或者革新”却又是至关重要的。而这也正是鲁迅的困境：“现在的社会，分不清理想与妄想的区别。再过几时，还要分不清‘做不到’与‘不肯做到’的区别，要将扫除庭院与劈开地球混为一谈。”② 鲁迅忘我投身到启蒙中去，却又时时不忘揭示启蒙坐而论道的局限，揭示知识分子的自我缺陷；投身到带有浓重政治气息的论战中，鲁迅又不忘保持对政治的警惕，时时提醒保持对文艺独立的捍卫。鲁迅在这两者之间感受到的不是左右逢源、相得益彰的从容，反而是体验着两面受敌的苦衷。这也正是鲁迅对知识分子命运的形容：“所感受的永远是痛苦，所看到的永远是缺点，他们预备着将来的牺牲，社会也因为有了他们而热闹，不过他的本身——心身方面总是苦痛的”。③

其实，虽然鲁迅体会到的痛苦反反复复，身上的伤疤新旧叠加。但是他为自己确立的任务和对自己知识分子身份的自觉却在很早之前就确定了。那就是早在日本留学时就已经确立的“精神界之战士”。表面上看，这个主张和晚清以来从器物到政治到文化的思路一脉相承，是鲁迅对于“制造商估立宪国会之说”与“借众以陵寡，托言众治，压制乃尤烈于暴君”④ 的只专注于器物制造与政治形态的变革而流于形式的缺陷进行的反思。鲁迅曾经热切地呼唤精神界战士的出现和队伍的壮大：“今索诸中国，为精神界之战士者安在？有作至诚之声，致吾人于善美刚健者乎？有作温煦之声，援吾人出于荒寒者乎？……吾人所待，则有介绍新文化之士人……然则吾人，其亦沉思而已夫，其亦惟沉思而已夫！”⑤ 这里可以明确地看出，文中既有鲁迅对介绍新文化的使者的召唤，也有对当时中国人特别是知识分子，只耽于沉思的感叹。年轻的鲁迅热切期望能一改万马齐喑的困境，立即采取实际的救亡行动，起到启蒙与鼓舞民众的作用。“精

① 转引自李泽厚《中国思想史论》下册，安徽文艺出版社 1999 年版，第 959 页。

② 鲁迅：《鲁迅全集》第 1 卷，人民文学出版社 1981 年版，第 318 页。

③ 鲁迅：《鲁迅全集》第 8 卷，人民文学出版社 1981 年版，第 191 页。

④ 鲁迅：《鲁迅全集》第 1 卷，人民文学出版社 1981 年版，第 45 页。

⑤ 同上书，第 100 页。

神界战士”这个复合概念中，精神界表示知识分子的立场，战士表示革命的立场。这是一个试图两全的概念，但是也可以明显地感到这个概念的内在分裂。军人以服从为天职，而知识分子以质疑和不服从为天职。要实现知识分子与战士的联合最根本的困难在于两者天职的冲突。鲁迅重视精神界的作用，他相信这是他能够做出自己贡献的领域和园地；但是他深知，只有战士的姿态才能在漆黑一团的现代中国杀出一条求解放的道路，在战士的这条路上，他焦急地寻求着同盟，期盼着同志。无论是在《新生》时代、五四时代、左联时代，鲁迅都希望有强有力的同盟者。有越来越多的同盟者就要牺牲一定程度的个性和独立的思想。如果是加入了准军事化体制的团体真正成为一名战士，更是从根本上否定了知识分子的天职。富于反讽意味的是鲁迅就是在这样的分裂与痛苦中成为民族魂，不但成为知识分子的楷模，也成为这个民族还有希望的象征。

鲁迅对精神界这一领地的坚守，一方面是因为他公认的文艺天赋以及他对文艺在民族解放中独特作用的深刻认识。正如陈独秀所说：“真实的鲁迅并不是神，也不是狗，而是个人，有文学天才的人。”① 陈独秀所指出的这一点是奠定鲁迅在新文化运动中地位和作用的基础，也是他在历次革命运动中所起到的独特作用的重要原因。文艺的精神和情怀深入鲁迅骨髓之中，并且在所有的文学形式中，他最钟情于散文这种“形散神不散”的文体。也正如他自己所说：“我是散文式的人，任何中国诗人的诗，都不喜欢。”② 对文学鲁迅有自己独特的认识和判断，他也会自信地称赞自己的散文诗：“我的一那本《野草》，技术并不算坏。”③ 另一方面是他对文艺和文化作用与性质的自觉，希望能够发挥文艺和文化的作用。“文艺是国民精神所发的火光，同时也是引导国民精神的前途的灯火。”所以，他也会坚持反对将文艺粗暴而庸俗的工具化：“革命之所以于口号，标语，布告，电报，教科书……之外，要用文艺者，就因为它是文艺。”④ 也就是说鲁迅始终坚信文学之所以存在靠的是自身的价值而不是依附政治或者救亡什么别的原因。最后，鲁迅对精神界的固守其实还有着不得已的

---

① 转引自瞿秋白等《红色光环下的鲁迅》，河北教育出版社 2000 年版，第 53 页。

② 鲁迅：《鲁迅全集》第 13 卷，人民文学出版社 1981 年版，第 612 页。

③ 鲁迅：《鲁迅全集》第 12 卷，人民文学出版社 1981 年版，第 532 页。

④ 鲁迅：《鲁迅全集》第 4 卷，人民文学出版社 1981 年版，第 84 页。

苦衷。在残酷的斗争中，文艺界总归是思想战线，可以有个缓冲的余地，不管鲁迅愿不愿意承认。鲁迅曾经讽刺郭沫若等创造社的成员，说他们脚踏文学与革命两只船。革命受到压迫了，就在文学这只船上脚踏得重一点；文学遇到挫折了，就在革命的一面更加着力。鲁迅慢慢也体会到了创造社所面临的苦衷。在《准风月谈》长长的后记中鲁迅这样总结他与王平陵的论战："为消灾计，再添一条小尾：这坏习气只以文坛为限，与官方无干。王平陵先生是电影检查会的委员，我应该谨守小民的规矩。"① 鲁迅虽然对王平陵的官方身份语带奚落，却也是希望以文艺与政治的分野划出自己言论的空间，并不希望每次文坛的争执和论战都掺杂进政治斗争的旋涡。并且，只有在文艺的天地中，鲁迅才能拥有自如、自由、自信，鲁迅希望文艺做到的是文艺与政治的制衡，起到监督和促进的作用。真正面对政治，鲁迅实际感受到的是书生论政的艰难，不但是鲁迅，就算是陈独秀、瞿秋白这样的政治气质更加浓烈的知识分子在真正的政治活动中也是捉襟见肘，个人的命运自不必说，就是政党组织在激烈的斗争中也会要求出现更加强力的领袖，知识分子往往不能担任这种角色。现代政治以政党或者政府的活动为主要内容，早已不是古代那种"一言兴邦，一言丧邦"的时代。如果不是瞿秋白所说的："急遽的剧烈的社会斗争，使作家不能够从容的把他的思想和情感熔铸到创作里去，表现在具体的形象和典型里；同时，残酷的强暴的压力，又不容许作家言论采取通常的形式"②，鲁迅宁愿在文艺的天地中自娱。鲁迅其实也并不讳言自己对于政治的隔膜，而这衬托出的也正是鲁迅出于民族热情与自觉着文艺的责任勉力从事批评政治的活动。"作者的专门是法学，这书的归趣是政治，所提倡的是自由主义。我对于这些都不了然。"③ 如果不是辛亥革命之后的屡次政治动荡，鲁迅其实宁愿做一个闲暇时抄抄《小说旧闻钞》的儒雅官吏。

而鲁迅最早在日本提出精神界战士的概念，并不包含太多战斗的、不宽容的、金刚怒目的成分。他所希望的还是："有作至诚之声，致吾人于善美刚健者乎？有作温煦之声，援吾人出于荒寒者乎？"④ 在十几年后时

---

① 鲁迅：《鲁迅全集》第5卷，人民文学出版社1981年版，第410页。

② 转引自瞿秋白等《红色光环下的鲁迅》，河北教育出版社2000年版，第8页。

③ 鲁迅：《鲁迅全集》第10卷，人民文学出版社1981年版，第272页。

④ 鲁迅：《鲁迅全集》第1卷，人民文学出版社1981年版，第100页。

代与文艺、政治与文艺的纠缠中，鲁迅才最终成为一个战士。孙中山领导革命党人通过与保守党的理论交锋以及一系列的政治动员与军事斗争，最后实现了建立现代中国的资产阶级共和国方案。所有人似乎看到了一缕自晚清以来从未出现的光亮，一段短暂的光亮。似乎奠基在资产阶级文化基础上的共和国大厦可以大庇天下寒士俱欢颜，但是新大厦很快新漆剥尽露出本相："说起民元的事来，那时确是光明得多……一到二年二次革命失败之后，即渐渐坏下去，坏而又坏，遂成了现在的情形。其实这也不是新添的坏，乃是涂饰的新漆剥落已尽，于是旧相又显示出来。使奴才主持家政，那里会有好样子。最初的革命是排满，容易做到的，其次的改革是要国民改革自己的坏根性，于是就不肯了。所以此后最要紧的是改革国民性，否则，无论是专制，是共和，是什么什么，招牌虽换，货色照旧，全不行的。"①

这是鲁迅的，也是陈独秀、胡适等新文化运动主将的，从政治到启蒙的思路。从辛亥革命的这种"政治"过渡到北洋军阀的"统治"，而克服这种统治的并非启蒙运动，而是新的革命。也就是说政治问题最终是通过政治手段解决。启蒙运动的旋起旋灭，说明了运动自身的分裂；国内大革命的兴起，说明了政治运动重新成为社会生活的中心。当国民党掀起的政治高潮再一次从"革命"变为"统治"，鲁迅也越来越像一个战士。他写作《这样的战士》来反对依附北洋军阀的文人学士，他以自己的笔来回应国民党的手枪，而对于徐懋庸等人同样做出措辞强硬的回应："我所使用的仍是一枝笔，所做的事仍是写文章，译书，等到这枝笔没有用了，我可自己相信，用起别的武器来，决不会在徐懋庸等辈之下！"② 除去这些政治纠葛，就是在文坛之内鲁迅也是一个毫不妥协的战士角色。他大呼"至于文人，则不但要以热烈的憎，向'异己'者进攻，还得以热烈的憎，向'死的说教者'抗战。在现在这'可怜'的时代，能杀才能生，能憎才能爱，能生与爱，才能文"③。鲁迅之所以成为一个战士，固然有个人性格峻急，甚至有越人耻于藏污纳垢的地域特征影响的原因。但时代推演的深层逻辑才是最重要的动力，完全不是林语堂等人认为的生性好

① 鲁迅：《鲁迅全集》第 11 卷，人民文学出版社 1981 年版，第 31 页。

② 鲁迅：《鲁迅全集》第 6 卷，人民文学出版社 1981 年版，第 529 页。

③ 同上书，第 405 页。

斗、不斗不乐。鲁迅成为一个战士固然是他的光荣，其实更是他的悲哀。

鲁迅精神界战士的自我选择与知识分子自我意识的确立，是他试图实现与时代最大交集的努力，既要保持独立又要保持对时代的参与。一方面鲁迅很成功，收获了无数的尊敬；另一方面他却又遭受无数误解与非议。鲁迅的身上，有着启蒙的理性、文艺的情怀、直面危险的勇气。这些因素交织在一起在时代的熔铸下，最终形成了鲁迅的人生选择。

对于鲁迅精神界战士的最高表彰其实来自毛泽东，不但确立了鲁迅在精神界、文化战线中的地位，同时也确立了鲁迅的战士品格："鲁迅的方向，就是中华民族新文化的方向""鲁迅的骨头是最硬的，他没有丝毫的奴颜和媚骨，这是殖民地半殖民人民最可宝贵的性格。"① 这个评价在今天看来，也许明显过高，所以鲁迅"三家五最"中"革命家"的称号被拿掉了。但是，如果真的是仔细体味，毛泽东在写下这段话的时候当然首先是一个杰出的政治家，但在最心底其实也有浪漫主义诗人的底蕴。那么这种评价也许并非完全出于政治的需要，是不是在一定程度上他也真的相信，鲁迅是这个民族足够勇敢的战士？

鲁迅自我牺牲的战士品格穿越了他的时代，在今天，也受到知识分子的普遍尊敬。甚至很多知识分子在鲁迅面前心存内疚："我怀念鲁迅，有我对自己的厌恶，常有一种苟活幸存的耻辱。日常生活的尘埃，每天都在有效地覆盖着耻辱，越积越厚，足以使你遗忘他们的存在。只有读到鲁迅，才会想到文字的基本功能是挽救一个民族的记忆，才能多少医治一点自己的耻辱遗忘症，才迫使自己贴着地面步行，不敢在云端舞蹈。"② 鲁迅是一个战士，但是他是用"文字的基本功能"和文艺来表达他的不甘和不屈。不但如此，鲁迅带来的还是一股道德的威压感："中国人成天念叨鲁迅，有无一人敢于继承他的精神、他的风格？仅此一点，就说明了全部。人人都能谈鲁迅，却是把鲁迅高高挂起，把人晾在高处，任其风干。鲁迅的生前不快乐，鲁迅的死后更为凄惨。"③

而在鲁迅所遭受到的误解与非议中，最为常见的就是试图用鲁迅精神

---

① 转引自孔范今主编《百年大潮汐——20 世纪思想解放运动文录》，泰山出版社 1999 年版，第 760 页。

② 朱学勤：《想起了鲁迅、胡适与钱穆》，转引自谢泳编《鲁迅还是胡适》，中国工人出版社 2003 年版，第 293 页。

③ 同上。

界战士的内在分裂来否定鲁迅：用他“战士”的姿态来否定鲁迅在精神界的贡献；又或者用鲁迅知识分子的身份来否定他“战士”的品格。例如，胡适在评论鲁迅试图持论公允，却也认为：“鲁迅狺狺（狗叫声）攻击我们，其实何损于我们一丝一毫？”① 胡适尚且如此，其余右翼知识分子的态度可想而知，如苏雪林之叫骂，周作人之暗讽，林语堂之指斥，也都是从鲁迅执着于“战士”的身份以及毫不宽容的态度入手，而丝毫不顾及鲁迅论战的态度与启蒙的立场。另外，用鲁迅知识分子的身份来抹杀他的“战士”品格。在这种有色眼镜下，鲁迅的身份是康伯度、洋奴、绍兴师爷、文坛霸主，鲁迅的事业是文人相轻的私人恩怨，他的情感基调是知识分子特有的伤感脆弱，老头子的“闹意气”发牢骚。这些指责大多都是妖魔化，更多情绪与自觉深刻高明实则浅薄的言论。而鲁迅精神界战士的身份也确实存在内在分裂，而指出这个分裂的，却不是别人，是鲁迅自己。“望我做一点什么事的人，也颇有几个了，但我自己知道，是不行的。凡做领导的人，一须勇猛，而我看事情太仔细，一仔细，即多疑虑，不易勇往直前，二须不惜用牺牲，而我最不愿使别人做牺牲（这其实还是革命以前的种种事情的刺激的结果），也就不能有大局面。所以，其结果，终于不外乎用空论来发牢骚，印一通书籍杂志。”② 这与狭路相逢勇者胜的战斗气概以及“加强纪律性革命无不胜”的战士天职有着天然的冲突。可见，虽然胡适等人认为鲁迅的言论是神经质的、过激的、病态的，但与真正革命战士的表现比较起来是多么的温和甚至是软弱。

鲁迅只是试图在“精神界”立场所允许的最大范围内尽一个“战士”的职守，而这也成为了他最大的困境。以战士而论，他不如直接参加意识形态的四条汉子，以精神界而论，他学问上不如晚年甘居于宁静书斋的章太炎，以杂文而论又进入意识形态太深。而几乎没有人讨论鲁迅真正给知识分子提出的问题：知识分子要为真理、正义、人类的良心这些沉重却看似缥缈的价值而战还是为民族的生存而战，特别是这个民族以救亡的名义实行专制与独裁的情况下，是坚守文艺还是服从政治？特别是在这种政治不是表现为“革命或者改良”而是表现为“统治”时。只有深刻地理解中国现代文学上文艺与政治的冲突，才能更为恰当地评价和学习鲁迅。

① 转引自梁实秋等《围剿集》，河北教育出版社 2000 年版，第 158 页。

② 鲁迅：《鲁迅全集》第 11 卷，人民文学出版社 1981 年版，第 32 页。

第二章

阶级伦理：阶级立场上爱（人道主义）与憎（阶级斗争）的交织与转换

在马克思主义在世界范围内传播的历史上，关于人类社会和现代中国到底存不存在阶级的问题，很长时间内都是极具争议的话题。关于人类社会自始至终都是阶级斗争的历史，还是人类社会从来就没有一个清晰的、公认的阶级定义，这两个问题一直存在争论，由于这两个问题太过复杂且和本文主题并无紧密关系，先搁置不谈。而关于中国社会尤其是现代中国存不存在阶级的问题，其实同样是经过了众多的争论。在文学史上较为典型的就是，鲁迅和梁实秋争论文学中最核心的到底是“永久的人性”还是“阶级性”问题。梁实秋认为不管哪个阶级的人都拥有同样的人性；而鲁迅认为贾府的林妹妹和焦大由于阶级悬殊根本不会产生爱情，挥金如土的煤油大王也不会体会到满面尘灰的捡煤渣老婆子的艰辛。这场争论当然是以鲁迅的雄辩胜出。那么如果阶级是存在的，阶级伦理应该如何定义？如果按照梁实秋的观点，并不存在阶级性，仅存共有的人性，那么林妹妹和焦大共同遵守的伦理准则就是封建伦理的“三纲五常”一类封建社会秩序的行为准则。但是，显然焦大和林妹妹并不会有相同的行为权限。因为等级的不同，所以行为方式也是不同的。在这个意义上，阶级很容易被理解为经济地位和社会地位的悬殊。因此，尽管中国并不存在强大得足以取代资产阶级的产业工人阶级，尽管中国也没有强大的资产阶级，但是中国社会存在等级、特权和压迫。这本身就构成了阶级斗争的重要理由。在这个危险的两极分化的社会结构下，统治阶级又被中国饱受欺压的现代历史证明极其腐化堕落，反对社会进步和改革。在鲁迅的杂文中，其实阶级斗争也是有着具体的标准，或者说如果满足了某些社会条件，那么阶级斗争就不是虚假的和空泛的，而是实际存在的。比如，如果满足或者具备以下种种条件，统治者屠杀或者恐吓人民，腐化堕落，极端保守无能，人民生活困苦等，那就具备了天然的阶级斗争的条件，换句话说现代中国的阶级斗争确实不是原典意义的阶级斗争，但是它是中国“新旧更替”的强有力工具，甚至是民族解放和现代化唯一的希望。

阶级伦理是一个较为复杂的概念，因为中间经过很多概念的转换与过渡。在鲁迅早期集中讨论“国民性”时代，阶级的观念还不是很清晰。鲁迅认为造成中国落后现状的是全体中国人的国民性弱点。但是，随着时代的进展和政治运动的深入，以新旧军阀为代表的既得利益集团开始攫取革命成果，这时候鲁迅从关注“国民性”问题开始转向阶级论。这也是鲁迅整个思想转变的一个重要转折点。阶级斗争也成为组织和动员民族主义运动的有力武器。

而抗战发生之后，阶级观念又出现某种淡化，鲁迅也接受了这种转变。鲁迅曾经在抗日战争的背景下说过，阶级的概念和民族的概念是紧密联系的：“使全民族，不分阶级和党派，一致去对外。这个民族的立场，才真是阶级的立场。”① 但显然，民族与阶级虽然密不可分，但毕竟并非同一概念。阶级、民族概念和伦理的统一是在特定时代特定条件下的统一。而来自西方的马克思主义也逐步实现了中国化，马克思主义的阶级斗争是无产阶级反抗压迫，寻求更加理想的共产主义社会的主要手段，而在中国阶级斗争也被用来解决几乎所有的社会矛盾，如经济上贫富分化，政治上的效率低下，生活腐化，文化上的保守僵化，等等。所谓的阶级斗争一抓就灵，确实也不是空穴来风。但是鲁迅的经历又证明，这种联合导致的阶级斗争的泛化又有其深刻的合理性，同时也有不易觉察的历史局限性。

阶级的合理性，在马克思那里主要是通过剩余价值理论的揭示，说明了资产阶级对无产阶级的压迫，从而证明憎恨统治阶级、反抗压迫的合理性。但在中国，在鲁迅上述言论中，可以看到“阶级斗争”是作为民族解放的手段来应用的。阶级立场在现代中国的合理性就是：堕落、腐朽的统治阶级成为中国革命和解放的阻力，而无产阶级是革命最坚决的力量，证明这一点的理论基础是反对统治者残酷压迫人、剥削人的人道主义思想，所以无产阶级在伦理道德上要优越于统治阶级。同时，无产阶级的现实地位使得他们更加富于斗争精神，他们是中国革命的最终力量，而统治

① 鲁迅：《鲁迅全集》第6卷，人民文学出版社1981年版，第590页。

阶级和依附者成为中国长期以来现代化遭受挫折的根本原因受到清算。而阶级斗争的目标，是实现自身解放的同时，完成民族救亡与解放。在这个意义上阶级斗争成为马克思主义的"一条金线"："马克思关于过去（历史观）现在（经济学）未来（社会主义）的理论，都由阶级斗争这'一条金线……联络起来'。"[①] 在这一点上，正可以看到当年李大钊和胡适问题主义之争时，李大钊的"主义"确实有横扫一切的力量，用来解决一团乱麻一样的中国现实实在是难以抵抗的诱惑。而这种横扫一切的力量，可能也是胡适顾忌的地方，来自西方文化理念培养下的胡适非常恐惧在国家范围出现这种绝对控制的力量，损害个人的自由和国家的自由信仰。所以，阶级伦理的内容就是，阶级斗争是组织和动员的核心力量和动力来源，在调节个人与社会关系时，必须要有阶级意识维护阶级利益，在一定程度上要保持阶级成分的纯洁，并且毫不犹豫地参与阶级斗争，这样才能推动革命的发展。总之，阶级斗争就是国家的发动机。

这种横扫一切的力量对民族主义者鲁迅的吸引力不言而喻，而阶级斗争太过强大的力量逐渐也引起了鲁迅的警觉。在这个意义上，这又是一个难以解决的困局。鲁迅对阶级意识和立场，以及阶级斗争的理解和反应既有对历史趋向的反映也有自己富于个性的观察和反思。

在现代中国亟须团结一致、共御外侮的时代背景下，一场主张阶级分裂与对抗的阶级斗争的伦理合法性与现实必要性表现在哪里？弥漫在现代中国的愚昧、麻木、贪婪等鲁迅称为"国民性"问题，到底是要每个国民负责，还是要某个特殊的既得利益集团，也就是所谓的阶级负责？如果强调普遍性，在文学上就有可能导致宽泛的"人性论"，而强调特殊性，则某些阶级是邪恶的，而剩余的阶级则是纯洁的、崇高的。这不但是无产阶级文学必须解决的问题，也是整个政治革命至关重要的理论与现实问题。鲁迅以其对无产阶级反抗压迫的合理性论证以及对统治阶级道德堕落的揭露而成为阶级论的热情伦理赞成者。但在现实斗争中，鲁迅也隐约看到了这个庞大运动背后的黑风暴：隐藏在纯洁和崇高背后的人性的弱点。在有意无意中，鲁迅同时反映了阶级论的两个缺陷：是一种垄断革命话语权的开明帝国主义问题和如何避免绝对平均主义的路径问题。所谓开明帝国主义是垄断真理、宣称建立人间天堂的理论形态；路径问题在于阶级论

① 李泽厚：《中国思想史论》下册，安徽文艺出版社 1999 年版，第 1025 页。

出于对等级制的痛恨从而希望实现大范围内的平等甚至是绝对平等，这点很难在现代中国实现，如果硬要实现“大锅饭”式绝对平等将会造成新的社会问题。鲁迅证明了阶级斗争反抗压迫，实现社会平等的正当原理，但是也反映了阶级论的缺陷。在革命进行中，阶级伦理论证了阶级论是实现民族现代化的必经之路，但是一旦确立了阶级论的绝对地位，他就规定了建立民族国家之后的绝对平均主义路径问题。

第一节　阶级伦理的至恶与至善：压迫与反抗二元对立下的人道主义思想

众所周知，人道主义思想在鲁迅的整个思想体系中居于重要地位：“其实，我的意见原也一时不容易了然，因为其中本包含有许多矛盾，教我自己说，或者是人道主义与个人主义这两种思想的消长起伏罢。所以我忽而爱人，忽而憎人；做事的时候，有时确为别人，有时却为自己玩玩，有时则竟因为希望生命从速消磨，所以故意拼命的做。”① 问题在于，这段话中鲁迅提到的两个关键内容：他自己的思想和人道主义的概念都是需要界定的。鲁迅的思想正如他的自述，表面看去难以一时了然，因为其中包含着很多矛盾。而人道主义也是一个松散的概念，包含着很多含混不清的理念。正如李泽厚所说：“作为历史观的人道主义，其理论极为肤浅和贫乏，它不能历史具体地去深入分析现象，不能真正科学地说明任何历史事实，不可能揭示出历史发展的真相，从而经常流为一堆美丽的辞藻、迷人的空谈、情绪的发泄。”② 确实，出于人道而激发的感情，有时候很难做到客观周全的理性。但是，通过对鲁迅文本的分析我们会发现，也正是这种并不严整与精确的人道主义思想成为了他从进化论发展到阶级论的伦理思想基础。这究竟是鲁迅的局限还是时代的必然？

一

从鲁迅的自述中可以看到人道主义与鲁迅思想的关系复杂之处起码包

---

① 鲁迅：《鲁迅全集》第 11 卷，人民文学出版社 1981 年版，第 79 页。

② 李泽厚：《中国思想史论》下册，安徽文艺出版社 1999 年版，第 1025 页。

括以下几点：一是鲁迅思想不但复杂，而且包含自相矛盾的内容，人道主义与个人主义的冲突就是其中一对矛盾，并且是鲁迅思想中最基本内容的冲突。人道主义表现为“爱人”，个人主义表现为“憎人”。二是这两者不是自始至终均衡地存在于鲁迅思想之中，“两种思想消长起伏”。有时是人道主义占主要方面，有时则是个人主义占主要方面。三是鲁迅的人道主义还受到一种虚无厌世情绪的干扰，具体原因在此处并没有明言，但是肯定是来自过往生活不愉快的经历产生了对人性的怀疑。

而鲁迅也在另外一个地方更为详细地叙述了人道主义的内容和特质：“从生活窘迫过来的人，一到了有钱，容易变成两种情形：一种是理想世界，替处同一境遇的人着想，便成为人道主义；一种是什么都是自己挣起来，从前的遭遇，使他觉得什么都是冷酷，便流为个人主义。我们中国大概是变成个人主义者多。主张人道主义的，要想替穷人想想法子，改变改变现状，在政治家眼里，倒还不如个人主义的好；所以人道主义者和政治家就有冲突。”[1] 在这里，鲁迅对人道主义的论述更进一步。人道主义者的思想内容虽然模糊，但这种模糊的思想却有一个总的指向，就是对改造社会的追求。而这种要求很容易和政治家的主张发生冲突，原因就在于人道主义者对现状不满，具有浪漫主义倾向，对现实中有损人道的现象急迫地要求改变。是一种社会不安定力量。从这个意义上说，人道主义是一种哲学思想和社会理想，并不是具体的社会改造的方法和体系。正是这种缺乏具体实现路径的哲学思想却拥有巨大的现实力量，他可以成为革命的内在驱动力，成为很多人参加革命的一个充足的理由。这也是很多人不知道如何革命，但是会为了改造这个不人道的社会来参加革命的原因。

所以，鲁迅的人道主义肯定不是我们惯常所说的那些内容：人道即为“待人以道”，“爱一切人”“善待一切人”这么简单。鲁迅上述叙述同样包含多重含义：鲁迅对人道主义的定义是从经济地位的转变入手，穷人不在他讨论人道主义的范围内，前提是“从窘迫过来的人有钱之后”如何，有钱后对穷人产生同情后愿意为穷人争权益，从而和政治发生冲突，以政治上的影响收束；人道主义是一种经济地位改善以后的“兼济天下”的理想主义；个人主义却是在经济地位改善后依然“独善其身”的狭隘观念，在这里个人主义者不是去为自己争取正当权益的“个人”，而是等同

---

① 鲁迅：《鲁迅全集》第7卷，人民文学出版社1981年版，第115页。

于自私自利，只顾自己的人；从中国的现状看，是独善其身的个人主义多，而人道主义少。而正是这少数的人道主义者和微薄的人道主义思想会对政治家的统治有妨碍，两者的冲突在意料之中，或者说必然会发生。

上文所引用的第一段关于人道主义的文字写于1925年，而后一段文字出自鲁迅1927年12月在黄埔军校的演讲《文艺与政治的歧途》。在这两段文字中，鲁迅人道主义思想的演变较为明显：第一，前一段主要总结自己思想特点，其中有个人主义为自己的成分，也有人道主义爱大众的成分；后者重点分析社会中存在的人道主义的成因和来源，而结论是中国社会中缺乏人道主义思想是在于觉得社会冷酷的人多。第二，前者从思想的角度分析，而后者从经济地位入手，强调经济地位的变化是人道主义的重要产生原因："从生活窘迫过来的人，一到了有钱"易于变为人道主义者，突出这个经济变化。虽然不能说，鲁迅接受了马克思主义从经济基础来解释思想形态，但是在四一二反革命政变之后革命文学开始高涨之际，鲁迅也受到一定的影响。正如李大钊所说："唯物史观的要领，在认经济的构造对于其他社会学上的现象，是最重要的；更认经济现象的进路，是不可抗性的。"① 这和我们通常理解的人道主义还是有比较大的差距的。在一开始，鲁迅自己也并不觉得人道主义是一个完整、理性的概念。因为这样说就等于有一定经济基础的人更容易成为人道主义者，穷困的人还在为生存挣扎，谈不上人道不人道。鲁迅认为的人道主义是建立在一定的经济基础上的，而一部分从穷困变得富足的人却会同人道主义者相反觉得社会很冷酷，从无产者更容易变为个人主义者。可以看出，鲁迅对人道主义的理解完全是靠自己生活经历的总结，和马克思主义的基本概念并不完全吻合。

当然，以上分析只是显示一个粗略的发展倾向，更为翔实的特征还要更加深入地进行分析。而鲁迅人道主义思想的起点已经无法详细考证，早年在家乡所受到的不公正待遇也许从反面让鲁迅看到人道的可贵，如前面他自述当经济地位改善就已潜伏着变为人道主义的因素；在日本接受的现代教育应该也有影响，鲁迅在弘文学院的成绩中以伦理学成绩为所有功课中最高。鲁迅人道主义思想的第一个高峰无疑是五四运动时，众所周知，人道主义思想也成为五四时代启蒙者的共同理想和诉求。

---

① 李大钊：《我的马克思主义观》，《新青年》1919年第6卷。

鲁迅此时也不厌其烦地在文章中屡次提到人类与人道："可是东方发白，人类向各民族所要的是'人'……我们既然自觉着人类的道德，良心上不肯犯他们少的老的的罪。"① 关于"人类"概念的自觉和人道的期望在鲁迅当时的文章中比例确实很大："人类尚未长成，人道自然也尚未长成，但总在那里发荣滋长。我们如果问问良心，觉得一样滋长，便什么都不必忧愁；将来总要走同一的路。"② 而这人道所承担的是人类的希望：

> 多有不自满的人的种族，永远前进，永远有希望。
>
> 多有只知责人不知反省的人的种族，祸哉祸哉！

五四人道主义思想的代表是周作人，更是指出人道主义是新文化运动的灵魂："如今第一步先从人说起，生了四千余年，现在却还讲人的意义，从新要发见'人'，去'辟人荒'，也是可笑的事。但老了再学，总比不学该胜一筹罢。我们希望从文学上起首，提倡一点人道主义思想，便是这个意思……用这人道主义为本，对于人生诸问题，加以记录研究的文字，便谓之人的文学。"③ 在这里，人道主义又是一种普世价值，基本等同于最基本的人权问题。

鲁迅这一时期，或者说五四这一时期人道主义的特点，主要有两个：一个是自觉着人类文明，在人类的视野上要求"人类之爱"。正如周作人所说："这真可说是二十世纪的福音了。只可惜知道的人还少，不能立地实行。所以我们要在文学上略略提倡，也稍尽我们爱人类的意思。"④ 很有意思的一点就是，这个时期的人道主义是与其后作为阶级论内在逻辑的那个人道主义几乎是相反的意义，这时的人道主义还在强调"爱人类"，确乎是"资产阶级文化"启蒙的核心内容。而五四新文化运动的健将胡适也说："工业革命紧接着起来，生产的方法根本改变了，生产的能力更发达了。二三百年间，物质上的享受逐渐增加，人类的同情心也逐渐扩

---

① 鲁迅：《鲁迅全集》第1卷，人民文学出版社1981年版，第322页。

② 同上书，第359页。

③ 周作人：《人的文学》，《新青年》1918年第5卷。

④ 同上。

大。这种扩大的同情心便是新宗教新道德的基础。"[①] 这个说法，倒是和鲁迅对人道主义的说法有很大程度的重合。

此时，人道主义的另一个特点是，表现了个人与社会的冲突。要求将被压抑的人从社会的束缚下解放出来。特别是要求在中国这个传统的男权社会与父权社会中将作为幼者与弱者的儿童与妇女解放出来。在西方人道主义观念的审视之下，中国社会落后甚至野蛮的一面显露无遗。这也正是鲁迅抨击封建社会泯灭人道的基础："社会公意，不节烈的女人，既然是下品；他在这社会里，是容不住的。社会上多数古人模模糊糊传下来的道理，实在无理可讲；能用历史和数目的力量，挤死不合意的人。这一类无主名无意识的杀人团里，古来不晓得死了多少人物；节烈的女子，也就死在这里。"[②] 这也就是说，人道主义者按照这种观点观察社会的时候，社会上不人道的现象就会引起他们的不满，他们就会提出改造社会的要求，而这迟早会造成他们与政治当局的冲突。

而历史的发展很富有戏剧性，人道主义思想还没有来得及按照鲁迅的说法和政治当局冲突。阶级的冲突首先爆发，而且是剧烈的阶级斗争，而不仅仅是限于冲突的程度。当然，这种大规模的阶级斗争却又并不完全是由无产阶级率先挑起，而是作为毫无防备的受害者，遭到了以蒋介石集团为代表的反革命集团的镇压。这样，五四意义上的"爱人类"的人道主义在这种残酷的斗争面前就很苍白和浅薄了。这样，在这种情况下，为所有人挣得基本人权的人道主义就演变成为捍卫无产阶级争取生存权和发展权的人道主义。

五四时代的人道主义，很快就被证明是一种过时的思想，虽然鲁迅还有着深厚的眷恋。而证明这种过时的是所谓的"清党"："接着是清党，详细的事实，报章上是不大见的，只有些风闻。我正有些神经过敏，于是觉得正像是'聚而歼旃'，很不免哀痛。虽然明知道这是'浅薄的人道主义'，不时髦已经有两三年了，但因为小资产阶级根性未除，于心总是戚戚……然而那么风云变幻的事，恐怕世界上是不多有的，我没有料到，未曾描写，可见我还不很有'毒笔'。但是，那时的情形，却连在十字街

① 胡适：《我们对于西洋近代文明的态度》，转引自孔范今主编《百年大潮汐——20世纪思想解放运动文录》，泰山出版社1999年版，第247页。

② 鲁迅：《鲁迅全集》第11卷，人民文学出版社1981年版，第124页。

头，在民间，在官间，前看五十年的超时代的革命文学家也似乎没有看到，所以毫不先行‘理论斗争’……我的看不到后来的变幻，乃是我还欠刻毒，因此便发生错误，并非我和什么人协商，或自己要做什么，立意来欺人。”① 因为深信不疑的人道主义，所以鲁迅会对屠杀“很不免哀痛”，又是因为人道思想，而又深怨自己“欠刻毒”看不透时事的风云变幻。而这种欲弃还留的人道主义思想，却作为深层的思想基础促成了鲁迅思想的进一步转变。根据李大钊的解释，可以看到鲁迅之所以“浅薄”，是因为他的人道主义是一种没有看到“社会组织改造”必要的理论：“人道主义经济学者持人心改造论，故其目的在道德的革命。社会主义经济学者持组织改造论，故其目的在社会的革命。这两系都是反对个人主义经济学的，但人道主义者同时为社会主义者的也有。”“我们主张以人道主义改造人类精神，同时以社会主义改造经济组织。不改造经济组织，单要求改造人类精神，必致没有效果。不改造人类精神，单求改造经济组织也怕不能成功。我们主张物心两面的改造，灵肉一致的改造。”② 不得不承认，李大钊这种主张是一种极为成熟的革命理论，他仍然认为人道主义是肤浅的理论，缺乏对经济制度的改造，单纯号召人道主义是没有力量的；但是同时对社会组织结构、经济结构的改造也需要人道主义的助力，在这个前提下，人道主义可以发挥作用。确切地说是革命的人道主义才能发挥作用。

李大钊这些写于 1919 年的文字想必对当时的鲁迅没有太多的触动，而到 1928 年国民党“清党”之后大规模的阶级对立开始，鲁迅的思想却也不自觉地被推动着向这个方向发展。鲁迅单纯的人道主义思想也开始向革命的人道主义发展。鲁迅在《文艺与政治的歧途》中已经将政治分为统治与革命，而清党以后国民党统治的特征越来越明显。鲁迅也开始越来越倾向革命的政治。人道主义与政治特别是作为“统治”的政治之间的矛盾越来越明显：“主张人道主义的，要想替穷人想想法子，改变改变现状，在政治家眼里，倒还不如个人主义的好；所以人道主义者和政治家就有冲突。”而人道主义思想就作为一种思想基础促成了鲁迅思想的重大转变。人道主义终于从一种模糊的、浅薄的理论变成了反抗压迫的理论武

① 鲁迅：《鲁迅全集》第 4 卷，人民文学出版社 1981 年版，第 97—98 页。

② 李大钊：《我的马克思主义观》，《新青年》1919 年第 6 卷。

器，成为鲁迅思想由进化论发展为阶级论的关键桥梁。

瞿秋白确立了鲁迅思想发展与转变的经典范式："他才从进化论最终走到了阶级论，从进取的争求解放的个性主义进到了战斗的改造世界的集体主义。"而这种转变的基础正是"这期间鲁迅的思想反映着一般被蹂躏被侮辱被欺骗的人们的彷徨和愤激"①。进化论和阶级论先后成为中国思想界最为引人注目的理论，原因就在于两个理论作为认识论和方法论，相对较为清晰地解释了晚清以来中国备受压迫与欺凌的残酷现实，并且提供了打破这种压迫与欺凌的方法。而用进化论的观点看鲁迅思想的发展就是作为一种更成熟和高级形态思想——阶级论的达成。

进化论强调"物竞天择，适者生存"的强者立场，而阶级论却是号召作为弱势群体的全世界无产者"联合起来"，这是一种鲜明的实践哲学，并不以单纯地解释世界为最终目的。阶级论以反对剥削和压迫为起点，最终经由暴力革命实现无产阶级专政，但是运用暴力的手段是为了解放自身以及全人类，是一种由弱者立场转向强者立场的哲学，具有天然的道德优势，而这种道德优势又会转为政治优势。故此，中国作为一个长时间遭受侵略而又不能迅速自强的国家，同时具有弱者对一种公正合理的道德秩序以及坚强政权的强烈渴望。因此，中国思想界和革命阵营虽然短时间内都受到进化论影响，但无疑阶级论更适合中国，具有极为适合中国国情的伦理性和实用性。具体原因也就在于进化论存在内在的缺陷而阶级论具有天然的优势，进化论虽然适应了中国自强图存的心理，但是没有提供具体的方法来改变弱者地位，并且在道德上赞成强者立场，无法与侵略中国的帝国主义在道德上截然区分开来，而这两者都是阶级论的应有之义。中国的确迫切需要变得强大，但是前提是在阶级论所提倡的"无产阶级团结起来的"进行阶级自救进而民族自救的基础上的强大，而非进化论意义"弱肉强食"的强大。

对鲁迅来说，他不是一个敏感的马克思主义者。当李大钊和陈独秀早已进行共产主义的宣传和组党活动时，鲁迅还沉浸在对时局的苦闷和愤怒中。而鲁迅之所以会从进化论过渡到阶级论首先有着现实的基础："我一向是相信进化论的，总以为将来必胜于过去，青年必胜于老人，对于青年，我敬重之不暇，往往给我十刀，我只还他一箭。然而后来我明白我倒

① 瞿秋白等：《红色光环下的鲁迅》，河北教育出版社2000年版，第8页。

是错了。这并非唯物史观的理论或革命文艺的作品蛊惑我的，我在广东，就目睹了同是青年，而分成两大阵营，或则投书告密，或则助官捕人的事实！我的思路因此轰毁，后来便时常用了怀疑的眼光去看青年，不再无条件的敬畏了。”[①] 用进化论的眼光看，青年必将胜于老年，而革命的现实却是青年为老旧的文化和政治体系裹挟、濡染变得反动起来。进化论在哲学上或者在粗略地对人类进程的描述上是有效的，但是在具体的斗争中显得极其不适用。鲁迅眼见到的现实已经证明了它的局限。而阶级论又适时表现了解释中国现实与改变现实的功能。“现在则已是大时代，动摇的时代，转换的时代，中国以外，阶级的对立大抵已经十分锐利化，农工大众日日显得着重，倘要将自己从没落救出，当然应该向他们去了……或者因为看准了将来的天下，是劳动者的天下，跑过去了；或者因为倘帮强者，宁帮弱者，跑过去了；或者两样都有，错综地作用着，跑过去了。也可以说，或者因为恐怖，或者因为良心。”[②] 作为指导思想，进化论是不能坚信不疑了，阶级论则看起来很有吸引力。在鲁迅看来，采用阶级论也是有很多具体而令人信服的原因。首先是国际上来说，世界上所有的帝国主义都是资产阶级国家，而新兴的苏联作为无产阶级国家是同情和支持中国的革命的，帝国主义总是和中国国内的反革命阶级联合在一起的。其次，就是在中国，随着工农的觉醒，它们表现出了巨大的现实力量，将来极有可能夺得政权。总结起来看，鲁迅认识到进化论的并不绝对，进化和返祖现象并存在中国现实中。而阶级论不但在理论上具有优势，在实际中也能代表时代潮流，且具有实现的可能。

以上就是鲁迅对创造社的革命青年走向大众、走向阶级论的解释。而对于他自己，恐怕更重要的思想基础却是人道主义。在“清党”以后的风云变幻里，鲁迅并没有像创造社一样迅速转变为阶级论者，反而怀疑创造社的革命动机以及他们缺乏“人道主义的抗争”：“知道人道主义不彻底了，但当‘杀人如草不闻声’的时候，连人道主义式的抗争也没有。剥去和抗争，也不过是‘咬文嚼字’，并非‘直接行动’”[③]。这里可以发现一个很有意思的现象，就是人道主义作为鲁迅思想的最基本的内容，

① 鲁迅：《鲁迅全集》第4卷，人民文学出版社1981年版，第5页。

② 同上书，第63页。

③ 同上书，第62页。

不管他的思想如何转换，不管外界如何对他施加影响，鲁迅自己首先一定要解决人道主义思想的转换问题，而非简单地抛弃或者以任何其他方式来草率地处理和对待。对于鲁迅自己来说，要说服自己过渡到阶级论确实有着很大的困难，尤其是在他最为重视的文学创作上："但在创作上，则因为我不在革命的旋涡中心，而且久不能到各处去考察，所以我大约仍然只能暴露旧社会的坏处。"① 所谓暴露旧社会的坏处肯定不是合格的阶级论者，因为鲁迅自己也清楚如果对即将到来的无产阶级的世界一无所知肯定是不行的。虽然鲁迅在与创造社的论战中，开始阅读和翻译一些马列主义文艺理论，但是鲁迅要求的是有迹可寻的变化："无论古今，凡是没有一定的理论，或主张的变化并无线索可寻，而随时拿了各种各派的理论来作武器的人，都可以称之为流氓。"② 而这种变化最重要的就是人道主义。

周扬作为新时期呼唤人道主义的代表人物在1941年撰文时就注意到了鲁迅的这种思想基础："这两个路线的根本分歧：前者（尼采主义）是主张以强凌弱，主张压迫人，是便利于法西斯主义窃取的思想源流；后者（拜伦主义）是主张锄强扶弱，主张解放人，是真正人道主义思想，和共产主义正一脉相通。"③ 正是在中国革命的现实发酵中，浅薄的人道主义和崇高的共产主义理想实现了一脉相通的境界。无产阶级的主张既然表现为真正的人道主义思想，对鲁迅来说，实现思想转变就是有着坚实的基础。当然不是说鲁迅对这种含义完全相反的人道主义毫无疑义，但是人道主义在鲁迅思想转换中的基础作用是确定无疑的。

二

鲁迅的思想以人道主义为核心从进化论过渡到阶级论之后，阶级论在很大程度上就成为了他解释和观察现实中国的方法。而在这个过程中，鲁迅的人道主义思想也产生了根本不同于五四时代的特点。

第一，不再强调"人类之爱"，转而关注帝国主义在中国践踏人道的

---

① 鲁迅：《鲁迅全集》第6卷，人民文学出版社1981年版，第18页。

② 鲁迅：《鲁迅全集》第4卷，人民文学出版社1981年版，第297页。

③ 周扬：《精神界之战士》，转引自瞿秋白等《红色光环下的鲁迅》，河北教育出版社2000年版，第96页。

罪恶行径。“譬如在帝国主义的主宰之下，必不容训练大众个个有了‘人类之爱’，然后笑嘻嘻地拱手变为‘大同世界’一样，在革命者们所反抗的势力之下，也决不容用言论或行动，使大多数人统得到正确的意识。”[①]革命纵然有种种缺点，但是造成这些缺陷的都是帝国主义势力。再在帝国主义面前空喊浅薄的人道主义已经没有意义了，只有一种强有力的斗争的革命的人道主义才有可能存在和实现。无产阶级的苏联是真心帮助中国同情中国的，而资产阶级的帝国主义者却是屠杀中国人民的刽子手：“许多上海的新闻记者就时时捏造新闻，有时还登出卢布的数目。但明白的读者们并不相信它，因为比起这种纸上的新闻来，他们却更切实地在事实上看见只有从帝国主义国家运到杀戮无产者的枪炮。”[②]

帝国主义在世界范围内造成的这种剥削和压迫落后国家的消极后果，就是在西方世界内部也早有学者明确指出。罗素说：“在世界其他地区的人们看来，西方之所以站起立来主要的不是由于基督教，而由于永不满足的冒险精神、技能、冷酷的军事实力以及十九世纪期间的一些自由的观念和宪政的实践”。[③] 而先后相继的两次世界大战彻底破坏了人们，特别是东方对西方文明的信仰，五四时期所“置重”的西方人道主义思想也在其中。“毫无疑问，如果欧洲不把自己的军事实力消耗在实际上的内战上面，这种情况就会出现（指西方理想在东方的传播）。由于给世界造成了这番不光彩的局面，欧洲人名声扫地，其他的大陆正勇敢地断言他们自己文化上的独立性。”[④] 这样，鲁迅的人道主义从此与西方也就是所谓的资产阶级人道主义渐行渐远。直到今天，我们依然可以看到作为世界霸权的帝国主义国家在人道主义上实行双重标准：对待国内人民体现了充分的现代文明，对第三世界国家则处处体现出霸权主义思想，竭力控制和压迫这些国家。

当然，鲁迅也反对夸大阶级之间的对立，他还是希望阶级分析要建立在事实基础之上，而不是建立在政治目的和盲动的情绪之上：“有些作者，意在使阶级意识明了锐利起来，就竭力增强阶级性说，而别一面就也

---

① 鲁迅：《鲁迅全集》第 4 卷，人民文学出版社 1981 年版，第 226 页。

② 同上书，第 285 页。

③ ［英］伯特兰·罗素：《伦理学和政治学中的人类社会》，肖巍译，河北教育出版社 2003 年版，第 152 页。

④ 同上。

容易招人误解。”[1] 然而鲁迅也不忘强调帝国主义的存在是中国人道主义灾难不容抹杀的诱因。

这时，鲁迅人道主义思想第二个特点显示出来，就是通过宣布资产阶级人道主义的破产，同时也宣布了无产阶级人道主义的建立。这个理论过程正如苏联学者所说：“虽然人道主义对人类道德探索具有普遍的高尚感染力，但说也奇怪，人道主义的行为准则却是恰恰在人与人之间的关系极无人道、以阶级对抗和人压迫人为基础的时候形成的。这些准则的出现，本身就是群众对统治和隶属关系的一种反应，表示出他们对社会不平等、暴力、社会关系的剥削实质的强烈不满。作为阶级对抗性的道德活动的否定而出现之后，人道主义的道德目标便同随后的私有制社会形态的全部实践处于紧张冲突、深刻分歧的状态之中，它是人类良心不得安宁的根源。”[2] 而这种人道主义代表的“良心”也在中国社会有着明显表现，为鲁迅所注意到，这就是上文提到的：“或者因为看准了将来的天下，是劳动者的天下，跑过去了；或者因为倘帮强者，宁帮弱者，跑过去了；或者两样都有，错综地作用着，跑过去了。也可以说，或者因为恐怖，或者因为良心。”鲁迅也正是在揭示统治阶级及其背后的帝国主义靠山的不人道举动，宣布了无产阶级人道主义的建立。“现在，军阀的报告，已说虽是六十岁老妇，也为‘邪说’所中，租界的巡捕，虽对于小学儿童，也时时加以检查，他们除从帝国主义得来的枪炮和几条走狗之外，已将一无所有了，所有的只是老老小小——青年不必说——的敌人。而他们的这些敌人，便都在我们的这一面。”[3] 在统治者毫无人道的统治下，唯有无产阶级在实现自己的人道理想与信念，而无产阶级的文艺也是当时中国唯一的文艺运动。统治者愈是肆意使用残酷无人道的手段愈是增加无产阶级的光荣：“现在，在中国，无产阶级的革命的文艺运动，其实就是惟一的文艺运动。因为这乃是荒野中的萌芽，除此以外，中国已经毫无其他文艺。属于统治阶级的所谓‘文艺家’，早已腐烂到连所谓‘为艺术的艺术’以至‘颓废’的作品也不能生产，现在来抵制左翼文艺的，只有诬蔑，压迫，

---

① 鲁迅：《鲁迅全集》第4卷，人民文学出版社1981年版，第126页。

② ［俄罗斯］А.И. 季塔连科主编：《马克思主义伦理学》，中国人民大学出版社1984年版，第209—210页。

③ 鲁迅：《鲁迅全集》第4卷，人民文学出版社1981年版，第283页。

囚禁和杀戮；来和左翼作家对立的，也只有流氓，侦探，走狗，刽子手了。”①

统治者的破产，确实在很大程度上说明了无产者的人道主义思想是唯一真实的、光荣的文艺理念、社会理念以及社会运动不可或缺的内容。但是仅仅否定统治者人道的破产是不够的，无产者还要进一步说明，无产阶级人道主义的存在方式与状态。而无产阶级学者确立的人道主义存在方式和状态与鲁迅对中国现实的思考不谋而合：无产阶级的人道主义是以一种否定式的方式存在的，就是在与资产阶级的斗争中建立和存在的：

> 共产主义人道主义不仅是普遍的，而且是可行的。按照马克思主义的观点，这就是为人而斗争，为人的自由发展而斗争，为反对一切丑化人的生活的现象而斗争，即为反对资本主义流毒而斗争。这场斗争不仅要求热爱人，而且要求仇恨与人为敌的人、作恶多端的人。所以，在共产主义建设者的道德规范中有一条原则，要仇恨那些反对共产主义、反对和平事业和各国人民自由的人，这决不是偶然的。初看起来，这条原则似乎跟人和人是朋友、同志和兄弟这个原则相矛盾。实际上，这两条道德要求是紧密联系、互相补充的。人和人都是兄弟这一论点，标志着人道主义和仇视人类的思想之间的差别。共产主义道德并不否定生活中存在着恶，认为恶的根源不是存在于一个或某一群人的本性之中，而是存在于他们生活的政治条件之中。革命的社会主义人道主义的感召力在于，它要求的不是把世界从坏人手中解放出来，而是把人从坏的世界中解放出来，即从本质上是反人性的资产阶级社会中解放出来。而某些个人或者集团之所以成为斗争的和革命暴力的对象，只是因为他们代表反动的社会关系，而且有意识地维护这些关系。是否以人道主义态度待人，其界限就在于此。②

这样，无产阶级反对资产阶级的斗争与“爱一切人”的博爱式人道主义之间的冲突得到了很好的理论上的解决。无产阶级的斗争不但是一种

---

① 鲁迅：《鲁迅全集》第4卷，人民文学出版社1981年版，第285页。

② ［俄罗斯］А. И. 季塔连科主编：《马克思主义伦理学》，中国人民大学出版社1984年版，第214—215页。

人道主义而且是一种比资本主义人道主义更高形态的人道主义，是对世界的根本性改造。并且，无产者解放自己的同时，还将解放全人类。这就是鲁迅说的："梁先生所谓'有出息'的要爬上资产阶级去的'无产者'一流，他的作品是穷秀才未中状元时候的牢骚，从开手到爬上以及以后，都决不是无产文学。无产者文学是为了以自己们之力，来解放本阶级并及一切阶级而斗争的一翼，所要的是全般，不是一角的地位。"① 在这一点上可以看出鲁迅对阶级论的理解是准确和深入的。

阶级论的创始人马克思可以称得上是一个以解放人类为己任的理想家以及伟大的人道主义者，而鲁迅的人道主义思想则受到巨大争议。

恩格斯在马克思墓前演说中说道："……他可能有许多敌人，但未必有一个私敌。"科学共产主义这位奠基人的一生就这样体现了新的人道主义的特点，马克思之所以没有私敌，是因为他反对的是旧制度及其剥削、暴力、战争，而不是这些或那些具体的个人②。在现代中国的环境中，鲁迅是否具有马克思一样伟大的情怀则是一个充满争议的问题。

首先，对鲁迅的争议在于在论战中他被认为是拘泥于私人恩怨，更甚至于有着私人的动机，谈不到人类和阶级解放这样的事业。鲁迅的数次论战，他个人都大张旗鼓，着墨甚多，但在很多论者看来都是关乎个人恩怨，有小题大做之嫌。其次，鲁迅更在这种论战中以反对"费厄泼赖"的姿态与"一个也不宽恕"的立场被认为有反人道主义的倾向。鲁迅缺乏宽容的态度和人道的温情的指控几乎一直伴随着他。鲁迅自己辩解说："但读者不察，往往以为这些是个人的事情，不加注意，或则谓我'太凶'。我的杂感集中，《华盖集》及《续编》中文，虽大抵和个人斗争，但实为公仇，绝非私怨，而销数独少，足见读者的判断，亦幼稚者居多也"③。鲁迅研究者的感受或许可以印证鲁迅的说法，读他的论战文字确实令人沉重而疑惑："读鲁迅及其论敌的论战文字，我经常像是一位战史研究者，推敲攻守双方的战略战术。读完之后，我则更像一位心理分析学者，想象着鲁迅的内心世界。"④ 鲁迅何以如此决绝地抛弃了人道主义而

---

① 鲁迅：《鲁迅全集》第 4 卷，人民文学出版社 1981 年版，第 208 页。

② ［俄罗斯］A. И. 季塔连科主编：《马克思主义伦理学》，中国人民大学出版社 1984 年版，第 215 页。

③ 鲁迅：《鲁迅全集》第 11 卷，人民文学出版社 1981 年版，第 423 页。

④ 汪晖：《反抗绝望——鲁迅及其文学世界》，河北教育出版社 2000 年版，第 30 页。

又耐心反复地做着说明呢？一方面鲁迅在论战中不怎么顾及通常人们所认为的那种“人道”，人道主义的核心是“把人当作人”，而鲁迅在论战中不断用一些隐晦或者明显的词汇将对手比作畜类：“人面东西”“谎狗”“畜牲”“人面狗心”，等等。这样看来，鲁迅从北京到上海一路骂声不绝：“上海之所谓‘文人’，有些真是坏到出于意料之外，即人面狗心，恐亦不至于此，而居然摇笔作文，大发议论，不以为耻，社会上亦往往视为平常，真大怪事也。”① 另一方面却又详细地解释着，鲁迅更是明显地指出人道主义妨害了革命，他憎恨那些反对报复的“人道主义者”：“二十四年前（辛亥革命），太大度了，受了所谓‘文明’这两个字的骗。到将来，也会有人道主义者来反对报复的罢，我憎恨他们。”② 如果没有人道主义，无法实现鲁迅从进化论向阶级论转变。但是当鲁迅开始转变之后，鲁迅不但自己也反对这种“浅薄的人道主义”，而且处处表现出反人道主义的倾向。这对鲁迅来说不能不说是很痛苦的转折。作为人道主义者，这种思想是沉淀在鲁迅心理结构最深处的，但是现实却逼迫他处处自我否定，指出这种思想的浅薄和有毒。

对人道主义的反对，不光有中国现实的启示，还有俄国以及苏联的启发：“俄皇的皮鞭和绞架，拷问和西伯利亚，是不能造出对于怨敌也极仁爱的人民的。”③ 这种对压迫的痛恨以及萌发的反抗意识却被用来反对人道主义——被压迫者对压迫者不应当有人道主义：

> 但我们由这短短的一篇，也可以领悟苏联所以要排斥人道主义之故，因为如此厚道，是无论在革命，在反革命，总要失败无疑，别人并不如此厚道，肯当你熟睡时，就不奉赠一枪刺。所以“非人道主义”的高唱起来，正是必然之势。但这“非人道主义”，是也如大炮一样，大家都会用的，今年上半年“革命文学”的创造社和“遵命文学”的新月社［梁实秋：近来的伤感的革命主义者，以及浅薄的人道主义者，对于大多数的民众有无限制的同情。这无限制的同情往往压倒了一切的对于文明应有的考虑］，都向“浅薄的人道主义”进

① 鲁迅：《鲁迅全集》第13卷，人民文学出版社1981年版，第132页。

② 同上书，第250页。

③ 鲁迅：《鲁迅全集》第7卷，人民文学出版社1981年版，第304页。

攻，即明明白白证明着这事的真实。再想一想，是颇有趣味的。①

创造社的革命文学论者认为对阶级敌人不能存在丝毫的怜悯，因为敌人是极其凶残的；新月派作为统治积极的附庸，也认为无产阶级也就是下层阶级存在固有的缺点，如果对他们施加无原则的同情，会使社会付出更大的代价。在创造社和新月社的革命文学和遵命文学的涂抹之下，人道主义也失去了意义。在当时的理论界人们几乎不能就人道主义达成任何共识。就是鲁迅本人也常常产生困惑，虽说“颇有趣味”，实际上恐怕忧虑更多。如此，对人道主义的拥护或者憎恨都也不重要了，大规模的阶级对抗近在眼前。至此，我们隐约感到了人道主义概念存在分裂与冲突。那么事实上又该如何认识这种分裂的人道主义。

三

那么鲁迅为什么从早期与创造社论战中坚持“浅薄的人道主义”到后期如此憎恨“反对报复”的人道主义呢？这是鲁迅的矛盾，还是人道主义的分裂？如果从伦理学的理论来看，首先是人道主义广义定义与狭义定义的区别：

人道主义有两个定义：广义的与狭义的。广义的人道主义是视人本身为最高价值从而将“善待一切人、爱一切人、把一切人都当做人来看待”当作善待他人最高原则的思想体系。所以，广义的人道主义是一种博爱主义，是视人本身为最高价值的博爱主义，不妨名之为“人道博爱主义”或“博爱的人道主义”。反之，狭义的人道主义则是认为人本身的自我实现是最高价值从而把“使人自我实现而成为可能成为的最有价值的人”奉为善待他人最高道德原则的思想体系。所以狭义人道主义是一种自我实现理论，是视人本身的自我实现为最高价值的自我实现理论，不妨名之为“人道自我实现论”或“自我实现的人道主义”②。

① 鲁迅：《鲁迅全集》第10卷，人民文学出版社1981年版，第465页。

② 王海明：《伦理学原理》，北京大学出版社2001年版，第257页。

如果按照广义的人道主义，按照“把人当人看（视人本身为最高价值而把任何人都首先当作人来善待）”的标准，鲁迅显然不是这个意义上的人道主义者，尽管他一生的大部分时间里恪守这个规则。当鲁迅经由人道主义，实现了由进化论到阶级论的转变，他的人道主义也由广义概念转变为狭义概念。转而强调无产阶级的“自我实现”。但是面对论敌所加给他的诬蔑和伤痕，他以“会稽乃报仇雪耻之乡，非藏垢纳污之地”的越人风骨自勉，还不忘提示读者：人所加在他身上的伤以及他的“骂人文字”其实是战斗的文章。战斗的人道主义者固然凌厉，反人道主义者的对方也不遑多让。

> 山林隐逸之作不必论，倘使这作者是身在人间，带些战斗性的，那么，他在社会上一定有敌对。只是这些敌对决不肯自承，时时撒娇道：“冤乎枉哉，这是他把我当作假想敌了呀！”可是留心一看，他的确在放暗箭，一经指出，这才改为明枪，但又说这是因为被诬为“假想敌”的报复。所用的技俩，也是决不肯任其流传的，不但事后要它消灭，就是临时也在躲闪；而编集子的人又不屑收录。于是到得后来，就只剩了一面的文章了，无可对比，当时的抗战之作，就都好像无的放矢，独个人在向着空中发疯。我尝见人评古人的文章，说谁是“锋棱太露”，谁又是“剑拔弩张”，就因为对面的文章，完全消灭了的缘故，倘在，是也许可以减去评论家几分懵懂的。①

其实，鲁迅真正与广义人道主义距离最远不是在中期和晚年，而是在早期。“凡是愚弱的国民，即使体格如何健全，如何茁壮，也只能做毫无意义的示众的材料和看客，病死多少是不必以为不幸的。”② 他在《呐喊·自序》中这句话多少有点玩弄遣词造句手法，“不必以为不幸”才是在面对愚弱的国民时真正的悲愤心声。而当鲁迅倾向于马克思主义以后，他坚持的其实是一种狭义的人道主义：“人道便是使人实现自己创造性潜能的行为，便是使人自我实现的行为。反之，非人道、不人道也就是使人不能实现自己创造性潜能的行为，是使人不能自我实现的行为，使人不能

① 鲁迅：《鲁迅全集》第6卷，人民文学出版社1981年版，第431—432页。

② 鲁迅：《鲁迅全集》第1卷，人民文学出版社1981年版，第417页。

成其为人的行为。这就是狭义的、深层的、内在的、本质的、高级的人道与非人道。"① 在这个意义上，中国新旧势力的吃人伦理与政治统治就是最大的不人道，压制人异化人，处处使用制度设计和文化浸染剥夺个人自我实现的可能。所以，一切正如汪晖所说："鲁迅关于阶级性、特别是文学的阶级性的讨论的要害，并不在于是否存在人性，或者，人性与阶级性的关系怎样。鲁迅始终关心的是统治关系及其再生产机制，因此，他急于指出的毋宁是：在不平等的社会关系中，人性的概念遮盖了什么？"② 也正是这样，鲁迅的人道主义是一种特殊的人道主义。他先不爱"借众凌寡"的"无主名无意识杀人团"的大众，他也不爱布成"无物之阵"绞杀战士的投靠军阀的文人、学士，他也不爱这个"我觉得我所处的并非人间"的世界。他恨这个世界，但是他又在黑暗之中，如同乌云镶着一道金边，让我们看到光亮。"因为我又明明白白地知道：世界决不和我同死，希望是在于将来的。"③ 这个世界有变好的希望。所以，鲁迅的人道主义，带着打破旧时代的激情和对于新时代的希望与展望：

> 可见，所谓人道主义，固然是一种关于道德原则的理论；但是，就其实质来说，乃是一种关于理想社会的理论，是一种关于人道社会的理论，是一种将人道奉为社会治理最高原则的社会的理论。相应的，所谓人道，固然是一种应该如何善待他人的最高道德原则；但是，就其实质来说，乃是统治者应该如何善待被统治者的最高道德原则，是统治者应该如何治理社会的最高道德原则，是社会治理的最高道德原则。④

鲁迅的人道应该更是这样一种人道吧！但是，鲁迅的倔强，超出了很多人的想象，无论中国政治运动和社会思潮如何变化，他的内心理想的社会都必然有人道主义的立足之处，这是他的信仰，这种信仰也远远超出了文字描述的力量，散发着终对社会和人类终极关怀的光辉。李欧梵这样形

① 王海明：《伦理学原理》，北京大学出版社 2001 年版，第 259 页。

② 汪晖：《反抗绝望——鲁迅及其文学世界》，河北教育出版社 2000 年版，第 26 页。

③ 鲁迅：《鲁迅全集》第 4 卷，人民文学出版社 1981 年版，第 185 页。

④ 王海明：《伦理学原理》，北京大学出版社 2001 年版，第 261 页。

容鲁迅的晚年："直到他生命的最后两年，当他和不断袭来的疾病战斗着并日益明白自己的体质已不能持久时，一种智慧的广袤和柔和的音调才又回到他的作品中。"① 但是，鲁迅的复杂之处在于，即便他的思想会不断发展、演变，一种思想刚刚占据上风，另一种与之相对的思想也会在潜意识里提醒他、警醒他中国社会是一个多么变幻莫测的空间。任何一种信仰，包括人道主义都会使人进入思想的盲区。鲁迅又会时时提醒自己，要防范这种鲁迅在他一篇叫作《死》的遗书模样的文章中宣称对论敌一个都不宽恕："只还记得在发热时，又曾想到欧洲人临死时，往往有一种仪式，是请别人宽恕，自己也宽恕了别人。我的怨敌可谓多矣，倘有新式的人问起我来，怎么回答呢？我想了一想，决定的是：让他们怨恨去，我也一个都不宽恕。"② 这样的言论，便是赞赏鲁迅的德国汉学家顾彬也认为难以接受，怕是认为鲁迅在这点上极为褊狭与不宽容吧。这样的批评在鲁迅研究史上也不在少数，因为鲁迅尚可理解日本人民被裹挟进中日战争，相信"相逢一笑泯恩仇"，但他何以不能原谅那些看似私人纷争的受害者们？

这就是鲁迅人道主义的另一个方面：对个人私德的极高要求而绝不妥协，显示出极为偏执的特征。对于那些伤害过他的人他有能力的时候，反复思考的就是如何复仇，到了本是其言也善的临终，也是决不宽恕。虽然中国传统上主张君子明于大义而不应拘泥于小节，我们今天也可以认为意识形态的不同只是对于民族国家组织方式的不同认识与看法，完全可以有共存的可能，但是鲁迅不但在大义上毫不退让，在论敌的私德上也是紧抓不放，使人有鲁迅对论敌赶尽杀绝之感。但是问题复杂全在于，设想一下，鲁迅如果原谅了他的论敌，在他看来意味着什么？鲁迅坚持的文化决定论使他坚信，社会的黑暗源于中国人的道德堕落。如果他原谅了论敌的道德堕落，他否定的正是一种道义的力量和他自认为正义的事业。从而毫无原则性，这又与他所批判的那些无操守的知识分子、官吏、绅士、流氓有什么区别呢？承认知识分子的道德堕落，完成了最终的妥协，这才是对人道主义真正的伤害。这在鲁迅是不可想象的。

这种"反人道"的私德拷问该如何解释？在鲁迅看来革命的伟大目

---

① 李欧梵：《铁屋中的呐喊》，岳麓书社 1999 年版，第 144 页。

② 鲁迅：《鲁迅全集》第 6 卷，人民文学出版社 1981 年版，第 612 页。

标绝非在短时间内可以完成的，倘若如此，革命的结果也就无法得到检验。而革命者的个人私德就成为鲁迅判断革命有无意义以及能否成功的关键："我以为根本问题是在作者可是一个'革命人'，倘是的，则无论写的是什么事件，用的是什么材料，即都是'革命文学'。从喷泉里出来的都是水，从血管里出来的都是血。'赋得革命，五言八韵'，是只能骗骗盲试官的。"① 这种方法其实并不完全科学，但在当时却并无更好的方法。而这种思路也是中国现代历史上高扬道德主义的一个结果，同时反过来又极度加剧了这种道德主义：

> 这个道德主义表现为，在残酷的生死斗争中对艰苦奋斗舍己为人的牺牲精神的歌颂膜拜，表现为对比工农劳动者，知识分子的复杂的精神世界里的种种污浊、肮脏、琐屑、渺小的批判揭发，自私自利、争名夺利、明哲保身、自由主义……被逐一地、详尽地在思想改造运动中、在"批评与自我批评"中检讨、揭发、展示出来，于是，不但使知识分子在出生入死的农民群众、军队指战员面前自惭形秽、自愧不如，而且也使他们在精神上、灵魂上受到了空前痛苦的磨炼、洗涤和净化。②

鲁迅本无意于参与这种道德主义的构建，早期他还写过反对节烈之类的泛道德主义的文章，但是现在他的思路在客观上却也暗含了时代的泛道德主义潮流。这也可算是为了人道主义理想对抗旧社会时的出发点，不自觉地走到了强化伦理道德的作用的终点。"提倡人道主义虽有其现实合理性和正当性，但作为这些理论，还需要仔细研究、充实和提高。"③ 不然就会走向相反的方向，服务于革命战争的人道主义，常常通过压抑个性、残酷斗争来置换人道的具体内容，并且人们还会为这种压抑和牺牲感到自豪。

可见，鲁迅在五四世界主义的视野下接受了博爱式的、广义的人道主义。但随着中国国内的政治分裂、对抗以及国际帝国主义的侵略加剧，鲁

① 鲁迅：《鲁迅全集》第 3 卷，人民文学出版社 1981 年版，第 544 页。

② 李泽厚：《中国思想史论》下册，安徽文艺出版社 1999 年版，第 999 页。

③ 同上书，第 1025 页。

迅经由人道主义实现了进化论向阶级论的转变。鲁迅的人道主义也演变为无产阶级自我实现的狭义的人道主义，主张对于道德堕落和反动的资产阶级进行斗争。同时，鲁迅又在参与革命过程中坚持以对革命者个人私德的判断来预判革命的有无意义和能否成功。这个思路暗合了中国现代化过程中道德主义泛滥的特征。极端强调个人的自我牺牲和对残酷斗争，反而伤害了人道主义。这其中有着历史发展不可抗拒的内在力量的牵引，但在今天极有清理与反思的必要。

第二节　阶级伦理反思：道德优势与路径缺陷

对于当代中国来说，阶级斗争是一个尴尬的词语和历史存在。阶级斗争在建立政权的过程中起到了争取民族基本人权的人道主义色彩，但是随着历史深入，泛华的阶级斗争又成为国家的核心政策造成巨大损失。今天的整体环境下，既担心重提阶级斗争会煽动起贫富分化的冲突，底层的人道主义诉求应该如何疏导也并不容易。曾几何时，奠基在阶级斗争上的无产阶级文学也曾经拥有不言而喻的合理性。这种合理性的论证和建立，既是一个理论的过程也是一个现实的过程。鲁迅并非盲目地而是富有个性地参与了理论论证的过程。也使得鲁迅有充足的理由宣称，无产阶级文学是那个时代唯一革命的文学运动。但在当代中国，一切都变得不同。

一

现代中国以阶级斗争的方式实现了无产阶级专政，建立了一百年来让中国人梦寐以求的彻底扫清了封建军阀和帝国主义统治的民族国家。但另外，“阶级斗争，一抓就灵”的巨大历史惯性，又让这个国家遭受了巨大的创痛与损失，使人们难以承受更甚至于难以面对。正如鲁迅所说：“夜正长，路也正长，我不如忘却，不说的好罢。但我知道，即使不是我，将来总会有记起他们，再说他们的时候的……”[①] 为了忘却的纪念，是一个多么悖论的题目，然而反映的是多么真实的矛盾心境。鲁迅自然因为白色恐怖的压抑、烈士的血而难以呼吸视听，“吟罢低眉无写处”，这才决计

---

① 鲁迅：《鲁迅全集》第4卷，人民文学出版社1981年版，第488页。

不如忘记。然而这在今天却很可以有新的反思与解读：烈士为了斗争而死，倘若这斗争没有了意义，岂不是另一种惨境？鲁迅说将来会有那么一天让我们记起那些为中国而死的人，那么我们今天怎么解释：当年烈士慷慨激昂地赴死，留下了大量光辉的属于无产阶级文学的文字，在今天这些用鲜血浸过的文字只有虚无缥缈的价值？

改革开放以来，阶级斗争一夜之间淡出了中国人的社会生活。就像从来没发生过一样，阶级斗争被选择性遗忘。正如阶级斗争是一个宽泛的概念，靠着人道主义的过渡才得以充分而合理地论证；改革开放也是一个宽泛而缺乏经验借鉴的运动，很多举措也是依靠从概念到概念的推导得出。阶级斗争中悖论的人道主义概念在改革开放的原始积累和原罪中非常刺耳。只好在经济引擎的轰鸣中选择充耳不闻。但是问题是，时间的推移和经济的发展确实可以解决很多暂时难以解决的难题，很明显，阶级斗争的人道主义内核问题并不完全包含在此列。

《鲁迅全集》中大量关于阶级性的论争文字也不再吸引研究者的注意。相应的却是一直以来，鲁迅在现代中国伦理变迁的过程中所起的作用继续存在很大争议。不但是鲁迅，就是鲁迅所参与的五四新文化运动、新民主主义文化与伦理革命在中国伦理变迁中所起的作用也见仁见智。对于鲁迅是否参与了新民主主义伦理革命，倘如参与又是如何参与以及参与的程度，学术界的结论也是反反复复，反而加剧了问题的复杂程度。如果从伦理学基本理论的角度来看，争议的大体轮廓可以从杂乱的纷争中得以粗略的显现。

伦理学理论认为："道德是具有社会效用的行为应该而非必须如何的规范，是具有社会效用的行为应该如何的非权力规范。"因此，"道德与法律一样，就其自身来说，不过是对人的某些欲望和自由的压抑、侵犯，因而是一种害或者恶；就其结果和目的来说，却能够防止更大的害或者恶（如社会的崩溃）和求得更大的利或善（如社会的存在发展），因而是净余额为善的恶，是必要的恶。"① 所以，伦理道德主要就是调解个人与社会关系的一系列行为规范。这样就包含了两个方面：首先是要求个人遵守社会制定或认可的规范；其次是社会要尽可能满足个人的正当要求。忽视任何一个方面都会出现严重的社会问题。当然从道德起源和目的来看主要

① 王海明：《伦理学原理》，北京大学出版社2001年版，第110页。

的一面还是表现为社会对个人的要求，即要求个人遵守社会制定或者认可的规范，从而维护社会的存在和发展。但是，如果这种束缚和压抑超过了可以承受的限度，就会造成相反的结果。就不是一种“净余额为善的恶、必要的恶”，而成为了一种单纯的恶。最典型的例子当然是五四运动中反对“存天理、灭人欲”的传统理学道德。五四正是在这个意义上反对传统道德对个人的束缚与压抑。鲁迅也正是在这个意义上认为：“道德这事，必须普遍，人人应做，人人能行，又于自他两利，才有存在的价值。”①

但是，随着中国革命深入进行，在伦理观上也出现转化，无产阶级政治家和理论家认为：与个性解放相比，阶级的解放具有更高的伦理价值与现实意义。随着新民主主义革命的兴起，伴随着波澜壮阔的政治革命，一场深刻的伦理革命随之展开。社会对个体的要求被再次提出，并且加以极度地强调。个性解放也被改头换面成为自私自利的自由主义和个人主义广受批判。现代中国伦理革命的主要趋势一反五四个性解放的内容，重新变为社会对个人的要求，不但要服从革命的权威，在必要的时刻要对革命奉献个人的一切。

在这个意义上，现代中国的革命树立了一个道德主义的系统和在这个系统下塑造了作为典型代表的鲁迅，称为“民族魂”。而道德主义从马克思主义在中国传播的第一天起就根深蒂固了：“从一开始，李大钊便把伦理、人道、精神改造与阶级斗争、社会改造即所谓‘心与物’‘灵与肉’相提并论，要求作双向的同时改造。”② 这就说明，从一开始伦理道德就在革命的现实斗争中处于重要对位。而这种极端强调伦理道德的倾向，顶点就是革命中形成以毛泽东为代表的种种经典理论和思想：“这些几十年来异常著名的、人们经过背诵的‘语录’，它确乎是中国的产物，是中国化了的马克思主义。它极大地高扬了伦理道德主义。”③ 如此，革命就和革命的道德主义形成了完整而严密的相互呼应的关系，因为这种道德主义扎根的土壤就是阶级斗争：“这一套道德主义和公私义利之分是以阶级斗争为线索来贯穿的，从而不再是比较复杂的、以稳定、和谐为目的和特征

---

① 鲁迅：《鲁迅全集》第1卷，人民文学出版社1981年版，第119页。

② 李泽厚：《中国思想史论》下册，安徽文艺出版社1999年版，第982页。

③ 同上书，第999页。

的传统的伦常观念，而是以更简化的‘革命’的阶级观念来作为标准尺度……”[①] 革命、道德、阶级斗争这些词汇几乎可以互相替代使用，形成了独特的革命话语。

鲁迅本人，经过自身思想转变以及政治权威对他进行的改造则在这个道德主义系统中居于旗手的地位：“而鲁迅，就是这个文化新军的最伟大和最英勇的旗手……鲁迅是在文化战线上，代表全民族的大多数，向着敌人冲锋陷阵的最正确、最勇敢、最坚决、最忠实、最热忱的空前的民族英雄。鲁迅的方向，就是中华民族的方向。”[②] 鲁迅代表的是中华民族的最大利益，就是民族的解放。而解放的实现，必须要靠艰苦卓绝的斗争，而斗争就必须坚决而果断，不能有个人的保留和对集体最大利益的怀疑。鲁迅所代表的就是这种阶级意识兴起以后，民族强调以个人的奉献为特征的道德修养来代替个人的个性解放，以集体主义克服个人主义的缺陷。鲁迅之所以转变，则是建立在阶级斗争的合理性和有效性的论证之上。这个合理性和有效性就是上文所说为了实现中华民族的最大、最根本利益：民族解放。鲁迅的转变对于中国革命来说具有象征意义。

而阶级斗争作为马克思主义三个组成部分中重要的一部分，不但强调无产阶级战士个人的道德修养，更加强调整个阶级与敌对阶级的对抗意识，并且宣布只有在无产阶级充分意识到自身的利益从而勇敢地投入与资产阶级的斗争中去，才能最终实现自身和人类的解放。阶级斗争在这个意义上就具备了李泽厚说的极为重要的串联马克思主义各个部分的作用：“马克思关于过去（历史观）现在（经济学）未来（社会主义）的理论，都由阶级斗争这‘一条金线……联络起来’”[③]。革命经由个人的人道主义，转换为民族的人道主义、革命的人道主义，最终落脚在阶级斗争。一旦阶级斗争成为不可撼动的指导思想，他就拥有了指挥一切的力量。不但如此，唯物史观视野下的阶级斗争同时带有前所未有的崇高伦理意义。阶级斗争处于如此重要的地位，甚至在强调阶级对抗之前首先界定什么是“阶级”都显得多余了，当然不能说无产阶级是为了“斗争”而斗争，革

① 李泽厚：《中国思想史论》下册，安徽文艺出版社 1999 年版，第 101 页。

② 转引自孔范今主编《百年大潮汐——20 世纪思想解放运动文录》，泰山出版社 1999 年版，第 760 页。

③ 李泽厚：《中国思想史论》下册，安徽文艺出版社 1999 年版，第 1025 页。

命有崇高的人道主义目标，但是这种对阶级斗争极致发挥也是很值得警惕的：

> 无产阶级是资本主义社会中唯一可能有愿望进行彻底革命的阶级。无产阶级沦落到非人道的境遇中，从它发现自己的处境之时起，它同时发现只有通过拯救社会全体成员才能拯救自己。
>
> 大体上这就是马克思致力的历史哲学。不言而喻，在这样的一个范围内，阶级定义的细节就成为次要的了。重要的是，懂得阶级的对抗性、斗争的必然性，以及组织这场斗争。①

中国最早的一批马克思主义介绍者——李大钊、陈独秀、蔡和森、李达等人几乎都无一例外地认识到阶级斗争在马克思主义中的核心作用及其负担的伦理价值。后知后觉的鲁迅在 1928 年与创造社、太阳社的论战中才对阶级论半信半疑地有了一个基本的概念，这概念的核心也正是阶级斗争：“但一讲无产阶级文学，便不免归结到斗争文学，一讲斗争，便只能说是最高的政治斗争的一翼。”② 可见，鲁迅对阶级的理解也是完全从斗争出发的，这也说明了，此时鲁迅也认同了革命者对于旧社会的遗产的观点，除了斗争与批判之外没有别的办法。问题是，旧社会的遗产包括文化、体制、物质，尤其重要的是人——旧的遗老遗少和新的遗老遗少们。当知识分子不约而同地接受了马克思的历史观时，他们也都忽视了在一场波澜壮阔的阶级斗争之前先要界定这个概念，就是鲁迅也被认为是落伍者，距离旧社会的遗产所去不远。最终，新的革命如何对待旧世界的问题，简化为处境悲惨的穷人与为富不仁的富人之间的斗争。简约地认为财富和权势是造成道德堕落的根源。中国的一切问题都是道德堕落的富人们造成的，除去阶级斗争之外，没有解放之道。

五四的道德决定论在这里又有了新的体现，只不过实现的方法不是启蒙而是阶级斗争。这样，五四运动其实在目标上和逻辑上与阶级斗争没有本质区别，只是在内容和途径上有所区别。这也许就是有学者引用马克斯·韦伯的理论，强调中国现代革命过于重视工具理性而忽视价值理性的

---

① ［法］雷蒙·阿隆：《阶级斗争——工业社会新讲》，译林出版社 2003 年版，第 22 页。

② 鲁迅：《鲁迅全集》第 4 卷，人民文学出版社 1981 年版，第 122 页。

一个显性原因。鲁迅也将区分阶级的标准定义为权势和财富，并且不断强调权势和财富的不道德：

> 穷人们是大抵以为死后就去轮回的……穷人无好衣裳，做了鬼也决不怎么体面，实在远不如立刻投胎，化为赤条条的婴儿的上算……也许有人要问，既然相信轮回，那就说不定来生会堕入更穷苦的景况，或者简直是畜生道，更加可怕了。但我看他们是并不这样想的，他们确信自己并未造出该入畜生道的罪孽，他们从来没有能堕畜生道的地位，权势和金钱。
>
> 然而有着地位，权势和金钱的人，却又并不觉得该堕畜生道；他们倒一面化为居士，准备成佛，一面自然也主张读经复古，兼做圣贤。他们像活着时候的超出人理一样，自以为死后也超出了轮回的。①

这样，鲁迅反对权势带来的罪恶，就意味着反对现行政权的统治。而实际上鲁迅反对的是所有形式的“统治”，这一点在《文艺和政治的歧途》已经有很明显的表述。这样，鲁迅从人道主义出发的反对所有政权、所有形式的“统治”就变成了鲁迅反对某种特定政权的所有形式的“统治”和罪恶。鲁迅反对富人的道德堕落，那么也站到了基本上等同于统治阶级的富人阶层的对面。所以，这样来看鲁迅不可避免地意识形态化，就是他自己也很难控制这个过程。

不但如此，在这种关于阶级斗争的含糊的内涵和无限的外延中，鲁迅研究也被纳入了无产阶级与资产阶级意识形态对抗的框架。“鲁迅的形象是被中国革命领袖作为这个革命的意识形态的或者文化的权威而建立起来的，从基本的方面来说，那以后鲁迅研究所做的一切，仅仅是完善和丰富这一‘新文化’权威的形象，其结果是政治权威对于相应的意识形态权威的要求成为鲁迅研究的最高结论，鲁迅研究本身，不管它的研究者自觉与否，同时也就具有了某种政治意识形态的性质。”② 鲁迅研究对于这种意识形态改造毫无办法，因为这种意识形态对抗远远超出了文学研究的范畴，是无产阶级与资产阶级构成的整个世界的分裂与对抗。无产阶级要通

---

① 鲁迅：《鲁迅全集》第6卷，人民文学出版社1981年版，第609页。

② 汪晖：《反抗绝望——鲁迅及其文学世界》，河北教育出版社2000年版，第275页。

过阶级斗争摆脱资产阶级的压迫，这种压迫在中国表现为帝国主义及其代理人军阀、买办的残酷掠夺；而资产阶级显然不能容许无产阶级的公然反抗，甚至最终消灭资产阶级的主张与实践，更加剧了对包括中国在内的国际共产主义运动的干涉。如此循环，掀起了一轮高过一轮的对抗高潮。这也使中国革命，特别是后期的革命越来越陷入一个怪圈：由阶级斗争带来的问题和矛盾，要依靠更多的阶级斗争来解决。

当这个怪圈最终破碎的时候，人们已经无心再去追溯阶级斗争的来龙去脉。相反倒是，西方学者不断强调对阶级斗争的重视，无法忽视阶级斗争带来的巨大影响："如果马克思主义不存在，阶级概念没有被应用到政治领域，它对非马克思主义者没有巨大影响，特别是在一个国家自称是马克思主义的后，那么阶级概念永远也不会在理论或经验的社会学学科中扮演当前这样的角色。"① 对于中国来说，这不但是无产阶级文学的书写方式，更是这个国家曾经的存在方式。阶级斗争带给中国的影响显然要比对于西方的影响大得多。而留给我们的其实不光有痛苦的记忆，也有正面的价值特别是在伦理重建方面。

二

因此，前文分析显示简单地避而不谈阶级斗争不仅是不可取的，而且只会让问题得到掩盖而不是厘清。对于鲁迅研究来说，对鲁迅如何接受马克思主义采取回避的态度也是不可取的。因为鲁迅接受阶级论是严肃地思考和慎重地观察中国现实后的人生选择，并非简单的口号或者毫无意义的宣泄。鲁迅开始接受马克思主义已经是 1928 年的事情，其时相距马克思主义在中国传播已经有几乎十年的时间。而他的新文化运动的战友李大钊已经身殉了他的共产主义信仰，很难猜测鲁迅对李大钊之死的内心感受，但是他肯定不会认为李大钊的信仰毫无可取之处。

鲁迅始终没有停止对中国革命的思索，他对阶级的观察和思考同样富有价值。对于中国来说，阶级斗争虽然具有明显的现实有效性与理论上的道德性。但是选择阶级斗争具有严重后果是毫无疑问的。从短期来看，阶级斗争会使中国内部陷入惨烈的内战，而从长远来看，阶级斗争的实践会将中国拖

① ［法］雷蒙·阿隆：《阶级斗争——工业社会新讲》，译林出版社 2003 年版，第 55 页。

入与资本主义全面对抗的世界范围内的对抗或者战争。多数革命领导者都意识到中国要从资本主义世界体系中解放出来，就要与资本主义的现代模式——帝国主义发生重大冲突。当时，鲁迅也罢，革命者也罢都对可能到来的后果做好了充分的思想准备。这种对抗的责任并不应该由中国来负担，但是却要中国承担这个对抗的后果。马克思所说的无产阶级与资产阶级的决战的人类目的，同中国追求民族解放与独立并不完全一致，中国只有在很少的时候，会想到发动一场无产阶级世界革命。革命的伦理性，尤其是马克思主义的伦理性要求中国承担远远高出其能力的人类目标，这几乎可以看作一个伦理陷阱。同时，中国的阶级斗争又要和帝国主义的行径区分开来，局限在民族解放的范围，而非以暴制暴的残酷斗争。

中国要通过阶级斗争来解决国际压迫和国内矛盾，这是中国在帝国主义时代的必然伦理选择，这种选择在理论与逻辑上鲁迅是支持的。但很明显，这种以残酷斗争为伦理号召的理论与实践，其背后的政治运动的前景是什么？这又是不得不考虑的。鲁迅不可能注意不到中国处在帝国主义时代却并不能选择帝国主义方式作为解放自身的方法。中国在道德上谴责帝国主义对中国的侵略，那么如果中国用同样的方法实现独立，这在逻辑上也是说不通的。并且，中国的革命在事实上也并没有狂热到不顾及理性的程度，每一步的政治考量其实都极为严谨。革命中阶级斗争的伦理性中斗争与建设的平衡是至关重要的。

竹内好对鲁迅、中国现代革命以及日本的近代化都有深入的研究，他对这个问题的看法就是："依靠帝国主义打倒帝国主义是不可能的，反过来说，帝国主义制裁帝国主义也同样是不可能的。要制裁帝国主义需要以某种普遍价值作为基准（例如，东京军事审判中使用的自由、正义、人道概念）。"① 竹内好还援引孙中山的理论来说明中国试图对帝国主义倾向进行克服："如果中国强盛起来，也要去灭人国家，也去学帝国主义，走相同的路，便是重蹈他们的覆辙。"② 这就是说，阶级的存在和斗争的必要都是客观存在，但是当阶级和斗争联系起来，作为阶级斗争的终点又是什么？那个无产阶级专政的国家是一个全新的历史事物，并且是接近人类最高形态的社会，也就是鲁迅说的"黄金世界"，他真的会相信他质疑过的黄金世界吗？

---

① ［日］竹内好：《近代的超克》，生活·读书·新知三联书店2005年版，第322页。

② 同上书，第281页。

在罗素看来，马克思主义在伦理立场上是一种开明帝国主义的理论。在全球化的时代，特别是人类发展到了原子时代，许多哲学家开始着重强调人类的相互对抗将损害人类的共同利益。从而主张以人类的视角来促进伦理观念的进步。任何有组织的集团之间的对抗都将导致战争。而罗素作为这些哲学家的代表显然认为阶级的观点不利于人类的整体利益，但是，他也看到马克思主义主张的阶级斗争解放人类的理想难以用理论的方式否定，而是一个通过实践验证的事实问题：

当一个人的愿望主要地，尽管或许并不完全限于某一集团，如自己的国家、种族、阶级，或者性别的利益时，有三种他可能采取的伦理立场：第一，他可能认为，从长远来看，人类的利益与他的集团的利益是一致的，尽管其他集团的成员碍于自私的蒙蔽无法认识这一点……

第一种观点可以称作开明的帝国主义的观点，它是以这样一种理论为前提的：一些社会状态要强于另一些状态，即使人类的一些大集团不这样认为。

人们在黑格尔和马克思那里，将发现对这种理论最为详尽的理论证明……

马克思采纳了这一历史哲学（黑格尔的历史哲学），并只做了两点微不足道的修正。他把世界主宰者的名字改成“辩证唯物主义”，而且用阶级取代了民族。

我们称之为开明帝国主义的第一种理论……只是强调，当人们考虑未来时，有一个集团（很幸运的是，宣称这一理论的人刚好属于这一集团）愿望的满足比起任何其他集团的满足来说，将给后代带来更大的满足……基于这样的理由，人们可能判断亚历山大的东征以及凯撒对高卢的征服是正确的；或许白人把印第安人从美国的大部分领土上驱逐出去也是正确的。这样，整个问题就不是一个理论问题，而是一个事实问题了，既然这种理论涉及到我们自身，就这个问题我们也不必多说。①

① ［英］伯特兰·罗素：《伦理学和政治学中的人类社会》，肖巍译，河北教育出版社 2003 年版，第 45—48 页。

基本上，可以看出罗素认为马克思宣称的最高人类社会形态不过是他的一厢情愿而已，他并不相信最具斗争精神的无产阶级掌握政权之后会建立一个代表人类未来的国家。就如同白人把印第安人驱逐出自己的土地一样，是一种一厢情愿的非正义的事件。但是同时马克思的理论又坚称自己叙述的人类蓝图是历史事实。这就是意识形态的冲突。帝国主义是资本主义发展到垄断阶段的称呼，罗素将马克思主义称为开明帝国主义实际上就是认为马克思主义试图垄断人类的真理以及前途，而这种垄断很难用理论来证明是错的，只有实践才能判断。正在进行的历史除了真正进行一次伟大的人类实验之前，很难得出令人信服的结论。尽管这种实验的代价可能相当之大。国内国外反动派阻碍革命进行，这是阶级斗争的现实的必要性；而通过无产阶级的阶级斗争建立一个最高级形态的人类模式，使得落后的中国一下逆转为苏联那样的先进国家，也是一种难以拒绝的空前诱惑。在这种大潮中，鲁迅思想的小花，还能否辨别太阳的方向？整个中国形成了一种强大的革命的召唤结构：对旧社会的唾弃，对新社会的向往。

所以，这种情况在中国确实发生了，并且这种伟大的人类实验确实造成了深远的影响。这也解释了为什么鲁迅在与创造社进行论战时会如此的窘迫，他不能判断这种理论的前景如何，而频频要求科学的社会理论介入论争。当革命兴起时，上海文坛众多的作者一夜之间都转向成为革命文学的作者，然后争相批判未转向者。他们也以真理与国家前途的垄断者的姿态批判小资产阶级的作者。最典型的是郭沫若对鲁迅的批判：

> 鲁迅先生的时代性和阶级性，就此完全决定了。
>
> 他是资本主义以前的一个封建余孽。
>
> 资本主义对于社会主义是反革命，封建余孽对于社会主义是二重的反革命。
>
> 鲁迅是二重的反革命的人物。
>
> 他是一位不得志的 Fascist（法西斯蒂）！①

这与罗素对马克思主义历史观的解读如出一辙：“封建君主制曾经是进步的载体，在法国革命中，这一作用过渡给了资产阶级，在共产主义革

① 转引自梁实秋等《围剿集》，河北教育出版社 2000 年版，第 94 页。

命中，它又转到无产阶级手中。”① 通过一系列鲁迅懂得和不懂得的论证，无产阶级成为了历史进步的载体，顺之者昌，逆之者亡。当时掌握了革命话语权的那些左翼青年确实表现出了这种君临天下的姿态，很引起了鲁迅的反感与警惕。

正如罗素所说，对于开明帝国主义者的主张应该是事实问题而非理论问题。鲁迅大约也很快发现了这一特点，于是也趁着创造社诸君子自身纠缠不清之际反唇相讥，认为他们是投机者，是封建时代篡改皇帝旨意的矫诏者：

> 而革命文学家又不肯多绍介别国的理论和作品，单是这样的指着自己的鼻子，临了便会像前清的“奉旨申斥”一样，令人莫名其妙的。
>
> 对于诸君，“奉旨申斥”大概还须解释几句才会明白罢。这是帝制时代的事。一个官员犯了过失了，便叫他跪在一个什么门外面，皇帝差一个太监来斥骂。这时须得用一点化费，那么，骂几句就完；倘若不用，他便从祖宗一直骂到子孙。这算是皇帝在骂，然而谁能去问皇帝，问他究竟可是要这样地骂呢？去年，据日本的杂志上说，成仿吾是由中国的农工大众选他往德国研究戏曲去了，我们也无从打听，究竟真是这样地选了没有。②

对于这些满口“惟我是无产阶级”的革命文学作家，就他们的个人表现而言，鲁迅只是没有明说他们是说谎者。但是面对这些抓住了无产阶级话语权的狂热分子，鲁迅有一系列的怀疑：认为他们是不是无产阶级和能否写出无产阶级作品很有疑问，认为他们参加革命的动机很有疑问，认为他们将来建立的国家能否容下他这类的知识分子很有疑问。因此，鲁迅很希望把问题彻底弄清楚，尤其是通过理论的输入能够使争论清晰起来：

> 所以我想，倘要比较地明白，还只好用我的老话，“多看外国

① ［英］伯特兰·罗素：《伦理学和政治学中的人类社会》，肖巍译，河北教育出版社2003年版，第46页。

② 鲁迅：《鲁迅全集》第4卷，人民文学出版社1981年版，第136—137页。

书”，来打破这包围的圈子。这事，于诸君是不甚费力的。关于新兴文学的英文书或英译书，即使不多，然而所有的几本，一定较为切实可靠。多看些别国的理论和作品之后，再来估量中国的新文艺，便可以清楚得多了。更好是绍介到中国来；翻译并不比随便的创作容易，然而于新文学的发展却更有功，于大家更有益。①

但是，问题依然存在，问题的根源并不完全在理论问题。所以鲁迅提出更加深入的主张，以为只有革命人，然后才有革命文学。就是说那些所谓的无产阶级代言人所描绘的蓝图太遥远，无法证实。但是这些代言人的言谈举止的做派是可以观察到的，通过这些基本的观察来断定他们的目标的伦理性。基本上就是要看作者的实际行动才能决定主张是不是撒谎与投机。“近大半年来，征之舆论，按之经验，知道革命与否，还在其人，不在文章的。”② 这是鲁迅判断罗素所谓只有在实践中证明的开明帝国主义的唯一方法。

但是，如果一切又回到实践的层面，鲁迅“革命与否在人不在文章”的主张却又会推动前文所说的阶级斗争中道德主义泛滥的问题，对革命者苛刻的要求又会造成一个漠视基本人权的整体环境。当1933年萧伯纳经香港访问上海时，《大晚报》就刊登社论，讽刺主张社会主义的萧伯纳和众多追随者不能实行：“据我们愚蠢的见解，伟大人格的素质，重要的是个诚字。你信仰什么主义，就该诚挚地力行，不该张大了嘴唱着好听。若说，萧先生和他的同志，真信仰共产主义的，就请他散尽了家产再说话。”③ 对于普通人来说要求散尽家产确实非常为难，但是为了民族救亡而毁家纾难对革命者来说并不算太难，这样的例子在“抛头颅，洒热血”的革命中不胜枚举。财产是一个例子，那么生命呢？只要不敢于在质疑者提出质疑的时候献出生命就是不是真正的革命者？

而鲁迅身在租界，不想做“文学买卖”歇歇又如何，他也未必写不出来周作人、林语堂冲淡平和、性灵幽默的美文。他何尝没有想过自己找个地方“苦苦过活”，他之所以在牢骚之后，仍然投身战斗的写作，其实

① 鲁迅：《鲁迅全集》第4卷，人民文学出版社1981年版，第137页。

② 同上书，第99页。

③ 鲁迅：《鲁迅全集》第5卷，人民文学出版社1981年版，第35页。

还是希望为民族解放做出自己的努力。“但短评，恐怕不见得做了，虽然我明知道这是要紧的，我如不写，也未必另有人写。但怕不能了。一者，检查严，不容易登出；二则我实在憎恨那暗地里中伤我的人，我不如休息休息，看看，看看他们的非买办的战斗。”① 不但是这种鲁迅有所顾忌的阵营内的中伤，更为广泛的阵营外的非议与压迫及其代表的文化围剿不但没有达到驳倒鲁迅等左翼作家的目的，反而促使鲁迅以及左翼文学更加富于自我牺牲的精神。正如毛泽东所说：“而共产主义者的鲁迅，却正在这一‘围剿’中成了中国文化革命的伟人。”②

在今天看来，重新讨论阶级斗争，还是存在很多困难的地方。革命过程中将阶级斗争作为无产阶级最高行为规范，在基本概念上确实存在众多问题，而这些问题之所以存在就是因为唯有如此才能存在。例如，在阶级这一概念上，许多西方学者就认为并不精确。讽刺的是，连什么是“阶级”都是一个有争议的概念：“阶级的概念充满感情色彩，并且模棱两可……与阶级的概念相关联的模棱两可方面是多种多样的，因为这个概念在马克思主义中起着决定作用，然而它在马克思的任何著作中都没有成为系统论述的对象。我们面对的是一种很独特的情况，一个学说中最重要的概念却相对地不确定。”③ 马克思主义的基本概念之一的“阶级”并不是一个相对确定的概念，这在理论上当然是个缺陷，但是在实践中却又是一个“优势”，提供了更加丰富的操作的灵活性。

当然，学者们认为并不精确的概念并非阶级这一个，李泽厚同样指出：“什么是资产阶级、资本主义？什么是无产阶级、社会主义呢？由于没有进行以唯物史观为理论基础的科学研究，这种种概念和观念便始终处在非常模糊的状态中。”④ 马克思主义一系列概念的模糊，确实是一个很特殊的理论现象。这点与资本主义条分缕析的法制体系形成鲜明的对比。这种忽略肯定是有原因的，最主要的就是时代动荡无暇细细界定，在某些特定条件下也无法精确命名，只能确定大概的范围。并且在革命政策中其实还是有所界定，只不过在存有争议的学者看来并不精确和科学。但是，

① 鲁迅：《鲁迅全集》第 13 卷，人民文学出版社 1981 年版，第 48 页。

② 毛泽东：《新民主主义论》，转引自孔范今主编《百年大潮汐——20 世纪思想解放运动文录》，泰山出版社 1999 年版，第 764 页。

③ ［法］雷蒙·阿隆：《阶级斗争——工业社会新讲》，译林出版社 2003 年版，第 14 页。

④ 李泽厚：《中国思想史论》下册，安徽文艺出版社 1999 年版，第 101 页。

在鲁迅看来这种显而易见的缺点，不是理论本身的问题也不是具体操作的问题，而是阶级斗争的中国传人，尤其是不求甚解的革命知识分子的浮躁心态和投机心理所致。

理论的模糊性和现实的复杂性交织导致了中国革命实践中指导思想的混乱。什么是阶级？怎么划分作家的阶级属性？马克思主义原典与中国特色国情如何协调？这种概念含混导致的争论和思维含混也发生在鲁迅身上，他在糊里糊涂中就被确定为了“资产阶级”。鲁迅对这种不甚了然的乱扣帽子极其鄙夷：

> 我的阶级已由成仿吾判定：“他们所矜持的是‘闲暇，闲暇，第三个闲暇’；他们是代表着有闲的资产阶级，或者睡在鼓里的小资产阶级……如果北京的乌烟瘴气不用十万两无烟火药炸开的时候，他们也许永远这样过活的罢。”①

但是，说鲁迅属于小资产阶级，他随后却也认为此说不确：“有人说，‘小资产阶级文学之抬头’了，其实是，小资产阶级文学在那里呢，连‘头’也没有，那里说得到‘抬’”②。最终，导致的还是辩论的一塌糊涂，对革命非但没有帮助反而有害：“例如我所属的阶级罢，就至今还未判定，忽说小资产阶级，忽说‘布尔乔亚’，有时还升为‘封建余孽’，而且又等于猩猩（见《创造月刊》上的‘东京通信’）；有一回则骂到牙齿的颜色。在这样的社会里，有封建余孽出风头，是十分可能的，但封建余孽就是猩猩，却在任何‘唯物史观’上都没有说明，也找不出牙齿色黄，即有害于无产阶级革命的论据。”③ 如果说马克思主义是一种“开明帝国主义”，那么鲁迅遇到的则是横扫一切，在与国民党斗争中杀红了眼的“革命帝国主义”者。西方学者的意图大多数是希望通过对马克思主义基本概念中悖论和含混的揭示，起到釜底抽薪的效果，从而彻底否定马克思主义的可行性。显然，鲁迅并不如此认为。他虽然隐约也感觉到马克思主义的起点和终点之间存在难以逾越的鸿沟，也就是是否能找到切实的

① 鲁迅：《鲁迅全集》第 4 卷，人民文学出版社 1981 年版，第 65 页。

② 同上书，第 135 页。

③ 同上书，第 209 页。

“路径”是有待历史证明的。但是他坚信起点的正义性和必要性。

而鲁迅之所以坚持阶级论，很大程度上就是现代中国坚持阶级论的理由。或者说鲁迅深刻反映了阶级论在现代中国的合理性。这是中国当时现实条件下各种综合因素决定的。中国革命毕竟要在已有的现实条件下进行，占人口绝大多数的无产阶级的革命诉求和极少数既得利益集团的保守诉求尖锐冲突在民族危亡的情况下如何解决？现实来看，阶级斗争的选择并不突然。并且，在文化传统上，阶级斗争也有坚实的根据。

罗素所说的阶级论在伦理立场上是一种开明帝国主义，表现出对救国救民的真理和中国前途的垄断。但是，中国作为一个拥有漫长历史的古老帝国，并不缺乏帝国主义的思想因素，在很多时候更习惯于采用专制和强制的方式解决问题。尽管经济基础并不相同，但在具体表现上却是惊人的相似。不但具有深厚的代圣贤立言的传统，也有“当仁不让”“择善固执”的说法。只要占据一个“仁”字，可以不必推让；如果所选择的是“善”的，自然也要固执。至于，这种善与仁是不是真理，当然还要在实践中检验。在现代中国挽救民族危亡的当口，最大与最重要的“善”与“仁”莫过于国家免于遭受被侵凌和奴役的命运。所以，就是在五四新文化运动中，也是鲜明地表现出开明帝国主义的特征，也就是说，所谓这种帝国主义心态，不但表现在阶级斗争中，在讲求“民主”与“科学”的五四运动中也是大行其道。在五四的前夜，胡适在书信中与陈独秀商讨文学革命的策略时，陈独秀铁口直断地说：“天经地义，尚有何种疑义必待讨论乎？”“是非甚明，必不容反对者有讨论之余地，必以吾辈所主张者为绝对之是，而不容他人之匡正也。”①

革命此事体大，断然不能瞻前顾后，但是也唯其因为事关重大，如果剑走偏锋，后果也是极为可怕。在文学革命中作为主将的陈独秀如此，鲁迅的心态也大体一致。虽然这一时期鲁迅也有一些苦口婆心的文字，例如《我之节烈观》《我们现在怎样做父亲》等，但鲁迅更有不容置疑、理直气壮的一面：“我总要上下四方寻求，得到一种最黑，最黑，最黑的咒文，先来诅咒一切反对白话，妨害白话者。即使人死了真有灵魂，因这最恶的心，应该堕入地狱，也将决不改悔，总要先来诅咒一切反对白话，妨

---

① 胡明：《正误交织陈独秀——思想的诠释与文化的评判》，人民文学出版社 2004 年版，第 115 页。

害白话者。"[①] 罗素的主张不过是要人们看到真理的背面，而不能仅仅将真理据为己有。但在五四的视野里，民族危机的关头还要争辩新旧伦理哪个是真理，显然太过迂腐。当五四和阶级斗争作为挽救危亡的一种手段而取得同一之后，它们就都拥有了开明或者不甚开明的帝国主义色彩。其实虽然马克思主义在根本立场上有开明帝国主义的色彩，但在具体的策略上也主张在实践中对理论进行修正。但是中国的问题在于，这个国家在晚清以降的一百多年里一直殷切希望寻找到救国救民的真理，然后在这个真理引导下走出困境。"俟河之清，人寿几何"，现实的困境已经没有留下多少时间和空间来周旋。时代要求必须拿出断然的选择。鲁迅批判京剧，多有讽刺梅兰芳之辞；批判《庄子》《文选》，其凌厉之处多出乎施蛰存的意料，其内心深处的心理优势还是建立在站在这种历史与真理的制高点批判反动倾向上。

而雷蒙·阿隆所指出的阶级概念含混，可能导致整个理论大厦解体的情况，这个问题也确实存在。但是在当时的中国却又不成问题。相反，还为中国特色马克思主义提供了发展空间。虽然，关于中国有没有阶级确实有过激烈的争论，例如，鲁迅与梁实秋的关于文学阶级性的论战：

> 例如就是那篇《文学是有阶级性的吗?》的高文，结论是并无阶级性。要抹杀阶级性，我以为最干净的是吴稚晖先生的"什么马克斯牛克斯"以及什么先生的"世界上并没有阶级这东西"的学说。那么，就万喙息响，天下太平。但梁先生却中了一些"什么马克斯"毒了，先承认了现在许多地方是资产制度，在这制度之下则有无产者。不过这"无产者本来并没有阶级的自觉。是几个过于富同情心而又态度褊激的领袖把这个阶级观念传授了给他们"，要促起他们的联合，激发他们争斗的欲念。不错，但我以为传授者应该并非由于同情，却因了改造世界的思想。况且"本无其物"的东西，是无从自觉，无从激发的，会自觉，能激发，足见那是原有的东西。[②]

这段话的结论就是证明了中国存在阶级，并且阶级斗争的目标是"改

---

① 鲁迅：《鲁迅全集》第2卷，人民文学出版社1981年版，第251页。

② 鲁迅：《鲁迅全集》第4卷，人民文学出版社1981年版，第201—202页。

造世界”。因而阶级的定义如何也就不重要了。这个问题的最终解决就是由革命的领导政党来界定这一概念。包括鲁迅在内的各个个体的阶级成分如何，固然不是由创造社和太阳社的人断定，但是却必须要由革命的政党来判断，而不是确定的、综合反映社会诉求的法律、法规来界定。这种“开明帝国主义”也曾让鲁迅不寒而栗，担心自己也有被流放西伯利亚的一天。

历史的反讽又在于，鲁迅另一方面又拼命证明，中国存在阶级和阶级斗争都是在明显不过的事实。在当时社会中，否定阶级斗争的言论也很多。不但是文艺领域否认文学的阶级性，在整个国家范围内，国民党也试图否认阶级的存在。但是适得其反，这种策略以愚民的姿态更加激起了鲁迅的愤怒与斗争的激情：

> 日本固然不准谈阶级斗争，却并不说世界上并无阶级斗争，而中国则说世界上其实无所谓阶级斗争，都是马克思捏造出来的，所以这不准谈，为的是守护真理。日本固然也禁止，删削书籍杂志，但在被删削之处，是可以留下空白的，使读者一看就明白这地方是受了删削，而中国却不准留空白，必须连起来，在读者眼前好像还是一篇完整的文章，只是作者在说着意思不明的昏话。
>
> 然而在实际上，文学界的阵线却更加分明了。蒙蔽是不能长久的，接着起来的又将是一场血腥的战斗。①

阶级的概念并不清晰，已经为许多学者指出，鲁迅自身的阶级属性其实也没有得到有效的定位。开明帝国主义的立场也是一柄双刃剑，主要的是要依靠时间来证明对错，而非单纯理论的主张。那么，鲁迅为什么还要如此执着地为阶级辩护？为什么鲁迅会一面批判创造社理论的浅薄，另一面又去批判梁实秋用人性来代替阶级性？鲁迅自述说：“只是原先是憎恶这熟识的本阶级，毫不可惜它的溃灭，后来又由于事实的教训，以为惟新兴的无产者才有将来，却是的确的。”② 在这里，鲁迅袒露了他的内心，旧的阶级退出历史舞台是必然的，而只有新兴的无产阶级才是未来社会的

---

① 鲁迅：《鲁迅全集》第6卷，人民文学出版社1981年版，第157—158页。

② 鲁迅：《鲁迅全集》第4卷，人民文学出版社1981年版，第191页。

主导阶级。这一点在鲁迅那里是确定无疑的，只是无产阶级如何组织和建构未来的世界，他就不甚了然了。当然，作为一个崭新的人类社会模型，也没有人能确切知道。鲁迅当时对阶级论的接受主要不是理论细节的接受，而是基本原理的接受以及阶级斗争在实现民族救亡过程中体现出的伦理号召作用和组织动员作用。

三

所谓阶级斗争的基本原理就是：反抗压迫，实现平等，进而人类进入一个没有压迫与剥削的人道社会。鲁迅不断诉说着对压迫的痛恨："斗争呢，我倒以为是对的。人被压迫了，为什么不斗争？正人君子者流深怕这一着，于是大骂'偏激'之可恶，以为人人应该相爱，现在被一班坏东西教坏了。他们饱人大约是爱饿人的，但饿人却不爱饱人，黄巢时候，人相食，饿人尚且不爱饿人，这实在无须斗争文学作怪。"[①] 鲁迅思想里人道主义内容和反抗压迫的斗争精神形成了一种合体。这种压迫在伦理上也绝无调和的可能："但我在这里，说明着被压迫者对于压迫者，不是奴隶，就是敌人，决不能成为朋友，所以彼此的道德，并不相同。"[②] 在特定的历史条件下，鲁迅对斗争的强调甚至使他反对一切形式的对敌对阶级的妥协和联合，包括20世纪30年代引发各方争议的关于抗日民族统一战线问题的口水战。

对压迫的敏感与痛恨，甚至成为鲁迅观察和判断一种文学、一个政权是否合乎道德的重要标准与观察方法："那时就知道了俄国文学是我们的导师和朋友。因为从那里面，看见了被压迫者的善良的灵魂，的酸辛，的挣扎；还和四十年代的作品一同烧起希望，和六十年代的作品一同感到悲哀。我们岂不知道那时的大俄罗斯帝国也正在侵略中国，然而从文学里明白了一件大事，是世界上有两种人：压迫者和被压迫者！"[③] 鲁迅的这种思想确实可以看到马克思全世界无产者联合起来的思想因素。国家的藩篱是次要的，各个国家都由统治者和被压迫者组成，全世界的被压迫者有共

---

① 鲁迅：《鲁迅全集》第4卷，人民文学出版社1981年版，第83页。

② 鲁迅：《鲁迅全集》第6卷，人民文学出版社1981年版，第451页。

③ 鲁迅：《鲁迅全集》第4卷，人民文学出版社1981年版，第460页。

同的利益。因此，不但不应该相互仇视，而且应该实现世界范围内的联合。而对这种压迫视而不见无动于衷者，都在道义上受到谴责，无论标榜自己是何种立场和身份："地球上不只一个世界，实际上的不同，比人们空想中的阴阳两界还利害。这一世界中人，会轻蔑，憎恶，压迫，恐怖，杀戮别一世界中人，然而他不知道，因此他也写不出，于是他自称'第三种人'，他'为艺术而艺术'，他即使写了出来，也不过是三只眼，长颈子而已。'再亮些'？不要骗人罢！你们的眼睛在那里呢？"[①]

阶级斗争在理论上是建立在资本主义制度及其伦理观念的一个内在分裂上的：资本主义宣扬自由、民主、平等，然而剩余价值的存在说明剥削的存在，并且在马克思的时代，这种剥削是不可忍受的。所以，马克思主义伦理学对资本主义的伦理观念攻击最为猛烈的一点就是虚伪性。而打破这种虚伪的是无产阶级的革命行动：

> 假如不平等纯属个人的事情，那么这并不是不可接受的。但不平等是以集体形式呈现出来的，不管有理没理。人们感到不平等是由于个人属于被称为阶级的不同团体，这一点显得与工业社会的基本原则相矛盾。个人的命运看来不决定于他的功劳或过失……马克思主义理论强调社会-经济水平，它通过财产关系来加以解释。同时，它证明反抗是有理的，既然阶级通过其存在本身就否定了现代工业社会的平等原则。[②]

被压迫的阶级对压迫的消除和平等的渴求就像处在黑暗中的人对光明的渴望。既然阶级的存在本身就说明了社会的不人道、不平等，那么摧毁既存的社会秩序就是正义的和必需的。但是，中国无产阶级革命的具体环境显然不同于马克思主义在工业社会条件下的理论预设。中国革命要同时完成反帝与反封建两个任务，要对半殖民地半封建社会中存在的不平等关系进行彻底革命。在时代转换的背景下，反抗压迫、争取平等具有必然性："中国人至今还有无数'等'，还是依赖门第，还是倚仗祖宗。倘不改造，即永远有无声的或有声的'国骂'。就是'他妈的'，围绕在上下

---

① 鲁迅：《鲁迅全集》第6卷，人民文学出版社1981年版，第219页。

② ［法］雷蒙·阿隆：《阶级斗争——工业社会新讲》，译林出版社2003年版，第57页。

和四旁，而且这还须在太平的时候。”① 压迫的存在就是反抗的理由，这也可以认为鲁迅也有“哪里有压迫，哪里就有反抗”的精神。在这段话中，鲁迅同时指出一种危险的倾向：压迫越强，反抗不一定越激烈，却可以越变态。被压服的人民可能因为恐惧失去了反抗的能力和意志，但他们的内心世界的压抑和苦闷会发展出扭曲的念头，用诅咒和愤恨发泄出来。

鲁迅之所以认可阶级斗争，除去以上道德上的原因以外，还有现实的原因。就是鲁迅强调阶级斗争负担的民族救亡的责任，认为在当时的中国无产阶级是唯一革命的阶级。“现在，在中国，无产阶级的革命的文艺运动，其实就是惟一的文艺运动。因为这乃是荒野中的萌芽，除此以外，中国已经毫无其他文艺。属于统治阶级的所谓‘文艺家’，早已腐烂到连所谓‘为艺术的艺术’以至‘颓废’的作品也不能生产，现在来抵制左翼文艺的，只有诬蔑，压迫，囚禁和杀戮；来和左翼作家对立的，也只有流氓，侦探，走狗，刽子手了。”② 不管无产阶级如何稚嫩，前途如何，当前统治者的腐败、无能、堕落已经是确凿的事实了。

对于阶级斗争理论，鲁迅还参考了俄国社会的事实，来帮助自己对中国社会与马克思主义阶级思想的分析。在现代中国的历史中，每一种引入的理论都服务于民族救亡，而这些理论无一例外都宣称能够指导中国的革命。鲁迅当然不肯偏听偏信，相反由于事实的教训，他习惯性地对各种理论保持警惕。马克思主义在中国传播，除了在道德起点上打动了鲁迅，在现实效果上也是得到苏联革命的证实。鲁迅从对苏联的观察中得到结论，认为无产阶级是对于革命最有意味的阶级：

> 他（普列汉诺夫）于是搜集当时所有的统计底材料，用真正的马克斯主义底方法，来研究它，终至确信了资本主义实在君临着俄国。一八八四年，他发表叫作《我们的对立》的书，就是指摘民众主义的错误，证明马克斯主义的正当的名作。他在这书里，即指示着作为大众的农民，现今已不能作社会主义的支柱。在俄国，那时都会工业正在发达，资本主义制度已在形成了。必然底地随此而起者，是资本主义之敌，就是绝灭资本主义的无产者。所以在俄国也如在西欧一

① 鲁迅：《鲁迅全集》第1卷，人民文学出版社1981年版，第234页。

② 鲁迅：《鲁迅全集》第4卷，人民文学出版社1981年版，第285页。

> 样，无产者是对于政治底改造的最有意味的阶级。从那境遇上说，对于坚执而有组织的革命，已比别的阶级有更大的才能，而且作为将来的俄国革命的射击兵，也是最为适当的阶级。①

作为一种理论，必须要在实践中得到论证。鲁迅也是切实地观察了苏联知识分子和无产阶级、革命过程等因素，在这之后才得出一个谨慎的乐观的态度。鲁迅思想的发展非常类似于李大钊所说，无产阶级要在道德上和社会组织上交叉进行改造的过程，鲁迅确实也先后经历了这两个过程。在这个意义上，进行自我改造和社会改造是同步的，无产阶级对资产阶级和封建残余的斗争是为了保持革命的纯洁和排除干扰，这样才能保持革命的立场。而这也是鲁迅撰写大量批判文章的现实基础，甚至也是自我批评的现实基础。他会在这个立场上批判康有为、梁启超这些保皇派，也会非议“太炎先生虽先前也以革命家现身，后来却退居于宁静的学者，用自己所手造的和别人所帮造的墙，和时代隔绝了。”② 在鲁迅心中，能否参加革命也是个人有无希望的标准：“我现在对于做文章的青年，实在有些失望；我看有希望的青年，大抵打仗去了，至于弄弄笔墨的，却还未遇着真有几分为社会的，他们多是挂着新招牌的利己主义者。”③ 鲁迅的小说也被主要用来证明封建阶级的反动与资产阶级的脆弱及其历史局限。例如著名的《阿 Q 正传》就成为证明资产阶级革命不发动群众的弱点的经典文本。对于阶级论者来说，阶级的立场在任何情况下都必须坚持，因为是唯一能够代表民族解放的立场。鲁迅晚年关于两个口号的论争，以及徐懋庸硬说鲁迅破坏统一战线，其实根本原因还在于最后反倒是鲁迅最为坚持阶级的立场，不肯让反动势力借着统一战线的名义来瓦解革命：

> 因此，新的口号的提出，不能看作革命文学运动的停止，或者说“此路不通”了。所以，决非停止了历来的反对法西主义，反对一切反动者的血的斗争，而是将这斗争更深入，更扩大，更实际，更细微曲折，将斗争具体化到抗日反汉奸的斗争，将一切斗争汇合到抗日反

① 鲁迅：《鲁迅全集》第 4 卷，人民文学出版社 1981 年版，第 255 页。

② 鲁迅：《鲁迅全集》第 6 卷，人民文学出版社 1981 年版，第 545 页。

③ 鲁迅：《鲁迅全集》第 11 卷，人民文学出版社 1981 年版，第 226 页。

汉奸斗争这总流里去。决非革命文学要放弃它的阶级的领导的责任，而是将它的责任更加重，更放大，重到和大到要使全民族，不分阶级和党派，一致去对外。这个民族的立场，才真是阶级的立杨。①

但是，鲁迅证明了无产阶级革命在伦理道德上追求平等与反抗压迫的合理性，也证明了封建阶级和资产阶级的反动性从而无产阶级成为唯一革命的阶级。而这是不是就表明鲁迅无原则地认同了阶级斗争？答案是，也并不如此。我们只能说，当时恶劣的现实环境让鲁迅没有更好的选择，或者说在当时的条件下阶级斗争是鲁迅认为的最为有效的选择。

无产阶级以“哪里有压迫，哪里就有反抗”的口号来显示阶级斗争不证自明。那么，这种反抗压迫与追求平等的强烈愿望是不是一定就导致大家期待的结果？其实也并不，好的动机不一定必然带来好的结果。有西方社会学者的研究很好地反映了鲁迅与马克思主义阶级学说在思想逻辑上的内在相同。“马克思认为，历史的必然进程就是创造条件，即无产阶级进行革命，并建立一个人道制度以取代我们今天看到的剥削制度的条件。他认为对历史进程的科学分析会自动地导向采取行动，因为当人们意识到矛盾和克服矛盾的方法时，就不能不参加革命政党，而这个政党命中注定是人类道德意志的执行者。”② 这种指出问题所在同时认为就找到问题的解决方法不就是鲁迅的思路吗？鲁迅自述：“自然，在这中间，也不免夹杂些将旧社会的病根暴露出来，催人留心，设法加以疗治的希望。”③ 有研究者指出参加启蒙运动的鲁迅是“诊者”与“治者”的分离。这固然有开药方并不简单的实际困难，但是在内在逻辑上，揭出苦痛，不就能够引起疗救的注意吗？

这个逻辑存在的问题是什么呢？是忽略了路径的重要性，或者说是注意到了路径问题，但是苦于现实局限缺乏选择的余地。鲁迅将启蒙的失败归因于启蒙者锐气丧失、道德堕落。而实际上却是启蒙缺乏有效改变社会的途径，用启蒙的方式来实现整个民族，各个阶层的组织和动员显然不现实。中国的民族救亡要依靠一个组织严密的政党而不仅仅只是同人杂志，

① 鲁迅：《鲁迅全集》第6卷，人民文学出版社1981年版，第590页。

② ［法］雷蒙·阿隆：《阶级斗争——工业社会新讲》，译林出版社2003年版，第25页。

③ 鲁迅：《鲁迅全集》第4卷，人民文学出版社1981年版，第455页。

启蒙的道德呼唤和说教在现实面前是苍白无力的，正如马克思所说："批判的武器，不能代替武器的批判。"最终启蒙还是要在民族救亡中完成，而这种启蒙的内容已经被置换。

马克思的理论虽然称为科学共产主义经过系统论证，但毕竟没有大范围实践过。并且中国落后的现实更加要比马克思观察的工业社会多出很多困难。故此，中国的阶级斗争理论付诸实践需要充足的时间和空间进行试错与纠错。但是，阶级斗争却在全球两大阵营的对抗中主动或者被动地过于强调冲突，而忽视了或者迫于形势无法实现自我完善的一面。既然阶级斗争在伦理道德上完全合法，那么用阶级斗争来实现阶级平等然后消灭阶级是不是可行呢？我们知道，追求平等绝不是一个虚假的伪命题，而是现实存在的。这一点是很多人都承认的：

> 他（马克思）在自己生活的时代震惊地看到，伴随工业化初级阶段的到来出现了众多现象，如集中在原始工厂周围的劳动者承受着极度贫困，社会等级的两个极端即富有和贫穷呈现鲜明的对照，生产资料拥有者的权势和受剥削工人无能为力的现实形成对比。
>
> 基于这些实在太真实的现象，他发展了所有权是一切社会冲突的根源并必然导致阶级斗争的理论。他也发展了一种资本主义变异的理论，认为随着生产力的发展，贫困化现象将日趋严重。假如他是正确的，就是说假如伴随资本的积累，人民群众将越来越贫困，不容置疑，革命不可能不爆发。这不仅是不可避免的，而且是合乎愿望的。①

但问题在于，追求平等的愿望很难完全实现，这取决于人类社会的特点，也取决于现有的生产方式与分配方式：

> 即使在顺利的情况下，认为工业文明是平等的想法也是错误的……鉴于当前的集体财富状况，没有这样一个社会：严格平等的分配所给予特权者的生活水准是他们视为可接受的。一个工业集体中的劳动组织是完全有等级的，职业在资格上有差别，很难设想甚至抽象地设想职位等级不意味着收入等级。在市场体制和私人资本体制中，

① ［法］雷蒙·阿隆：《阶级斗争——工业社会新讲》，译林出版社2003年版，第233页。

不可能避免资本拥有者对利润的一定积累。①

今天我们知道，中国过去阶级斗争的历史对平等的追求导致了一种“大锅饭式”的干多干少一个样的绝对平等，使国家经济陷入严重困境。所以，我们对上述的结论完全可以接受。但是，这是不是拒绝铲除不平等的借口呢？这在现代中国是一个现实问题而非理论问题。鲁迅作为一个社会观察者而非社会学者，他对社会的组织方式的系统性不感兴趣也并不擅长。但他的特点在于能够敏锐地发现一套社会组织方式中的某些问题。以平等来说，他在日本留学时就已经发现当时时兴的平等观念包含着一种偏执观：“使天下人人归于一致，社会之内，荡无高卑。此其为理想诚美矣，顾于个人殊特之性，视之蔑如，既不加之别分，且欲致之灭绝。”②而绝对平等作为阶级斗争的重要理想和道德依据恰恰是这个运动追求的目标。

1928年梁实秋写了《卢梭论女子教育》，根据卢梭“人既有差别，人格遂亦有差别，女子有女子的人格”的观点，认为：“我觉得‘人’字根本的该从字典里永远注销，或由政府下令永禁行使因为‘人’字的意义太糊涂了。聪明绝顶的人，我们叫他做人，蠢笨如牛的人，也一样的叫做人，弱不禁风的女子，叫做人，粗横强大的男人，也叫做人，人里面的三流九等，无一非人。近代的德谟克拉西的思想，平等的观念，其起源即由于不承认人类的差别。近代所谓的男女平等运动，其起源即由于不承认男女的差别。”③ 梁实秋的说法确实很多书生意气，真是不知留学美国的他怎么会有“蠢笨”就失去了做人资格的想法。虽然他想强调的是世间有很多暂时难以克服的差别，不能因为主观意愿的迫切就强行抹杀这些差异。

这番言论立刻刺激了鲁迅的神经，并且立刻把梁实秋试图掩盖社会不公、不平等的逻辑揭露出来。“然而这种议论还是不会完结的。为什么呢？一者，因为即使知道说‘自然的不平等’，而不容易明白真‘自然’和‘因积渐的人为而似自然’之分。二者，因为凡有学说，往往‘合吾

① ［法］雷蒙·阿隆：《阶级斗争——工业社会新讲》，译林出版社2003年版，第233页。

② 鲁迅：《鲁迅全集》第1卷，人民文学出版社1981年版，第50页。

③ 鲁迅：《鲁迅全集》第3卷，人民文学出版社1981年版，第552—553页。

人之胃口者则容纳之，且从而宣扬之’也。”并且，他引用美国作家辛克莱关于卢梭的言论来揭露梁实秋掩盖不平等社会事实的用心：“无论在那一个卢梭的批评家，都有首先应该解决的唯一的问题。为什么你和他吵闹的？要为他的到达点的那自由，平等，调协开路么？还是因为畏惧卢梭所发向世界上的新思想和新感情的激流呢？使对于他取了为父之劳的个人主义运动的全体怀疑，将我们带到子女服从父母，奴隶服从主人，妻子服从丈夫，臣民服从教皇和皇帝，大学生毫不发生疑问，而佩服教授的讲义的善良的古代去，乃是你的目的么？”① 本来一次好好讨论问题的机会，因为梁实秋笨拙的文章写法，使得鲁迅直接怀疑他写这篇文章的目的是在中国社会重新进行上等人和下等人的区分。

所以在这个问题上，鲁迅的态度是既反对绝对平等，却又反对以人类存在的“事实上不平等”来遮盖社会不公。这岂不是“中庸”？——这种鲁迅最为痛恨的一种中国特色现象。但是，鲁迅最为痛恨的是统治者以“中庸”之名来维持现状、反对革新，不应该是革命的“中庸”。历史充分证明，革命中必须要有稳妥的步骤和主张，不然造成损失就是难以避免的。不幸的是，中国革命不断走向激进，绝对平等的乌托邦理想在中国革命的大话语背景下成为了正常需要。现代中国分不清或者无法分清“中庸”与“稳妥”也是时代的悲哀，或者无奈。

鲁迅素有通过历史看未来的习惯，以为以往的历史指示着中国的命运。“在现在，如先前所说，文艺是在受着少有的压迫与摧残，广泛地现出了饥馑状态。文艺不但是革命的，连那略带些不平色彩的，不但是指摘现状的，连那些攻击旧来积弊的，也往往就受迫害。这情形，即在说明至今为止的统治阶级的革命，不过是争夺一把旧椅子。去推的时候，好像这椅子很可恨，一夺到手，就又觉得是宝贝了，而同时也自觉了自己正和这‘旧的’一气。”② 富有意味的是，鲁迅这段话正是在与自称革命代言人的创造社的论战中发表的，他不相信有一个黄金世界。除非能够说服他，正在进行的革命并非“至今为止的统治阶级的革命”。

但是，经历了艰难的思想转变，鲁迅至死都相信会有一个无阶级、无压迫的世界的到来，也许是他也不得不相信，因为这是中国革命最后的希

① 鲁迅：《鲁迅全集》第3卷，人民文学出版社1981年版，第554页。

② 鲁迅：《鲁迅全集》第4卷，人民文学出版社1981年版，第301页。

望。但他之所以相信这个社会的到来，这其中原因既有现实的苏联无产阶级革命的成功，也有对阶级斗争反对压迫实现平等的历史观和理论原理的信仰。但最为重要的是，鲁迅判断这些能否实现的标准，却不完全在于理论的完美、完善，更加在于革命者个人的私德如何，是否是“革命人”，是否有“大众的立场”。这个思路一方面判断以往的革命有着极佳的效果，但是在阶级斗争中，效果却并不明显。相反，这个思路也助长了阶级斗争道德主义泛滥的倾向。在道德的立场上鲁迅选择支持阶级斗争，但同时也由于历史的经验与对马克思主义理论的研究，他也告诫激进的青年革命者时刻留意革命的方法与立场，时刻不忘革命最终的目的。

从鲁迅的时代来看，无产阶级的政治力量因为斗争的严酷而带有的“开明帝国主义”特点，是因为人类伟大的创举而带有的乌托邦的绝对平等，还有中国历史上从来就有的既得利益集团问题，这些问题都会导致以人道主义的反抗压迫和反对统治的阶级斗争缺乏清晰的路径，走上歧途的可能非常大。但是，除此之外鲁迅也没有别的选择，他不想做第三种人，除了在统治者和革命者中间选择其一之外没有别的选择。猜对了开头，猜不对结尾是电影里的人生；猜对了开头，猜对了结尾，还要当作什么也没有发生，以自己的生命肉搏一个微薄的希望。这就是鲁迅一个人的革命。

第三章

民族伦理：个人主义与集体主义的世纪权衡

民族伦理是存在的吗？似乎一直都存在，又似乎很难确切指出清晰的定义。例如在五四新文化运动时期，反对旧伦理的确切含义是什么呢？是凡是旧的就反对还是反对旧道德中不适合现代文明的部分？这个问题实际并没有得到很好的学理解决，在鲁迅那里，他激烈地反对旧道德的几乎一切方面。甚至得出不读中国书的结论。但是对于新道德是什么他又并不了然。在全民族整体范围内所应该遵循的行为准则到底是什么？在五四的时代，启蒙知识分子们倾向于用个人主义的伦理原则代替旧道德；但是到了1927年国共分裂之后，个人主义已经是一个反动的名词，集体主义代表了时代的主流。在分析鲁迅和国内伦理思想斗争、演变的过程之前，其实还有很重要的一点就是世界历史进入20世纪之后在现代民族国家竞争加剧的国际形势导致的世界新秩序。在很大程度上这个新秩序决定了新兴的民族国家如何规范自己的行为和确定发展的方向。其实，这个新秩序也并不确定，相反是一个激烈斗争的过程。欧美代表的自由主义，苏联代表的社会主义，日本代表的军国主义是当时世界的主流思潮。蒋介石政府基本是一个中体西用的政权，在抛弃了孙中山"联俄联共"的政策之后全方位倒向美国的同时，坚持封建伦理道德的"忠孝节义"和"礼义廉耻"等行为规范。当共产党政权被国民党抛弃之后，被迫意识到，无论在国际上还是在国内都将面临长期的残酷斗争。这种残酷斗争会本能地排斥个人主义，提倡集体主义。其实并非中国人不能理解个人主义的价值和个性解放的现代意义，问题是迫在眉睫的残酷斗争会天然地要求集体主义。一旦选择了集体主义的伦理原则，整个国家就会建筑在一种高度集权的政治形态上，这个民族的前途会平坦吗？一种缺乏明确而科学定义的集体主义并非天然就是正义的，正如太平天国运动中对个人权利的剥夺和洪秀全的高度集权。对现代中国来说，分为两步走又成为不得已的选择，我们在集体主义的伦理原则下建筑统一的中央集权国家，第二步在民主政治和政治协商的基础上发挥个性和兼顾各个局部利益，构建一个民主、富强的国家。起码在理论上是如此设计了国家的伦理原则的蓝图。

正如鲁迅自己所说，人道主义和个人主义（个人的无治主义）是他思想的基本因素。对人道主义的本能信赖和坚持这一点成为鲁迅在接受阶级斗争伦理观念时的思想基点。而在民族范围内讨论伦理体系时，鲁迅纠结的就是个人主义要如何与民族的集体主义协调共存。从这个思想基点出发，鲁迅又会得出什么结论？

伊藤虎丸认为："鲁迅的文学运动，其目的就是以恢复这里所说的'爱和诚'，就是恢复民族的伦理性。"而要恢复民族的伦理性就要"把'革命'作为实现这一目标的唯一道路"。因此，"文学与革命从一开始就不是两样东西"[①]。这个说法可以得到鲁迅文章的印证。所以鲁迅启蒙的文学运动就是重建民族伦理性的努力。那么民族伦理的内容就同作为启蒙手段的改造国民性联系起来，而在五四时期，改造国民性的启蒙运动使用的理论武器就是个人主义伦理原则。希望通过"立人"的方式，造就健全的个人，从而自动地完成国家的救亡与解放。而实际上，中国的"启蒙运动"是在救亡中完成的（边救亡边启蒙，但是启蒙的具体内容被置换，这需要进一步分析，大体过程如此）。个人主义原则在五四陷入低潮之后，被瞿秋白认为"是资产阶级的幻想"，不但没有实现的可能，而且对集体利益有害。鲁迅也认为从文学革命过渡到"改造世界"的革命文学或者更进一步的政治斗争时，就需要过渡到集体主义。"梁实秋先生们虽然很讨厌多数，但多数的力量是伟大，要紧的，有志于改革者倘不深知民众的心，设法利导，改进，则无论怎样的高文宏议，浪漫古典，都和他们无干，仅止于几个人在书房中互相叹赏，得些自己满足。"[②] 这段话既指出了集体主义的必然兴起，同时也批评了个人主义的局限。但是，鲁迅也并不希望集体主义对个人价值的任意剥夺。个人主义的界限是什么？集体主义的界限又是什么？这是在民族主义运动中迫切需要解决的问题。

---

① ［日］伊藤虎丸：《鲁迅与日本人——亚洲的近代与"个"的思想》，李冬木译，河北教育出版社2000年版，第85页。

② 鲁迅：《鲁迅全集》第14卷，人民文学出版社1981年版，第223页。

个人主义的历史在西方社会经历了漫长过程，整体上是有利于社会进步的，促进了基本人权和民主运动的发展。当然同时也造成了一定的社会问题，过于强调个人权利与自我，造成很多复杂的社会问题和激进的社会风潮。简单地说，在西方发达资本主义国家个人主义和集体主义是一种较好地实现了对立统一的关系。个人主义是有条件的，需要经济发展水平的支撑，也需要思想解放运动的支撑，这就是个人主义被瞿秋白判定为资产阶级属性的最重要原因。赞成和宣扬个人主义，要实现个人价值的探索和尊重，既是一个经济的也是一个文化的、伦理的目标。所以，在现代中国的现实条件下难以实现，如果要坚持这一目标，就会面对和社会现实冲突的问题。

而真正的集体主义也是有条件的，必须是真实的集体，是真实的价值。当代伦理学者认为“我们的集体虽然在整体上是真实的，但仍会有不真实的集体存在，就某些具体的集体而言，可能存在虚假成分，甚至本身就是虚假的。因而，如果不加强对集体的建设与发展，片面地要求个人的贡献与付出，也会导致不正当、不真实的集体对正当个人利益的侵害……另外，在市场经济中，我们确立一个具体的集体是否真实，还要以法律为依据。”① 在西方语境下，个人主义具有先天的合理性，而在中国语境下，集体主义具有不言而喻的合理性。但是正如西方社会在个人主义背景下的一种强大的真实的集体主义，中国的集体主义也并非毫不顾及个人的利益，集体主义的发展也经历了很多曲折的过程，但是主要是在救亡图存的民族主义运动和阶级斗争中进行，如何在完善的法律体系中进行还尚在探索之中。如何在这种冲突中建立一种理想的伦理体系，对个人与集体的和谐至关重要。

个人主义与集体主义的矛盾与冲突，代表了现代中国伦理观念抉择的两难，在这个两难背后却是更加复杂、更加混乱、更加宽广的伦理失范。这是现代中国伦理探索和重建的真实背景。

在革命的伦理话语中，民族和阶级是既对立又统一的一对词汇。阶级的合理和正当性很大程度上来自民族救亡的迫切要求。如何在中华民族范围内甚至在世界各民族的先进文化序列中，论证阶级的革命的伦理观具有充分的优越性就成为一个具体而迫切的问题。鲁迅在内心深处一直是一个

① 倪愫襄：《伦理学导论》，武汉大学出版社2002年版，第91—92页。

坚定的个人主义者，他深信民族的解放最后要落脚到个人的幸福和解放。为了实现民族解放的前提，他愿意牺牲自己的自由来帮助革命。这并不能掩盖民族的集体利益和人民的个人利益的冲突。而个人主义伦理原则与集体主义伦理原则在价值立场上存在明显冲突。集体主义之所以能够压倒个人主义是因为它更加符合救亡的实际，而并非在伦理价值上完全压倒个人主义。鲁迅的意义在于：传统的党史叙事方式认为从个人主义到集体主义是一个新旧交替的线性过程，历史就是集体主义战胜个人主义的过程；鲁迅当然反映了这个过程，但是他更加主要地反映了个人主义与集体主义具体而立体的冲突，两种价值之间的碰撞。简单地肯定个人主义或者集体主义都会带来极为严重的现实的与历史的后果。集体和个人，哪个是目的哪个又是手段？随着革命的深入，这个问题不断凸显，迫切需要解答。

第一节　民族伦理重建的时代背景：伦理失范

表面上看，现代中国的政治革命波澜壮阔，伦理革命气势恢宏。鲁迅作为杰出的文学家、思想家、革命家起到了无可代替的串联思想革命与政治革命的作用。但在这背后却又有着不得已的苦衷，始终要面对殖民地半殖民地的现实。仅就伦理革命来说，现代中国掀起了前后相继的两次伦理革命。一场是五四新文化运动，以以“个性解放”为代表的个人主义为伦理原则，以西方资本主义国家为理论来源和现实模本。另一场是从属于新民主主义政治革命的伦理革命，以集体主义为伦理原则，以马克思主义、列宁主义与中国国情富于特色的结合作为理论来源和现实依据。在这个过程中，两次伦理革命的更替，政治革命与伦理革命的关系引发了鲁迅许多思考。这些思考有些富于个人特征，但更多富于时代特征与民族特征。而这种特征最主要的就是从前现代国家进到现代国家的转型过程中一系列的伦理冲突以及背后的革命路径的冲突与曲折。

一

现代中国伦理革命滞后于政治革命的革命进程在路径上完全不同于西方社会的变革过程。如 19 世纪的资产阶级革命中，产业革命、启蒙运动和政治革命的思路极为清晰。首先，生产方式实现革命性突破，然后促进社会观念的更新，最终实现对旧的政治关系的变革。在西方资产阶级革命的昭示下，现代中国在意图复制这个过程时，却遭遇到了全面的挫折。政治、经济、文化这三个紧密联系的方面非但不是互相促进的良性关系，反而变成了互相牵制的恶性关系。落后的经济产生了保守的文化以及巨大的惯性，这时政治更加混乱、黑暗、低效。在现代化方案的选取上不断在文化决定论与政治全能主义之间徘徊。鲁迅被认为最为典型地表现了这个过程。“当所有通向进步的道路都被封闭了，所有新的希望都被粉碎了的时候，才能积淀起鲁迅那样的人格吧。”[①] 在思想背景上鲁迅就与欧美资产阶级启蒙思想家存在明显不同。他不同于美国独立战争时的托马斯·潘恩等思想家，因为美国人民从事的是一场没有历史包袱的革命。鲁迅也不同于英国革命和法国革命中的洛克、霍布斯以及卢梭、伏尔泰等人，因为他们所从事的是一场延续着文艺复兴梦想的革命。鲁迅也不同于日本明治维新时代的思想家，因为他们可以迅速地挥别传统转而忘情地拥抱西方，没有任何心理障碍地鼓吹“脱亚入欧”的梦想。正如竹内好所说：“鲁迅那样的人在进步没有边界的欧洲社会中是不会诞生的吧。而处于进步的幻想之中的日本，也是不会产生的吧。不仅不会产生，甚至也不具备理解它的能力。”[②] 要理解鲁迅，首要的就是理解他试图重建民族伦理的深层矛盾，充分认识其中包含的复杂性，同时将这种矛盾作为一个整体，不能片面地呈现或者强调其中的某一点，这才是民族的鲁迅。

现代中国不仅仅是在政治版图上四分五裂，就是在思想上更是混乱不堪。用什么来统一民族的思想，这个课题一点也不比政治统一次要。但是，这个过程如同政治统一一样，极为艰辛，需要完整的逻辑链条、现实论证和可靠的路径，等等。在重建民族伦理性问题上，鲁迅首先关注的自然是个人的健全和完善，也就是“立人”。但是，鲁迅同时也关注“沙聚之邦”如何转变为“人国”。如何处理个人和民族集体关系，始终不是一个遥远和空洞的问题，而是和每个人密切相关的问题。对鲁迅来说尤其如此。他不能忍受对他生活空间和思想空间的任意践踏，但他也知道要服从集体的要求和民族的前途。

五四运动被称为中国的文艺复兴，我们却可以隐约看出鲁迅在这场运

---

① ［日］竹内好：《近代的超克》，生活·读书·新知三联书店2005年版，第209页。

② 同上。

动中的异质性："如果把五四运动仅仅理解为怀有明确目的除旧布新的群众运动的话，鲁迅就不能说是五四运动的真正代表。""五四运动的真正代表其实是胡适。"但是实际上，鲁迅不是更单薄地而是更深刻地体现了五四新文化运动的意义。夏济安认为，鲁迅"体现着新与旧的冲突，同时也体现着另一些超越历史的更深刻的冲突。他从不曾得到他的同时代人胡适和周作人所曾享有的那种宁静的心境，但他却是比他们中间任何一个都更其伟大的天才。"[①] 这个观点也可以在竹内好的著作中得到印证："不是旧的东西变成新的，而是旧的东西就以它的旧面貌而承担新的使命——只有在这样一种极限条件下才能产生这样的人格。"在鲁迅的文章中确实有大量表现新旧冲突的文字，以及在文字背后表现出寻求解决之道的迫切心情。"我独不解中国人何以于旧状况那么心平气和，于较新的机运就这么疾首蹙额；于已成之局那么委曲求全，于初兴之事就这么求全责备？"[②]在中国被迫打开国门之后，鲁迅用西方价值观的视角来审视中国，如同灵魂出窍看到自己腐朽的尸体。中国落后的面貌足以证明它早已成为旧文化的载体，西方凭借着强势地位成为新兴力量的代表。基本上这就是鲁迅对传统文化与西方文化作出的整体性、功能性判断。

但是鲁迅表现的又绝不仅仅只是新旧之间的冲突。如果鲁迅仅仅是描述现代中国壁垒森严的新旧冲突，描述"新的战胜旧的，光明战胜黑暗"的进化论过程，那么鲁迅的思想要简单得多。首先，鲁迅不仅反映了新旧冲突，他更具体地描写了作为对垒双方"旧的"因素与"新的"因素的自我分裂。而这正孕育着中国思想革命与政治革命的内在危机，自从清朝以来的"中体西用"就典型代表了新旧、中西之间的矛盾。统治阶级总希望用体用的划分来解决这个矛盾，但实际上作为"体"的"中"与作为"用"的"西"之间会在现代化的进程中变得混乱不堪，往往不是新的代替旧的，而是旧的顽固地统治着新的。这样的结果就是在政治上、思想上、意识形态上总希望以中国特征为主，在技术上科学上则以西方为辅助。鲁迅在新旧对立的思想和政治版图上看不到出现一个现代中国的任何希望。"要而言之，旧状无可维持，殆无可疑；而其转变也，即非官吏所

① 夏济安：《鲁迅作品的阴暗面》，《国外鲁迅研究论集》。

② 鲁迅：《鲁迅全集》第3卷，人民文学出版社1981年版，第143页。

希望之现状，亦非新学家所鼓吹之新式：但有一塌糊涂而已。”① 鲁迅首先描写了作为“旧”的一方出现的传统文化在现代化过程中非但无效而且有害，突出了传统的陈腐内容与现实的矛盾。在这个矛盾中，鲁迅坚定地站在现代和西方一边，反对中国与现代社会格格不入的“古训”：“以中国古训中教人苟活的格言如此之多，而中国人偏多死亡，外族偏多侵入，结果适得其反，可见我们蔑弃古训，是刻不容缓的了。”②

不但如此，鲁迅在表现旧文化阵营分裂的同时也表现了代表新阵营的五四新文化运动以及左翼文化运动中的自我分裂。新文化运动失败后，鲁迅回忆说：“后来《新青年》的团体散掉了，有的高升，有的退隐，有的前进，我又经验了一回同一战阵中的伙伴还是会这么变化，并且落得一个‘作家’的头衔，依然在沙漠中走来走去，不过已经逃不出在散漫的刊物上做文字，叫作随便谈谈”③。在这个过程中，出现一个问题，就是哪个集团或者阶级有能力担任现代化的领导者。是思想最活跃、开明的知识分子还是具有更强的组织动员能力的政党？显然是前者的现代性更强但是后者的能量更大，更适合做现代化的领导者。鲁迅甘于“呐喊”的角色恐怕也有这方面的考虑。五四团体散掉的现实也让鲁迅意识到，他向过去告别的同时，也就告别了或者高升或者退隐的刘半农、胡适这些新文化运动战友。他要寻找新的伙伴，然而等待他的却是新的失望。左翼文学运动开始结成联盟，这个新阵营中人却也类似旧阵营中人无知然而专横，等到一有压迫就立刻表现出懦弱的特点，十足表现了新阵营的分裂与崩溃。阵营内部的论战也令人啼笑皆非的琐碎：“这次对于创造社，是的，‘不敬得很’，未免有些不‘庄严’；即使在我以为是直道而行，他们也仍可认为‘尖酸刻薄’。于是‘论战’便变成‘态度战’，‘量气战’，‘年龄战’了。”④ 鲁迅对郭沫若代表的新生势力是很向往的，但是对他们表现出的恶劣态度又是很不解和反感的，甚至断言这样一群革命者将来革命成功了也未必是理想的图景。这种剧烈的冲突并不是偶然的，而是知识分子体制角色分裂造成的必然结果。鲁迅还是个人主义者的知识分子，而他面对的

---

① 鲁迅：《鲁迅全集》第 11 卷，人民文学出版社 1981 年版，第 369—370 页。

② 鲁迅：《鲁迅全集》第 3 卷，人民文学出版社 1981 年版，第 52 页。

③ 鲁迅：《鲁迅全集》第 4 卷，人民文学出版社 1981 年版，第 456 页。

④ 同上书，第 109 页。

是半军事组织下的左联知识分子，虽然同为知识分子，性质几乎毫不相干。鲁迅回忆五四曾感觉那好好一场恶斗，却变成了“若要官，杀人放火受招安”[①] 的旧式造反，惋惜之情溢于言表。而新阵营内部的论争还是变成无比琐碎的“态度战”“量气战”，留给鲁迅的是无限的无奈。在乱象之中鲁迅也只好静观其变：“横竖缠不清，最好还是让李初梨去‘由艺术的武器到武器的艺术’，让成仿吾去坐在半租界里积蓄‘十万两无烟火药’，我自己是照旧讲‘趣味’”[②]。

鲁迅也指出，新的和旧的表面上看来壁垒森严，实则并不能一目了然地分辨：“旧的和新的，往往有极其相同之点——如：个人主义者和社会主义者往往都反对资产阶级，保守者和改革者往往都主张为人生的艺术，都讳言黑暗，棒喝主义者和共产主义者都厌恶人道主义等”[③]。而化名杜荃的郭沫若则对鲁迅的这种划分进行严厉指责。针对鲁迅的说法“个人主义者和社会主义者往往都反对资产阶级”，郭沫若认为：

> 社会主义根本反对资产阶级，并不是“往往”，至于个人主义者反对资产阶级则未之前闻——或许是个人无政府主义者的笔误罢？
>
> 资产阶级的意识根本就是个人主义。鲁迅先生，可惜你还不曾知道。
>
> 连资产阶级意识形态都还不曾了解的人，当然更说不上无产阶级的意识形态。鲁迅在此也正好做一个证明。
>
> ……
>
> 所以在鲁迅先生看来，就是
>
> 新=旧
>
> 个人主义=社会主义
>
> 保守者=改革者
>
> 棒喝主义=共产主义
>
> 他自己的立场呢？是资产阶级？是为艺术的艺术家？是人道主

① 鲁迅：《鲁迅全集》第5卷，人民文学出版社1981年版，第433页。

② 鲁迅：《鲁迅全集》第4卷，人民文学出版社1981年版，第64页。

③ 同上书，第111页。

义者？[1]

从这段争论（或者说争吵更合适）来看，论战建立在一堆诸如“个人主义”“社会主义”“资产阶级”“意识形态”等抽象名词之上。郭沫若甚至认为鲁迅所说“个人主义”是个人无政府主义的笔误！可见，这些概念的混杂使得争吵不可能有结果。但是提出了一个很有意思的问题：鲁迅的个人主义究竟是什么？他的个人主义到底有没有新旧之分？这个问题虽然当时没有得到有效回答，但是一直作为争论的核心从来没有消失过。一直在鲁迅的思想体系中，暂时也许会被压制，但是在某些时刻又会顽强地出现在鲁迅的头脑中。不管怎样，人道主义和个人主义是鲁迅的信仰，他会一生维护和捍卫这一点，不管他的思想发展到哪个阶段。接着论证进行的是，新旧的伦理观念的冲突。

一个民族伦理道德上的新旧冲突并不罕见，对此西方学者也有详细的论述。但是如果和中国的情形加以对照，就会发现中国的情况超过了他们所设想的最坏的情形：

> 常常发生这样的情况：一个民族的道德规范并不符合它的理想，甚至于是它实现至善的一个障碍。在这种情况下就容易发生新旧道德冲突。
>
> 一些旧的行为方式变得无用甚至有害起来，而使新的行为方式成为必要。但是，人类是习惯的动物，总是带着怀疑的眼光看待新事物。所以某些行为方式常常在它们丧失存在的理由以后，还长期被继续看做正当的行为而被命令执行。
>
> 但无论理想怎样变化，有许多行为方式都仍然是道德的，它们是那种如不遵守就不能实现任何人类理想的行为方式……除非以死亡和毁灭代替生存和发展作为理想，这些道德规范才会让位于别的规范；除非是一个寻求死亡而非生存的团体，才会认为不应当培养真诚、忠实、公道、正直、纯洁的德性，因为这些德性是生命的源泉，“罪恶的报应是死亡”[2]。

---

① 转引自梁实秋等《围剿集》，河北教育出版社2000年版，第91—93页。

② 鲁迅：《鲁迅全集》第6卷，人民文学出版社1981年版，第405页。

而在鲁迅看来，现代中国正是这种“以死亡和毁灭代替生存和发展作为理想”，“一个寻求死亡而非生存的团体”。社会上多得是“死的说教者”：“至于文人，则不但要以热烈的憎，向‘异己’者进攻，还得以热烈的憎，向‘死的说教者’抗战。在现在这‘可怜’的时代，能杀才能生，能憎才能爱，能生与爱，才能文。”① 甄别出那些“死的说教者”，与之进行战斗是民族生存的必要前提。在19世纪20年代初期的新文化运动中，鲁迅毫无疑问是站在新的一方。当这个十年行将结束，阶级斗争和民族主义成为了新的一方，启蒙运动的主张却成了陈旧一方。这种转折对鲁迅来说不可谓不大。他对于开创新的伦理观念还存在各种犹豫和观望态度，他所坚信不疑的是对妨害民族的行为予以攻击。在这一点上，鲁迅在两次伦理革命运动中起的作用有相似的地方，都是不以开创性的工作见长，而是以扫荡阻碍革命的旧势力最为得力。

二

因此中国伦理道德的失范就不仅仅是新旧冲突，而是无论在内容上还是在程度上都远远超出于此的整个民族的伦理失范。这样的结果就是凡事总是纠缠不清，正如鲁迅所说：“凡有一件事，总是永远缠夹不清的，大约莫过于在我们中国了。”② 打开国门之后，新旧冲突更加加重了失范：“况且活在二十世纪了，有华道理，有洋道理，轻重当然是都随意而合于道的。”③ 在这里，伦理道德的真正出发点和归宿都已经模糊不清了，只有各种理论主张背后的利益是真实的。从鲁迅的视角看去，他是被严实地包裹在了整个民族伦理失范的汪洋大海中。

根据存在的范围与程度的不同，鲁迅所体验和观察到的伦理失范具体表现在以下六个方面。本书将展开逐一分析。

第一，鲁迅亲身遭受、体验到的伦理失范。对鲁迅个人来说这种对伦理失范的切身体会是一种愤怒却无奈的经验：“当章氏势焰熏天时，我也

---

① 鲁迅：《鲁迅全集》第6卷，人民文学出版社1981年版，第405页。

② 鲁迅：《鲁迅全集》第1卷，人民文学出版社1981年版，第396页。

③ 鲁迅：《鲁迅全集》第3卷，人民文学出版社1981年版，第166页。

曾环顾这首善之区，寻求所谓‘公理’‘道义’之类而不得”[①]“公理是只有一个的。然而听说这早被他们拿去了，所以我已经一无所有。”[②] 所谓“公”理却被私有，这种公理存在的价值就不能不为鲁迅所怀疑。最初鲁迅也并非就是不相信所谓的公理，相反还去寻求这种“公理”。但是一旦发现“公理”不过是私欲的借口，他无论如何不肯再尊重这种“公理”。双方也就失去了讨论问题的基础，彻底走向对立。但这种如鱼饮水冷暖自知的感受，只能加深鲁迅的内心体验，却无法让大众感同身受，鲁迅曾经表达过这种感受：“我自作评论以来，即无时不受攻击……先前何尝不如此呢，但它们都与如驶的流光一同消逝，无踪无影，不再为别人所觉察罢了。”[③] 确实，个人的遭际在如此冲突动荡的时代真是微不足道。但是一个个的个体在这种伦理失范造成的混乱中迷茫与惶惑，迷失在失范造成的伦理道德作用的弱化甚至真空中，整个现代中国就不可避免地形成一幅让人惊心动魄的景象。鲁迅正是将这种惊心动魄出色地描摹和呈现出来。

第二，文艺界中的伦理失范，知识分子的道德堕落。超出自身以外，鲁迅目光所及自然是他所身处的文艺界。这里不但混乱不堪而且毫无规范可言：“中国的批评界怎样的趋势……就耳目所及，只觉得各专家所用的尺度非常多，有英国美国尺，有德国尺，有俄国尺，有日本尺，自然又有中国尺，或者兼用各种尺。有的说要真正，有的说要斗争，有的说要超时代，有的躲在人背后说几句短短的冷话。”[④] 这种情况即便是肩负批评责任的鲁迅也常常无法理解：“凡中国的批评文字，我总是越看越胡涂，如果当真，就要无路可走。”[⑤] 不幸的是这也并非鲁迅身在庐山不知真面目，置身事外者就可以“当局者迷，旁观者清”。因为这种混乱是由概念的混乱造成，这种在逻辑起点上的混乱谁也无法廓清：“中国文艺界上可怕的现象，是在尽先输入名词，而并不绍介这名词的函义。”[⑥] 文艺概念的混乱、作者与评论家思维的混乱、评判标准的混乱：这是一个怎样的文坛！

---

① 鲁迅：《鲁迅全集》第 3 卷，人民文学出版社 1981 年版，第 164 页。

② 同上书，第 292 页。

③ 鲁迅：《鲁迅全集》第 5 卷，人民文学出版社 1981 年版，第 581 页。

④ 鲁迅：《鲁迅全集》第 4 卷，人民文学出版社 1981 年版，第 83 页。

⑤ 鲁迅：《鲁迅全集》第 3 卷，人民文学出版社 1981 年版，第 442 页。

⑥ 鲁迅：《鲁迅全集》第 4 卷，人民文学出版社 1981 年版，第 87 页。

这还并不是问题的全部，因为这还并没有涉及伦理与道德层面。在这种种混乱之中更有趁乱牟取私利的“流氓式”文人。正是在上海文坛上看到的这种混乱，尤其是脚踏革命和文学两只船的革命文学的作者迫使鲁迅对以上种种乱象做出总结。认为趁乱牟取利益者的无特操无异于流氓行径。

第三，社会舆论导向与评判标准的价值失范。人生小剧场，天地大舞台。文坛还不过是社会的缩影。不但在文坛，在整个国民当中也到处沾染了这种流氓习气。旧的价值观念跌落，而新的价值观念含混不清。在混乱中只顾眼前利益的抓攫，却又在口头上寻找体面的说辞。信仰的跌落也使伦理道德的社会约束力几乎丧失殆尽。更为雪上加霜的是，那些放弃操守的人们在谋得私利之后，在口头上还要“卫道”。这种把道德当作招牌使用的行径，几乎使鲁迅有宁为真小人不为伪君子之感。这样，如何完善道德体系，遵守道德规范都成为迂腐可笑的事情。精明的人要将心思放在如何“卫道”上，做事如何无特操并不重要，重要的是如何解释、装点自己的行为，使之光明磊落、高尚完美。

古今中外的事例都可以随自己的需要任意征引，毫不以自相矛盾为意。“要做事的时候可以援引孔丘墨翟，不做事的时候另外有老聃，要被杀的时候我是关龙逄，要杀人的时候他是少正卯，有些力气的时候看看达尔文赫胥黎的书，要人帮忙就有克鲁巴金的《互助论》，勃朗宁夫妇岂不是讲恋爱的模范么，勗本华尔和尼采又是咒诅女人的名人”[①]。这样，舆论也与事实完全颠倒。道德所赞赏的可能是流氓，所谴责者却可能是良善之人：“又其实，错与被骂，在中国现在，并不相干。错未必被骂，被骂者未必便错。凡枭首示众者，岂尽‘汉奸’也欤哉？”[②] 这样的结果，不但是伦理道德的公信力降到最低点，而且整个中国也呈现前所未有的乱象。

第四，渗透在法律与政治领域的伦理失范。中国社会的这种混乱与失范当然不仅仅是流氓行径这么简单，而是上升到法律的法无定法的混乱以及政治层面的失范。“道德不但是经济、文化产业、和人际交往的存在发展的必要条件和根本手段，而且是制定优良法和实现优良政治的必要条件

① 鲁迅：《鲁迅全集》第3卷，人民文学出版社1981年版，第199页。

② 鲁迅：《鲁迅全集》第12卷，人民文学出版社1981年版，第238页。

和根本手段：如果没有道德，不可能制定良法和实现优良政治”[①]。在鲁迅看来建立在伦理失范基础上的法律和政治也同样毫无规范可言，可以随意出入，随物赋形：“我以为法律上的许多罪名，都是花言巧语，只消以一语包括之，曰：可恶罪。……许多罪人，应该称为‘可恶的人’。”[②]

枭首者不一定是汉奸，那么所谓的“匪”便也可能是革命军。伦理失范扩展到法律政治层面，中华民族好似一下拥有两套话语系统，而这个民族的声音也在这种嘈杂中变得含混不清：“太平盛世，是没有匪的；待到群盗如毛时，看旧史，一定是外戚，宦官，奸臣，小人当国，即使大打一通官话，那结果也还是‘呜呼哀哉’。当这‘呜呼哀哉’之前，小民便大抵相率而为盗，所以我相信源增先生的话：‘表面上看只是些土匪与强盗，其实是农民革命军。’”[③] 伦理失范一面说明了道德作用的弱化，另一面说明了中国社会面临分裂与解体的可能。

第五，中国社会的失范又表现在更加广泛的整个时代思潮方面。“只是现代变化急速，没有前人的悠闲，新旧之争，又正剧烈，一下子看不出什么头绪，他就也只好将先前两代的‘道德’，并淬于一身了……问题是不专在个人的，这是时代思潮的一部。”[④]

第六，在鲁迅晚年写作《故事新编》时，他在古今对照中反思中国文化中将这种失范上升到整个历史观的角度。所有历史的内容不过是在争夺一把椅子，道德伦理都是空洞的说辞。即如《补天》中交战的双方说辞何其一致，都在争夺道德伦理的话语权，竭力洗脱自己“小东西”的本质。一方的说辞是：“颛顼不道，抗我后，我后躬行天讨，战于郊，天不祐德，我师反走。”另一方的说辞是：“人心不古，康回实有豕心，觑天位，我后躬行天讨，战于郊，天实祐德，我师攻战无敌，殛康回于不周之山。”[⑤] 整个历史观都是矛盾与失范的，真理同时掌握在敌对的双方手中，只能让人疑惑。真理也成为遮羞布和打人的棍子，就是鲁迅也不免感觉无聊和陷入虚无。正如鲁迅在《狂人日记》中用疯子的视角来解释着这个疯狂的世界：“我怕得有理。”鲁迅的虚无在整个历史的随意解释与

① 王海明：《伦理学原理》，北京大学出版社 2001 年版，第 118 页。

② 鲁迅：《鲁迅全集》第 3 卷，人民文学出版社 1981 年版，第 494 页。

③ 同上书，第 207 页。

④ 鲁迅：《鲁迅全集》第 5 卷，人民文学出版社 1981 年版，第 349 页。

⑤ 鲁迅：《鲁迅全集》第 2 卷，人民文学出版社 1981 年版，第 349—350 页。

书写面前不是顺理成章的事情吗?

三

这种失范无论在深度上还是在广度上都几乎发展到极致状态，那么到底是什么原因造成的?鲁迅在《狂人日记》中给我们提供了线索，他记录下了狂人疑惑着周围人对残忍的“吃人”无动于衷时的自我诘问：“还是历来惯了，不以为非呢?还是丧了良心，明知故犯呢?”这种疑问可以给我们提供反思这种失范的具体思路。

第一，就是“历来惯了，不以为非”的巨大历史惯性。历史上遗留的“无是非”观念是现代中国伦理失范的重要源头：“糊涂主义，惟无是非观等等——本来是中国的高尚道德。”① 还有就是群众的愚昧造成观念的混乱。许多普通大众在伦理失范面前丧失辨别能力，在随波逐流之中更加加重了这种失范：“杀人者在毁坏世界，救人者在修补它，而炮灰资格的诸公，却总在恭维杀人者。”②

第二，历史原因自然重要，具有强大的历史惯性，但伦理失范还存在重要的现实原因。就是中国社会的新旧冲突、杂糅的状态导致了这种伦理观念的分裂：

> 中国社会上的状态简直是将几十世纪缩在一时：自油松片以至电灯，自独轮车以至飞机，自标枪以至机关枪，自不许“妄谈法理”以至护法，自“食肉寝皮”的吃人思想以至人道主义，自迎尸拜蛇以至美育代宗教，都摩肩挨背的存在。③

第三，保守势力故意造成混乱，以牟取私利。中国社会由一对对极为矛盾的现象组成，再杰出的思想家一时也无法理出一个头绪。对这个时代最常见的感受应该是张爱玲的一声叹息：“这是一个乱世。”在这种现实的混乱中又有保守势力浑水摸鱼地乱上加乱：“狗有狗道理，鬼有鬼道

---

① 鲁迅：《鲁迅全集》第5卷，人民文学出版社1981年版，第372页。

② 鲁迅：《鲁迅全集》第6卷，人民文学出版社1981年版，第142页。

③ 鲁迅：《鲁迅全集》第1卷，人民文学出版社1981年版，第344页。

理，中国与众不同，也自有中国道理。道理各个不同，一味理想，殊堪痛恨。”① 中体西用的“本领要新，思想要旧”更加加剧了新旧冲突，一时依违两难。而别有用心的人又对科学观念进行捣乱：“现在有一班好讲鬼话的人，最恨科学，因为科学能教道理明白，能教人思路清楚，不许鬼混，所以自然而然的成了讲鬼话的人的对头。于是讲鬼话的人，便须想一个方法排除他。”方法就是让科学的观念变得混乱：“其中最巧妙的是捣乱。先把科学东扯西拉，羼进鬼话，弄得是非不明，连科学也带了妖气。”② 科学与民主是五四的旗帜，而今也让捣乱者弄得充满妖气，五四提倡的新道德自然难免面目全非。然而，高等华人不但无视新道德，而且更加肆意地挑战中国人的道德底线。在浪费、享用、畅快中走到亡国的边缘。

第四，高等华人欲壑难填的奢侈也要寻找一个“维持风化”的美名无疑加剧了这种伦理失范。“高等华人的男女这样赶紧的浪费着，享用着，畅快着，那里还管得到国货不国货，风化不风化。然而口头上是必须维持风化，提倡节俭的。”③

第五，政治上的弄权彻底扰乱了国家的政治生活，从而伦理规范也被严重破坏。统治者生活上腐化颓废使得整个国家充满腐朽之气。而他们的政治弄权，肆意玩弄手法毫无操守，更加使得中国伦理道德苍白无比，毫无约束力。鲁迅谈到魏晋时代嵇康被曹操所杀时说：“魏晋，是以孝治天下的，不孝，故不能不杀。为什么要以孝治天下呢？因为天位从禅让，即巧取豪夺而来，若主张以忠治天下，他们的立脚点便不稳，办事便棘手，立论也难了，所以一定要以孝治天下。”④ 曹魏的短命，和这种伦理混乱有着必然的联系。而这种失范竟然还要排斥甚至杀戮希望澄清这种混乱的人。嵇康之死到底还是因为对这种翻手为云覆手为雨的伦理观念的颇有微词：“但倘只是实行不孝，其实那时倒不很要紧的，嵇康的害处是在发议论；阮籍不同，不大说关于伦理上的话，所以结局也不同。”⑤ 统治者杀光了伦理上的异己者，获得的却也并非安宁与祥和。更大的危机在伦理失

① 鲁迅：《鲁迅全集》第 1 卷，人民文学出版社 1981 年版，第 317 页。

② 同上书，第 298 页。

③ 鲁迅：《鲁迅全集》第 4 卷，人民文学出版社 1981 年版，第 517 页。

④ 鲁迅：《鲁迅全集》第 3 卷，人民文学出版社 1981 年版，第 512 页。

⑤ 同上。

范中孕育。

总之，鲁迅在《狂人日记》中所说的历来习惯不以为非的巨大历史惯性虽然也是造成伦理失范的重要原因，但更重要的是“丧了良心，明知故犯”。革命者判定反动势力故意造成和利用这种混乱牟取私利。可见要改变伦理失范的现状，清理反动势力的恶劣影响势在必行，如果反动势力不肯改弦更张那么一场恶斗不可避免。

这种前现代的中国和现代的西方遭遇以后形成了全面的冲突，加上保守势力的捣乱与高等华人的奢侈与虚伪，结果就是中国在很长一段时间内很难理解西方，从而从源头上澄清这种混乱：“我想，我们中国本不是发生新主义的地方，也没有容纳新主义的处所，即使偶然有些外来思想，也立刻变了颜色，他们是说家庭问题的，我们却以为他鼓吹打仗；他们是写社会缺点的，我们却说他讲笑话；他们以为好的，我们说来却是坏的……作者的思想，几乎全不是中国所有。所以不会了解，不会同情，不会感应；甚至彼我间的是非爱憎，也免不了得到一个相反的结果。”① 这种东西方是非爱憎的彼此隔膜，使得中国在学习西方的源头上就完全被扭曲了。

这种思想与行为的混乱与失范最终导致的就是国家逐渐失去行动的能力，最终失去整个民族的生存空间：“要想进步，要想太平，总得连根的拔去了‘二重思想’。因为世界虽然不小，但彷徨的人种，是终竟寻不出位置的。”②

那么怎样才能走出这种深刻的失范？既然彷徨的人种难以在这个世界上生存，解决这种彷徨就至为紧迫，而寻到原因才能对症下药。正是如此，鲁迅提出了极富针对性的解决方法。第一，针对伦理失范与混乱，鲁迅选择站在新偶像、新伦理一方立场上。鲁迅 1926 年的一篇文章中表明，面对新旧冲突，他在观念上毫不动摇地站在新的一方：“即使所崇拜的仍然是新偶像，也总比中国陈旧的好。与其崇拜孔丘关羽，还不如崇拜达尔文易卜生；与其牺牲于瘟将军五道神，还不如牺牲于 Apollo。”③ 面对无所不在的旧因素的包围，鲁迅甚至希望使用分而治之的对策来解决这种失

① 鲁迅：《鲁迅全集》第 1 卷，人民文学出版社 1981 年版，第 354 页。

② 同上书，第 345 页。

③ 同上书，第 333 页。

范："治中国应该有两种方法，对新的用新法，对旧的仍用旧法。"这种双轨制也带有以愚治愚，以暴制暴的意味：

> 中国人或信中医或信西医，现在较大的城市中往往并有两种医，使他们各得其所。我以为这确是极好的事。倘能推而广之，怨声一定还要少得多，或者天下竟可以臻于郅治。例如民国的通礼是鞠躬，但若有人以为不对的，就独使他磕头。民国的法律是没有笞刑的，倘有人以为肉刑好，则这人犯罪时就特别打屁股……反对物质文明的，自然更应该不使他衔冤坐汽车。这样一办，真所谓"求仁得仁又何怨"，我们的耳根也就可以清净许多罢。①

第二，要加强革命者与旧伦理周旋的能力来对抗伦理失范造成的困难局面。上述双重标准更多揭示了守旧者的荒谬，有使用文学手法调侃的意味，很难在现实中实行。但在革命中面对新旧冲突的伦理失范，革命者要有两套本领才行。能够兼有原则性与灵活性的革新者被鲁迅认为是不可多得的人才，是实现启蒙的关键所在："假如一定要做，就得存学者的良心，有市侩的手段，但这类人才，怕教员中间是未必会有的。"②

第三，增强行动能力，打击制造混乱的保守势力，廓清伦理失范。这两套本领虽然难得，但毕竟是对旧伦理的迁就。而在民族救亡的时刻，很难保证有这个耐心。打破旧伦理的行动能力才更加重要。鲁迅更加鼓励青年勇于行动与斗争，冲破这种失范带来的包围："现在的青年最要紧的是'行'，不是'言'。只要是活人，不能作文算什么大不了的事。"③"况且现在是多么切迫的时候，作者的任务，是在对于有害的事物，立刻给以反响或抗争……但为现在抗争，却也正是为现在和未来的战斗的作者，因为失掉了现在，也就没有了未来。"既然伦理失范混淆了中国的认识能力，削弱了中国的行动能力；而统治者、捣乱者为了自己的利益谋杀了伦理上的异己者，同时绞杀着民族重生的希望。那么前途只有一个：革命。

第四，增强理论修养。如果没有理论的指导，行动就是盲动。提高行

① 鲁迅：《鲁迅全集》第11卷，人民文学出版社1981年版，第102页。

② 鲁迅：《鲁迅全集》第3卷，人民文学出版社1981年版，第24页。

③ 同上书，第12页。

动能力的水平也要依靠认识能力与理论水平的提高。鲁迅又多次主张开阔眼界，打破伦理失范造成的思想混乱："所以我想，倘要比较地明白，还只好用我的老话，'多看外国书'，来打破这包围的圈子。"① 鲁迅进一步主张用社会科学来廓清这种失范："从去年以来，挂着'革命的'的招牌的创作小说的读者已经减少，出版界的趋势，已在转向社会科学了。这不能不说是好现象……我们所需要的，就只得还是几个坚实的，明白的，真懂得社会科学及其文艺理论的批评家。"② 这样就具备了向统治者、捣鬼者、守旧者……进行总清算的可能。

最终，鲁迅提出为了"是非爱憎"而战的主张，而此时他廓清伦理失范所进行的努力也达到了顶点："文人还是人，既然还是人，他心里就仍然有是非，有爱憎；但又因为是文人，他的是非就愈分明，爱憎也愈热烈……遇见所是和所爱的，他就拥抱，遇见所非和所憎的，他就反拨。如果第三者不以为然了，可以指出他所非的其实是'是'，他所憎的其实该爱来。"③

鲁迅尽其所能提出解决伦理失范的对策。但是整个国家与民族伦理失范的混乱程度远远超过了鲁迅所能解决的程度。宏观的角度先不必说，就是在现实的生活中，对伦理观念的廓清和对正确观念的坚持都要让位于生活的逻辑。不然生活就难以为继，生存也出现问题。例如鲁迅曾经总结说阻碍青年救国的一个重大原因是："有许多巧人，反利用机会，来猎取自己目前的利益。"④ 但鲁迅也说："我真觉得不是巧人，在中国是很难存活的。"⑤ 两相对照，这是一个矛盾的鲁迅，也是一个无奈的鲁迅。在救中国与救自己的矛盾中艰难选择。更为严重的是，被寄托了中国新生的希望的革命也充满了矛盾与混乱，难见真的革命：

> 革命，反革命，不革命。
>
> 革命的被杀于反革命的。反革命的被杀于革命的。不革命的或当作革命的而被杀于反革命的，或当作反革命的而被杀于革命的，或并

① 鲁迅：《鲁迅全集》第 4 卷，人民文学出版社 1981 年版，第 137 页。

② 同上书，第 240—241 页。

③ 鲁迅：《鲁迅全集》第 5 卷，人民文学出版社 1981 年版，第 335—336 页。

④ 鲁迅：《鲁迅全集》第 3 卷，人民文学出版社 1981 年版，第 91 页。

⑤ 鲁迅：《鲁迅全集》第 13 卷，人民文学出版社 1981 年版，第 362 页。

不当作什么而被杀于革命的或反革命的。

革命，革革命，革革革命，革革……①

1927年那一场把鲁迅吓得目瞪口呆的屠杀，使用的依然是革命的名义。鲁迅描写了革命的无序、失范、悖反、混乱，也描写了革命的恐怖与惨然。革命已经丧失了理想与价值，打倒旧军阀的革命军变成了新军阀，中国革命的理想与希望在哪里？鲁迅开始感到疑惑继而恐怖："血的游戏已经开头，而角色又是青年，并且有得意之色。我现在已经看不见这出戏的收场。"②

没有任何一个国家能够忍受这种长久而深重的失范，特别是中国这样一个迫切需要救赎的国家。而越是混乱的现实越是需要直接明快的理论来阐释时代。现代中国从进化论到阶级论的过渡无一例外都具有直接明快的特点。进化论是一个"相当简单的生存竞争原则或比较空泛的社会有机体观念"③。这一点鲁迅也深有体会："以史底唯物论批评文艺的书，我也曾看了一点，以为那是极直捷爽快的，有许多暧昧难解的问题，都可说明。"④ 在这个过程中鲁迅的战斗精神被极大发扬，而他寻求解决民族伦理失范的探索精神被淡化了。在五四时代新旧矛盾爆发之前，鲁迅的态度虽然倾向激进，但在立场上还是注意保持平和："而我是愿意平和的人，所以对于这问题，现在不能解答。"⑤ 又说："我们自己想活，也希望别人都活；不忍说他人的灭绝，又怕他们自己走到灭绝的路上，把我们带累了也灭绝，所以在此着急。"⑥ 随着旧派的反动和政治势力的介入，在这个日益激烈的斗争中鲁迅代表了从反对泛道德主义到高扬道德主义，从反对虚伪、陈腐、残酷的旧道德到自身扛住了黑暗闸门的富于牺牲精神的道德主义；鲁迅代表了对伦理革命的失望到伦理革命的一波未平一波又起，从打破铁屋的犹豫怀疑到对两次伦理革命带着生命的热情积极投入。而这一切都根源于启蒙与救亡的迫切任务与伦理失范的客观现实之间的矛盾。

---

① 鲁迅：《鲁迅全集》第5卷，人民文学出版社1981年版，第532页。

② 鲁迅：《鲁迅全集》第3卷，人民文学出版社1981年版，第454页。

③ 李泽厚：《中国思想史论》下册，安徽文艺出版社1999年版，第971页。

④ 鲁迅：《鲁迅全集》第11卷，人民文学出版社1981年版，第629页。

⑤ 鲁迅：《鲁迅全集》第1卷，人民文学出版社1981年版，第140页。

⑥ 同上书，第314页。

鲁迅反映了现代中国迫切需要伦理重建之时，却尴尬地处于严重的伦理失范中。不仅仅是新旧冲突，还有新旧思想以及新旧阵营的各自分裂。克服这种混乱是急迫的时代任务。最能解释中国现实和进行整个国家组织动员的理论成为首选，“直接明快”成为最为重要的理论特点。阶级斗争最终登上历史舞台，而这也就引发了伦理原则的深刻演变：从个人主义到集体主义。鲁迅改变伦理失范的努力在很长时间内效果并不明显，很大原因就在于鲁迅本人没有厘清当时社会伦理原则的演变。这需要在下文分析。

第二节　个人主义的现实选择与历史反思

新时期以来，五四运动个性解放的巨大历史功绩又被重新提起。认为五四的意义不仅仅是为政治革命准备了理论与干部，而更应该是深刻的思想解放运动。正如郁达夫所说：“五四运动的最大的成功，第一要算个人的发见。从前的人是为君而存在，为道而存在，为父母而存在的，现在的人才晓得为自我而存在了。”① 鲁迅也作为五四一代知识分子的杰出代表在个性解放的语境下屡屡被提起。尤其经历了“文化大革命”噩梦之后，知识分子真切体会到了鲁迅斗争精神的可贵和不屈人格的高贵。

一

众所周知，个人主义思想在鲁迅思想中占有重要地位。瞿秋白认为鲁迅的思想发展脉络是：“从进化论最终走到了阶级论，从进取的争求解放的个性主义进到了战斗的改造世界的集体主义。”② 鲁迅自己也说：“其实，我的意见原也一时不容易了然，因为其中本包含有许多矛盾，教我自己说，或者是人道主义与个人主义这两种思想的消长起伏罢。所以我忽而爱人，忽而憎人；做事的时候，有时确为别人，有时却为自己玩玩，有时

① 郁达夫编选：《中国新文学大系：散文二集》“导言”，上海良友图书印刷公司 1935 年版，第 5 页。

② 瞿秋白等：《红色光环下的鲁迅》，河北教育出版社 2000 年版，第 18 页。

则竟因为希望生命从速消磨，所以故意拼命的做。”[1] 在列出这个简单的相同之后，一系列的问题随之而来。何以个人主义被瞿秋白和鲁迅本人一致用来概括他的思想？个人主义思想在中国几经变迁，他们所说的个人主义又是否为同一个概念？鲁迅所认为的个人主义或者瞿秋白理解的个人主义是否就同我们今天的理解完全相同？

瞿秋白和鲁迅分别使用个人主义来概括表述鲁迅的思想，首先就是确立了鲁迅伦理思想的一个重要原则。正如我们所一再强调的那样：伦理原则是处理人与人、人与社会、社会与社会利益关系的伦理准则，是调整人们相互关系的各种道德规范要求的最基本的出发点和指导原则。伦理原则主要体现为个人与社会的伦理关系问题，所以关于伦理原则的争论与探讨也往往集中在个人与他人、个人与整体的关系问题上。如个人主义与集体主义、人道主义与功利主义等的探讨与争论也主要是围绕着人与人、人与社会的伦理关系而展开的。[2] 作为一种根本的世界观，鲁迅和瞿秋白所说的个人主义在理论上应当是一个概念，因为根本观点是只能有一个的。但是事实上鲁迅的个人主义和瞿秋白所说的并不相同。瞿秋白所说的“进取的争求解放的个性主义”，既有进步性又有局限性。他对个人主义做出了辩证的区分，这体现了瞿秋白杰出的理论水平和认识能力，也表示了他对鲁迅思想的深刻理解：“固然，这种个性主义，是一般的知识分子的资产阶级性的幻想。然而在当时的中国……为着要光明，为着要征服自然界和旧社会的盲目力量，这种发展个性，思想自由，打破传统的呼声，客观上在当时还有相当的革命意义。”[3] 我们首先要注意的是：瞿秋白首先强调个人主义的局限，它是一种资产阶级的幻想。这个强调并不是我们今天所认为的将一种“人类的普世价值”片面强调为某一特定阶级的价值观念，是一种狭隘观点。其实，瞿秋白批判个人主义比起现代中国政治革命中下意识的排斥个人主义还是要辩证很多。同时，瞿秋白批判个人主义也说明了当时他认为中国并不具备实现个人主义的条件，所以才会是一种幻想。但是，瞿秋白同时总结了个人主义的三大进步特征：发展个性，思想自由，打破传统。虽然如此，但是瞿秋白也并没有反映现代中国个人主义的

① 鲁迅：《鲁迅全集》第 11 卷，人民文学出版社 1981 年版，第 79 页。

② 倪愫襄：《伦理学导论》，武汉大学出版社 2002 年版，第 59 页。

③ 瞿秋白等：《红色光环下的鲁迅》，河北教育出版社 2000 年版，第 11 页。

全部特征。瞿秋白作为一个有理论水平的革命家，终究还是以革命为首要考虑。理论的探讨也要服从革命的大局，也绝对不会纠缠于理论细节。真正表现个人主义的复杂、庞杂的是鲁迅。

鲁迅所说个人主义的复杂之处首先在于，是一种掺杂着人道主义的个人主义。是他“忽而爱人，忽而憎人；做事的时候，有时确为别人，有时却为自己玩玩，有时则竟因为希望生命从速消磨，所以故意拼命的做”。根据他的说法，他之所以爱人、做事时为别人是因为人道主义；而憎人，为自己玩玩，希望生命从速消磨又是出于个人主义。显然瞿秋白所说的个人主义不能涵盖鲁迅的这种思想倾向。

鲁迅所说的个人主义显然也不是我们今天所理解的个人主义，倒是瞿秋白的界定更加接近我们的理解。根据英国《简明不列颠百科全书》界定说：“个人主义的价值体系可以表述为以下三种主张：一是价值均以人为中心，即一切价值都是由人体验着的；个人本身就是目的，具有最高价值，社会只是达到个人目的的手段；一切个人在某种意义上说道义上是平等的。”① 在大多数西方学者看来，对个人主义主要应赋予它积极的、肯定的意义，认为个人主义作为一种普遍的意识形态其消极作用不带有普遍性。这个解释与瞿秋白总结的三个特征具有很大部分的重合。但是，何以瞿秋白将这种个人主义指为“幻想”并且还是“资产阶级”的？显而易见，这是因为个人主义伦理观念与中国革命实际相冲突。在中国革命中，个人不可能代表一切价值，鲁迅在多个场合感叹“乱离人不如太平犬”，显然就是说明了乱世中个体的脆弱；“一切个人在某种意义上说道义上是平等的”，这也不可能实行，即便在道义上。对敌人如何平等？在斗争处于较低级别的冲突时当然可以克制斗争的残酷，但是鲁迅在《论“费厄泼赖”应该缓行》中说得明白，对于残酷反扑的敌人并没有平等可言，对敌人平等就是给一条落水狗再咬自己一口的机会。道德是双方的，人与人之间的、人与疯狗之间并没有伦理道德可以顾虑。这就是革命的现实逻辑，并且因为鲜血换来的经验为革命者深信不疑。就是在革命阵营内部，王实味在他著名的《野百合花》中虽然指摘了革命内部的许多问题但也不奢求一种完完全全的平等，更是在希望得到平等的批评权利时遭到严厉制裁；在个人与社会的冲突中，要以社会为手段而以个人为目的，这在现

---

① 倪愫襄：《伦理学导论》，武汉大学出版社 2002 年版，第 60 页。

代中国更加不可能。在阶级矛盾和民族矛盾不断激化的残酷现实中，个人是如此脆弱——“杀人如草不闻声”，个人根本无法凌驾超越社会承载起终极价值，正如鲁迅所说“世界决不和我同死，希望是在于将来的”。[①]民族的生存是高过一切的价值。可见，在斗争的最初，瞿秋白能够认可个人主义的价值，但在现代中国的时代语境下，在革命与反革命你死我活的斗争中，个人主义是脆弱的、流于幻想的。西方资产阶级学者的言论在瞿秋白看来完全是梦呓。那么作为瞿秋白阐释对象的鲁迅，又会怎么看待这个问题？

事实上，鲁迅与五四的关系并不像很多人想象的那么简单。五四的典型代表是胡适和陈独秀，而不是鲁迅。五四运动的最大功绩在今天看来的确是个性解放的确立。曾经主流的观点，即五四为中国政治革命准备了思想与干部的认识不再被强调。但是鲁迅与上述两种轨迹都不完全相同，体现了更加细微和丰富的个人特色。鲁迅反映的是这个运动另一种运行轨迹。正如李泽厚所说：

> 胡适说过：“世界上最强有力的人就是那个最孤立的人，”但自称为“不可救药的乐观主义者”的肤浅的胡适并不理解这句话。只有鲁迅，才真正身体力行地窥见了、探求了、呈现了这种强有力的孤独。[②]

李泽厚揭示的鲁迅这种深刻孤独耐人寻味，而揭示这种孤独的成因以及在随后现实发展中的变迁更加富有历史意味。

二

通过总结，我们可以发现：鲁迅的个人主义思想极为复杂，呈现五个不同的甚至是矛盾的方面。第一种是反映了五四时代个性解放的、基本形态的个人主义。第二种是“个人的自大”的个人主义。第三种是利己主义。第四种是中国传统中的狂狷的、天马行空的精神自由的个人主义。第

① 鲁迅：《鲁迅全集》第4卷，人民文学出版社1981年版，第185页。

② 李泽厚：《中国思想史论》下册，安徽文艺出版社1999年版，第932页。

五种是受到伤害以后对社会复仇的个人主义。

第一，作为主权的、自我的个人主义。这种个人主义来源于西方的个人自由、平等等观念。在西方“天赋人权”等一系列观念影响下意识到个人的权利应当受到保护，不应受到肆意侵犯。也就是在《伤逝》中子君所说的：“我是我自己的，他们谁也没有干涉我的权利！”① 更为学理的说法就是这种个人主义是保持权利、义务均衡的一种个性解放的思想。这种主张既规定了个体的权利，也规定了个体的义务，并不同于有些人误解的自私自利利己主义。不但是要维护个体的权益，更要维护弱小个体的权益：“对于子女，义务思想须加多，而权力思想却大可切实核减。”② “解放”一词主要就是指被压迫者从被奴役地位摆脱出来，获得应有的权益。五四“个性解放”运动正是在批判旧道德的伦理激情中呼吁解放受到压迫最深重的、最没有自我保护能力的、最能代表未来希望的幼者、弱者。这不但是一个道德的、伦理的过程，也是一个社会发展的现实过程。正如王富仁所说：

> 这时，以“幼者”为本位，以青年为本位，便构成了现代社会意识观念的一个重要内容。它是以承认社会思想、社会伦理道德发展变化的规律为前提的。鲁迅在进化论思想的作用下形成的以“幼者”为本位、以青年为本位、青年必胜于老年的思想，尽管还有一些不够精确的地方，但在总体上却是反映着现代社会思想特征的，是与封建传统的以“老者”为本位的思想尖锐对立的……我们看到，《呐喊》和《彷徨》的所有悲剧作品，都呈现着“社会”与“个人”的对立，“个人”被整个“社会”吃掉是其基本结构方式。以个人的基本生存权利和思想个性向不承认这种生存权和独立意志的社会进行控诉和抗争，是所有这些悲剧的根本内容。③

可见，鲁迅要求的这种个人主义是一种建立在现代社会基础上的时代

① 鲁迅：《鲁迅全集》第2卷，人民文学出版社1981年版，第112页。

② 鲁迅：《鲁迅全集》第1卷，人民文学出版社1981年版，第132页。

③ 王富仁：《〈呐喊〉〈彷徨〉综论》，转引自汪晖、钱理群等《鲁迅研究的历史批判——论鲁迅（二）》，河北教育出版社2000年版，第210页。

思想。但是，正如瞿秋白所注意到的客观事实：中国社会存在明显的前现代性。这是现代中国传播、接受、实践个人主义伦理观念时难以克服的根本困境。

第二，个人自大的个人主义，其实是一种个人英雄主义。鲁迅在五四时期曾经充满热情地说道："'个人的自大'，就是独异，是对庸众宣战。除精神病学上的夸大狂外，这种自大的人，大抵有几分天才……他们必定自己觉得思想见识高出庸众之上，又为庸众所不懂，所以愤世疾俗，渐渐变成厌世家，或'国民之敌'。但一切新思想，多从他们出来，政治上宗教上道德上的改革，也从他们发端。所以多有这'个人的自大'的国民，真是多福气！多幸运！"① 这种个人主义、个人英雄主义其实更多的是五四启蒙者在孤独、孤立的环境下的自我精神鼓舞，就像鲁迅、胡适等人不断以易卜生笔下的国民公敌自比、自勉一样。

第三，被误解为自私自利的利己主义的个人主义。正如鲁迅在《文化偏至论》中所说，将个人主义误解为利己主义的现象在个人主义一传入中国的时候就已经存在。有意味的是，个人主义这层被误解的含义在鲁迅思想中也有体现，特别是在鲁迅遭遇到挫折和背叛的时候。但是，这种个人主义随后往往伴有鲁迅的自我修正与批判。"我愤激的话多，有时几乎说：'宁我负人，毋人负我'"。② "然而自己也往往觉得太过，实行上或者且正与所说的相反。"也就在这一封信中，鲁迅和许广平商量今后怎么生活，列出的第一项选择就是："死了心，积几文钱，将来什么事都不做，顾自己苦苦过活。"③ 鲁迅这种具有利己主义色彩的个人主义，虽然主张利己甚至是单纯利己，但不是一种主观的愿望，而是客观上被现实所迫。虽然如此，这种走向偏颇的个人主义同时又受到鲁迅自己的检讨。

第四，在传统文化影响下的狂狷的、天马行空的、精神自由的个人主义。鲁迅这种个人主义既有魏晋风度中狂狷一面，也体现了庄子天马行空的精神自由。鲁迅在《魏晋风度及药及酒的关系》中将士人的苦闷，特别是在乱世中的苦闷，说得极明白。鲁迅揭示了他们内心"死便埋我""生死由命"的惨然与豁达，而他们之所以"轻生乐死，抛富弃贵"，却

---

① 鲁迅：《鲁迅全集》第1卷，人民文学出版社1981年版，第331页。

② 鲁迅：《鲁迅全集》第11卷，人民文学出版社1981年版，第198页。

③ 同上书，第200页。

实在是在政治高压之下的无奈之举。但同时却在这种压力下强力反弹，反而获得了精神的自由和人格的飞扬。鲁迅之所以在“清党”后的背景下写这个题目，就是感受到了古今贯通的这种压制带来的窒息与潜意识中的反抗冲动：

> 古之嵇康，在柳树下打铁，钟会来看他，他不客气，问道：“何所闻而来，何所见而去？”于是得罪了钟文人，后来被他在司马懿面前搬是非，送命了。所以你无论遇见谁，应该赶紧打拱作揖，让坐献茶，连称“久仰久仰”才是。这自然也许未必全无好处，但做文人做到这地步，不是很有些近乎婊子了么？①

这种古典意义的、个人精神自由的个人主义，还在历代的时代思想中得到加强，例如对汉代“清流”进行反驳与矫正的尚“通脱”的时代思想：“个人这样闹闹脾气还不要紧，若治国平天下也这样闹起执拗的脾气来，那还成甚么话？所以深知此弊的曹操要起来反对这种习气，力倡通脱。通脱即随便之意。此种提倡影响到文坛，便产生多量想说甚么便说甚么的文章。”② 庄子汪洋恣肆、天马行空的精神自由对于鲁迅来说是重要的古典精神资源。鲁迅自述中了庄周的毒素，文章、性格里时时透出时而峻急、时而随便的起伏。所以鲁迅的个人主义既有在传统中接受的坚硬一面，也有柔软、飞扬的一面。同时，由于政治高压造成的“几乎无事的悲哀”也不可避免地造成了士人生命的磨损，这种以透支生命为代价的个人主义也在鲁迅内心深处居于重要地位。

第五，鲁迅的个人主义还有一种奇诡的形态，就是出于服务社会的意愿却遭到社会的伤害，从而仇视、报复社会的个人主义。鲁迅在书信中自诉：“我先前何尝不出于自愿，在生活的路上，将血一滴一滴地滴过去，以饲别人，虽自觉渐渐瘦弱，也以为快活。而现在呢，人们笑我瘦弱了，连饮过我的血的人，也来嘲笑我的瘦弱了……他们的这种办法，是太过的。我近来的渐渐倾向个人主义，就是为此……但这是我的意思，至于行

---

① 鲁迅：《鲁迅全集》第 6 卷，人民文学出版社 1981 年版，第 336 页。

② 鲁迅：《鲁迅全集》第 3 卷，人民文学出版社 1981 年版，第 503 页。

为，和这矛盾的还很多，所以终于是言行不一致。”[①] 而小说中工人绥惠略夫的遭遇也带给鲁迅深切的同感：“要救群众，而反被群众所迫害，终至于而成了单身，忿激之余，一转而仇视一切，无论对谁都开枪，自己也归于毁灭。”[②] 这显然是一种偏激的态度，同时也受到鲁迅的反思与检讨，自认为是知识分子缺乏耐心和韧性的表现，鲁迅也多次提倡以“韧的战斗”来克服类似的倾向。但是，在鲁迅常常遇到的令人气闷的境遇中，这种调节与克服也难以掩盖这种与社会不合作甚至对社会有敌意的个人主义。

当然，这五种区分也并不能就完全代表鲁迅个人主义思想中的所有方面。因为在鲁迅的思想中还有一些因素兼有的个人主义。“但我从别国里窃得火来，本意却在煮自己的肉的，以为倘能味道较好，庶几在咬嚼者那一面也得到较多的好处，我也较不枉费了身躯：出发点全是个人主义。并且还夹杂着小市民性的奢华。”[③] 这里有进取的个人主义，也有利己的个人主义，还有激愤的个人主义，掺杂在一起。

三

鲁迅个人主义的多个层面内容庞杂而矛盾，而更为复杂的是这些个人主义的各个侧面都在现实中遭遇不同程度的挫折，这更加加剧了个人主义的复杂程度，鲁迅的个人主义思想也要在挫折之后的反思中重新梳理。

作为主权的自我的个人主义在现代中国的命运，在鲁迅看来并不乐观：“要适如其分，发展各各的个性，这时候还未到来，也料不定将来究竟可有这样的时候。”[④] 子君不必说了，因为实践了“我是我自己的”的信条，结果失掉了宝贵的生命。所以鲁迅在头发的故事里表达了相同的悲观观点。认为因为剪发而被开除的女学生应该“仍然留起，嫁给人家做媳妇去：忘却了一切还是幸福，倘使伊记着些平等自由的话，便要苦痛一生世！”[⑤] 并且，真正的权利义务思想是一种社会契约，真正固定下来要依

① 鲁迅：《鲁迅全集》第 11 卷，人民文学出版社 1981 年版，第 249 页。

② 同上书，第 20 页。

③ 鲁迅：《鲁迅全集》第 10 卷，人民文学出版社 1981 年版，第 308 页。

④ 鲁迅：《鲁迅全集》第 11 卷，人民文学出版社 1981 年版，第 20 页。

⑤ 鲁迅：《鲁迅全集》第 2 卷，人民文学出版社 1981 年版，第 265 页。

靠一套法律体系。而在鲁迅看来，并不存在这样一种法律体系。这种个人主义也仅仅是一种社会舆论和观念而已，非常脆弱。可见，这种个人主义不被旧社会允许，也不被革命提倡，更不被社会体制所支持。

个人自大的个人主义更是鲁迅理念的产物，在五四时代，就是鲁迅自己也很容易发现其中的缺陷。作为自我激励还有其自身价值，但是作为公开的号召就捉襟见肘。当有读者深怪鲁迅一笔抹杀了民国以来许多将性命去殉他主义的人时，鲁迅也只好回答说："这话也是真的……自然也有过几个人的。然而与中国历史，仍不相干。因为历史结帐，不能像数学一般精密，写下许多小数，却只能学粗人算帐的四舍五入法门，记一笔整数。"① 这也就等于变相地承认了"个人的自大"在历史中发挥不了大的作用。

而与利己主义等同的个人主义，早在日本留学时就是鲁迅反对和清理的对象。鲁迅对此有生动的描述："个人一语，入中国未三四年，号称识时之士，多引以为大诟，苟被其谥，与民贼同。意者未遑深知明察，而迷误为害人利己之义也欤？夷考其实，至不然矣。"② 但是，在鲁迅的时代这却是普遍存在的一种社会思想。一方面鲁迅被指责为这种利己主义者，鲁迅同时被右翼和左翼知识分子攻击："创造社，太阳社，'正人君子'们的新月社中人，都说我不好，连并不标榜文派的现在多升为作家或教授的先生们，那时的文字里，也得时常暗暗地奚落我几句，以表示他们的高明。"③ 而这些攻击的重点就是鲁迅的个人主义：创造社的武器是阶级论，正人君子则是暗讽鲁迅的杂文写作并非出于爱国而是出于个人动机。王平陵作了《最通的文艺》来讽刺鲁迅："假使，仅仅是为着个人的出路，故意制造一块容易招摇的金字商标，以资号召而已。那么，我就看不出先生们的苦心孤诣，比到被你们所不耻的第三种人，以及民族主义文艺者，究竟是高多少。"④ 鲁迅也自觉到这种利己主义对革命的危害，时时提醒自己，也提醒左翼文艺青年防止这种倾向：

---

① 鲁迅：《鲁迅全集》第1卷，人民文学出版社1981年版，第355页。

② 同上书，第50页。

③ 鲁迅：《鲁迅全集》第4卷，人民文学出版社1981年版，第4页。

④ 鲁迅：《鲁迅全集》第5卷，人民文学出版社1981年版，第21页。

而无产文学者呢，他已经在文坛上有个小地位，稿子已经卖得出去了，不必再斗争，批评家也唱着凯旋歌："无产文学胜利！"但除了个人的胜利，即以无产文学而论，究竟胜利了多少？①

可见，在这一点上，论战的各方都极为敏感。一旦被指为个人主义者，就难与自私自利者区别开来，就会站在民族救亡的对立面。自私自利在民族解放的事业中成为一种最为致命的毒素。当个人主义解释不清或者时代发展根本无意理会这种解释时，个人主义在中国的命运就已经被注定。

而古典意义的、表现出狂狷与天马行空精神自由的个人主义，在中国的前途自然更不乐观。虽然嵇康对鲁迅有很大影响，但是鲁迅以为并不能邯郸学步地效仿魏晋风度那种随性。嵇康所代表的魏晋风度即便在封建时代也是和社会发生冲突的一种态度，更何况在鲁迅的时代需要贯彻启蒙任务的时刻。这种狂狷与精神自由也常常表现为精神上与道德上的洁癖，导致鲁迅与同阵营的友人发生冲突。例如鲁迅与胡适、林语堂、周作人等人的冲突，虽然观点的冲突是争执的最大原因，并且这些争执也都有实际的、切实的事由，但是不能否认鲁迅狂狷的态度起了推波助澜的作用。

从鲁迅个人主义几个方面所遭受的挫折来看，其实反映的是背后社会现实的冲突。鲁迅个性解放的个人主义的瓦解，说明了民主主义革命的困境。而鲁迅对利己主义的批判，站在民族解放的集体主义立场上，其不可置疑的现实力量与道德力量也昭示了社会主义革命的兴起。鲁迅其他方面受到伤害主张报复社会的个人主义、古典精神的个人主义、个人自大的极端个人主义都更具鲁迅个人气质与特征，反映了时代的深度与广度，却不代表时代的发展趋势。真正反映了历史趋势的是前两种个人主义。也就是说，鲁迅的伦理主张更深层地反映了政治革命的更迭。

在这样的背景下，似乎鲁迅的选择应该变得简单：弃旧从新。从理论上看，五四"个性解放"的主张遭到全面挫折；从社会现实来看，社会生活的中心也转移到以阶级对抗上面，试图以阶级对抗来解决民族内外的矛盾实现国家救亡与独立，这个运动在伦理上和政治上反对无组织无纪律的自由主义和自私自利的个人主义。既然如此，鲁迅是不是应该立刻投入

① 鲁迅：《鲁迅全集》第4卷，人民文学出版社1981年版，第235—236页。

新的时代潮流？在论战与社会冲突的推动下，鲁迅试图廓清这种混乱，开始集中思考个人价值与集体利益之间的冲突。鲁迅首先反映了个人主义的内在危机，主要是面对利己主义的鱼目混珠，个人主义的真正面貌含混不清，鲁迅最初试图通过对利己主义的批判，从而达到建立真正个人主义的目的。但是，在无法分清个人主义和利己主义的时代背景下，鲁迅的努力反而在客观上论证了个人主义的天然的自私自利特征。其次，鲁迅反映了个人主义遭遇的时代危机，在集体救亡与阶级斗争的时代背景下，集体与大众，无论在道德上还是在现实力量上都是至为重要的。

鲁迅首先反映了利己主义大行其道严重影响了个人主义正面价值的确立。出于对个人主义价值的信仰和留恋，鲁迅首先对将个人主义与利己主义混同表示不满："但中国却有此例，竟会将个性，共同的人性（即林氏之所谓个人性），个人主义即利己主义混为一谈，来加以自以为唯物史观底申斥，倘再有人据此来论唯物史观，那真是糟糕透顶了。"[①] 鲁迅同时批判了革命阵营内部将艺术手法上纲上线，将个人主义加以批判的武断做法："在现在的中国恐怕大抵要认为作者在报个人的私仇——叫作'个人主义'，有破坏'联合战线'之罪，从此很不容易做人。"[②] 这里，个人主义成了打人的棍子。鲁迅更加揭露了社会上存在的借着反对个人主义的旗号以实现个人利己主义目标的怪异现象："现在东北四省失掉了，你漫不管，只嚷你自己的大衫，你这利己主义者，你这猪猡！"[③] 利己主义者巧取豪夺别人的财产，所用的名目也是在民族危机下反对利己主义。这不但是赤裸裸的厚颜无耻、道德堕落，同时也是个人主义无法与利己主义区分开来的时代尴尬。而现实的发展将利己主义的危害在民族救亡的背景下空前放大，在鲁迅看来，将个人主义弄得乌黑一团的主要是利己主义无耻的、庸俗的鱼目混珠。

这种利己主义在社会上广泛存在。鲁迅在《理水》中生动地描写了这个场景：灾民们要推选面见视察水灾官员的代表，而"下民的代表，是四天以前就在开始推举的，然而谁也不肯去，说是一向没有见过官"。于是，"大家把他围起来，连日连夜的责以大义，说他不顾公益，是利己的

① 鲁迅：《鲁迅全集》第1卷，人民文学出版社1981年版，第126—127页。

② 鲁迅：《鲁迅全集》第6卷，人民文学出版社1981年版，第519页。

③ 同上书，第595页。

个人主义者，将为华夏所不容；激烈点的，还至于捏起拳头，伸在他的鼻子跟前，要他负这回的水灾的责任。”① 而利己主义弄到最后必然的结果就是要亡国亡家：“凡有老旧的调子，一到有一个时候，是都应该唱完的，凡是有良心，有觉悟的人，到一个时候，自然知道老调子不该再唱，将它抛弃。但是，一般以自己为中心的人们，却决不肯以民众为主体，而专图自己的便利，总是三翻四复的唱不完。于是，自己的老调子固然唱不完，而国家却已被唱完了。”② 从革命角度看到的个人主义是一种与国家利益对抗的单纯利己的个人主义，一种在国家救亡高于一切的年代里被放大缺点的个人主义，甚至是国家灭亡的直接原因。个人主义最常与利己主义混淆，利己者一面用好看的招牌掩盖自己的目的，使人们痛恨。另一方面却也用利己主义当棍子到处打人。针对上述的情况，鲁迅也忍不住斥责个人主义者。在时代的瓜田李下的背景下，个人主义已经无法真正与利己主义分清楚。这样的个人主义也在中国走到了末路。

鲁迅批判利己主义对个人主义的扭曲是一个方面，也是鲁迅着力最重的一个方面。但是，不但他对利己主义的批判成为了反对真正的个人主义的注脚，即便是健全的个人主义也在当时的时代下失去了存在的空间。鲁迅也注意到了利己主义对革命的危害，更加具体地批判了个人主义者对于革命的危害：“我在这里要指出貌似彻底的革命者，而其实是极不革命或有害革命的个人主义的论客来”③。不但如此，鲁迅更在个人主义与集体主义的对比中，鲜明地表现出集体主义倾向：“梁实秋先生们虽然很讨厌多数，但多数的力量是伟大，要紧的，有志于改革者倘不深知民众的心，设法利导，改进，则无论怎样的高文宏议，浪漫古典，都和他们无干，仅止于几个人在书房中互相叹赏，得些自己满足。”④ 鲁迅在这里认为，即便是发展充分的个人主义，也对于国家没有帮助。并且，鲁迅也有意无意地扭曲了个人主义的内容，将之称为“仅止于几个人在书房中互相叹赏，得些自己满足。”这也在一定程度上表示了对个人主义的疏离。

面对个人主义的自身困境以及时代救亡集体利益至上的外部要求，鲁

---

① 鲁迅：《鲁迅全集》第 2 卷，人民文学出版社 1981 年版，第 77 页。

② 鲁迅：《鲁迅全集》第 7 卷，人民文学出版社 1981 年版，第 309 页。

③ 鲁迅：《鲁迅全集》第 4 卷，人民文学出版社 1981 年版，第 227 页。

④ 同上书，第 223 页。

迅还是修正他的个人主义思想，做出让步以求得个人主义与集体主义的共存。鲁迅一方面作自我批判，反思自己个人主义中消极因素："而且我时时说些自己的事情，怎样地在'碰壁'，怎样地在做蜗牛，好像全世界的苦恼，萃于一身，在替大众受罪似的：也正是中产的智识阶级分子的坏脾气。"① 进一步来澄清自己的思想："我大约也还是一个破落户，不过思想较新，也时常想到别人和将来，因此也比较的不十分自私自利而已。"② 一方面反驳以对自己的批评表明自己的立场："对于为了远大的目的，并非因个人之利而攻击我者，无论用怎样的方法，我全都没齿无怨言。"③ 甚至解释说他与革命阵营中人的冲突也在为公的一面，不在私人争斗的一面："例如我和茅盾，郭沫若两位，或相识，或未尝一面，或未冲突，或曾用笔墨相讥，但大战斗却都为着同一的目标，决不日夜记着个人的恩怨……"④

面对种种关于个人主义的误解与混乱，鲁迅一面廓清，另一面却也颇感踌躇："现在做人，似乎只能随时随手做点有益于人之事，倘其不能，就做些利己不损人之事，又不能，则做些损人利己之事。只有损人不利己的事，我是反对的，如强盗之放火是也。"⑤

可见，鲁迅个人主义思想经历了两层分裂，一层是鲁迅的个人主义思想表现为不同的形式，这本身就是一种分裂。另一层是这些各不相同，甚至还存在矛盾的个人主义在中国现实中全部都遭遇到了挫折，这表现了个人主义因为缺乏经济的、政治的、文化的基础遭遇到内外交困的窘境。这是鲁迅与周作人、沈从文、钱锺书等自由主义作者在个人主义思想上的重要分别。而鲁迅在经历了两次分裂之后仍然保持了内心深处对于个人主义的坚持。鲁迅的分裂表现了两次伦理革命的转变，是五四运动个性解放的思想革命在实现对辛亥革命后政治革命的短暂超越之后，对更加深刻的政治革命的服从，具体表现就是个人主义对集体主义伦理原则的服从。但鲁迅同时记录了两次伦理革命中流失的信息。在高扬革命的时代，鲁迅从个人主义到集体主义的转变被广为宣传，而他对个人主义的坚持却很少有人

① 鲁迅：《鲁迅全集》第 4 卷，人民文学出版社 1981 年版，第 191 页。

② 鲁迅：《鲁迅全集》第 13 卷，人民文学出版社 1981 年版，第 196 页。

③ 鲁迅：《鲁迅全集》第 4 卷，人民文学出版社 1981 年版，第 184 页。

④ 鲁迅：《鲁迅全集》第 6 卷，人民文学出版社 1981 年版，第 537 页。

⑤ 鲁迅：《鲁迅全集》第 12 卷，人民文学出版社 1981 年版，第 184 页。

谈，瞿秋白就算是最为明显的代表了。在今天个性解放的时代，鲁迅的坚持又被重新注意，但是鲁迅的转变则又被有意无意地忽略。这都不是科学的态度。这也从另一个方面说明命名与定义鲁迅的困难。

在革命中，包括瞿秋白在内的革命者并没有单纯地否定个人主义，相反肯定了鲁迅坚持个性解放的积极意义。但是，斗争日益尖锐化之后，由于斗争的实际而否定个人主义，实际上并没有作为一种价值来否定。主要是因为个人主义的各项特征无法在中国社会实现。这方面个人主义显然不如集体主义拥有伦理魅力和现实能力。但是，鲁迅也将显示，在疏离被中国语境笼罩的乌烟瘴气的个人主义之后，集体主义也并不是完美的选择。

第三节　集体主义的必然与困惑

对个人主义的分析表明：个人主义在现代中国既有伦理价值，又有现实价值。具体表现在，它主张将个人从封建宗法伦理的残酷束缚中解放出来；同时也希望通过“立人”将沙聚之邦塑造成“人国”。但是要真正实现“以社会为手段，以个人作为目的”的个人主义，需要一系列的经济、政治、文化条件，这在现代中国基本都不具备。所以鲁迅的个人主义在经济基础和意识形态上被瞿秋白称为“资产阶级的幻想”。不但如此，鲁迅发现在现代中国语境下国民性的低劣使得个人主义不能与利己主义有效区分，从而成为民族解放的毒素。为着要实现民族救亡，集体主义是必然的选择。鲁迅也将从统治阶级的道德堕落与残忍来论证大众反抗压迫的合理性以及阶级斗争的伦理的合理性和历史的、现实的必然性。但是，鲁迅在近距离地接触集体主义之后，早期的关于集体主义的负面记忆开始复活：“合群的自大”和“多数暴政”。鲁迅反抗一切形态奴役的思想立场，促使他对集体主义进一步反思。

一

瞿秋白确立了经典的鲁迅研究范式，最为杰出之处在于他确立了鲁迅伦理思想的起点和顶点，树立了鲁迅思想的伦理原则，即“从进取的争求解放的个人主义进到了战斗的改造世界的集体主义”的发展方向。瞿秋白的鲁迅论较之毛泽东的鲁迅论更加准确而丰富，不但体现出鲁迅思想的发展变化，也准确而精当地运用了伦理学的概念。

瞿秋白的界定对鲁迅个人思想发展来说至关重要，对现代中国伦理思想的变迁同样至关重要。因为这种伦理原则的确立，规定着现实生活与革命中一切具体的伦理行为。伦理原则也称为伦理的基本原则或根本原则。它是处理人与人、人与社会、社会与社会利益关系的伦理准则，是调整人们相互关系的各种道德规范要求的出发点和指导原则。伦理原则是制定道德规范、道德要求的依据，一定的道德规范、准则都必须与伦理原则相符合，同时，伦理原则又为道德具体要求提供指导与方向。由于社会伦理关系表现为各个方面的关系，因此对不同的伦理关系应有相应的伦理原则。但由于一个社会的伦理原则是该社会的统治阶级极力倡导的道德根本准则，是一定社会道德最集中的反映，而在社会道德中，伦理原则重要表现为个人与社会的伦理关系问题，所以伦理原则的争论与探讨也往往集中在个人与他人、个人与整体的关系问题上。如个人主义与集体主义、人道主义与功利主义等的探讨与争论也主要是围绕着人与人、人与社会的伦理关系而展开的。①

正是在这个意义上，毛泽东则高度赞扬鲁迅的集体属性："鲁迅的方向，就是中华民族新文化的方向。"而鲁迅自己也下意识地从大众与民族的角度出发来判断人物和事件："太炎先生虽先前也以革命家现身，后来却退居于宁静的学者，用自己所手造的和别人所帮造的墙，和时代隔绝了……和高尔基的生受崇敬，死备哀荣，截然两样的。我以为两人遭遇的所以不同，其原因乃在高尔基先前的理想，后来都成为事实，他的一身，就是大众的一体，喜怒哀乐，无不相通。"②

集体主义在很长时间以来都是中国人惯常的生活方式，甚至我们自己都在这种习惯中忘记了有任何不妥之处，一些来自西方世界的观察者记录下集体思想在中国的深刻影响：

我屡次发现：共产党员能够说出一切在青年时代所发生的事情，但只要他和红军一接触之后，他就把自己丢开了。如果你不重复地问他，你不会听见任何关于他自己的事情的。他们能够无限制地谈论每

① 倪愫襄：《伦理学导论》，武汉大学出版社2002年版，第59页。

② 鲁迅：《鲁迅全集》第6卷，人民文学出版社1981年版，第546页。

次战斗的日期和情形，以及几百几千个曾经来往过，而从未听见说过的地方；但这些事情好像只集体地对他们有意义。不是因为当做个人的他们，在那里做成了历史，而只是因为他们的红军到过了那里。在这红军后面，有一种意识形态的整个的有机的力量，而为着这种意识形态，他们是在斗争着。①

在这种只有集体没有个人的意识形态下，鲁迅的个人主义思想注定要受到批判。而这种批判在压抑个人的方向上越走远远，最终造成了严重的后果："不能否认，以往我们受'左'的思想的影响，在集体主义原则的论争和宣传上，片面地强调了集体利益的'至上性'，忽视甚至否定了个人利益的合理性，导致了集体利益与个人利益的绝对对立。"② 正是在这种反思下，五四"个性解放"的主张重新得到重视，而鲁迅的复杂性也重新得到认识。他追求个性解放的一面重新得到强调。但是，他的这种从个人主义到集体主义又回到个人主义跷跷板一样的思想摇摆，却没有得到很好的梳理。这不单是因为缺少像瞿秋白那样卓越的理论家和天才的评论家，当代社会伦理规范的剧烈摇摆也是一个重要方面。而对鲁迅伦理原则的嬗变进行梳理，则可以在很大程度上反映出今天社会的一些类似问题。

瞿秋白天才地把握住了鲁迅思想原则的发展，并不是随意地加在鲁迅身上一些含混的名目，而是掌握住了"从个性解放到民族解放"的演变过程。这个过程是至关重要的。同样，在个人主义向集体主义的转变中，鲁迅要求看到演变的轨迹："在这里，是屹然站着一个个人主义者，遥望着集团主义的大纛，但在'重上征途'之前，我没有发见其间的桥梁。"③

而瞿秋白对鲁迅思想原则发展的叙述较为详尽，但是却仍存在一些细微的问题。一方面瞿秋白的论述确实是杰出的概括，但同时也封闭和僵化了鲁迅的思想，否定了鲁迅思想继续发展的可能，毕竟是一种对鲁迅思想简单化的处理。例如，他首先对鲁迅与创造社的争论采取了淡化处理的方式，继而认为转变后的鲁迅应该与过去的思想基础彻底告别："这是已经

① 李泽厚：《中国思想史论》下册，安徽文艺出版社1999年版，第851页。

② 倪愫襄：《伦理学导论》，武汉大学出版社2002年版，第90页。

③ 鲁迅：《鲁迅全集》第4卷，人民文学出版社1981年版，第146页。

过去的问题了，也应当是过去的了”。[1] 这样就放大了鲁迅思想前后相继的线性发展的过程，而忽视了鲁迅思想立体性。当然，如上所述瞿秋白的论述主要是时代因素造成，这种简单明快为革命所迫切要求。但在认识方法上，这种简单明快极为有害。那么具体梳理鲁迅带有个人主义倾向的集体主义的形成原因与特点，就显得极为必要。通过分析可以看到，鲁迅由个人主义倾向集体主义大致有以下内外原因。

第一，时代发展开始重视大众的力量。第一次世界大战中，中国劳工参加了协约国作战的后勤辅助工作，从而使一直被动挨打的中国跻身战胜国的行列。从而“劳工神圣”的口号此起彼伏。而孙中山也开始号召“扶助农工”；农民运动的蓬勃发展也使工农大众的地位日益提高，鲁迅当然也会注意到这个明显的事实：“现在则已是大时代，动摇的时代，转换的时代，中国以外，阶级的对立大抵已经十分锐利化，农工大众日日显得着重，倘要将自己从没落救出，当然应该向他们去了。”[2] 不但如此，集体主义意味着巨大的生产力。集体主义作为一种思想原则，背后代表的是一种集体主义经济体制，这是马克思主义经济基础决定上层建筑的根本观点。但当时的中国理论界往往就理论问题争论，而相对忽视了理论问题反映的经济基础。而哈耶克尖锐地指出了左翼知识分子鲜明的道德倾向掩盖了道德选择背后代表的经济组织方式的途径问题：“也许更好的是，把那些能应用于多种多样的目标的方法称为集体主义，并把社会主义视为这个类属中的一个种类”，而“社会主义意味着废除私有企业，废除生产资料私有制，创造一种‘计划经济’体制，在这个体制中，中央的计划机构取代了为了利润而工作的企业家”[3]。但是，在鲁迅的时代，这种公有制带来的巨大生产力具有巨大的诱惑，而公有制的深层矛盾还没有表现出来。鲁迅之所以能够通过苏联增强集体主义的信心，正是因为在那里工农地位的提高造就了令人震惊的生产力。“政治和经济的事，我是外行，但看去年苏联煤油和麦子的输出，竟弄得资本主义文明国的人们那么骇怕的事实，却将我多年的疑团消释了。我想：假装面子的国度和专会杀人的人

① 瞿秋白等：《红色光环下的鲁迅》，河北教育出版社 2000 年版，第 21 页。

② 鲁迅：《鲁迅全集》第 4 卷，人民文学出版社 1981 年版，第 63 页。

③ ［英］弗里德里希·奥古斯特·哈耶克：《通往奴役之路》，王明毅、冯兴元等译，中国社会科学出版社 1997 年版，第 37—38 页。

民，是决不会有这么巨大的生产力的，可见那些讽刺画倒是无耻的欺骗。”① 消除鲁迅对苏联多年疑虑的正是这种生产力，而这种感觉也并非鲁迅一人独有，对苏联有好感在当时知识界是普遍现象。根据罗志田的研究胡适直到第二次世界大战后的雅尔塔会议才看到美苏瓜分势力范围的现实，并最终打消了对苏联的幻想。

当然，鲁迅也不会忽略掉知识分子惯常的从道德上判断这种制度和伦理原则：“将‘宗教，家庭，财产，祖国，礼教……一切神圣不可侵犯’的东西，都像粪一般抛掉，而一个簇新的，真正空前的社会制度从地狱底里涌现而出，几万万的群众自己做了支配自己命运的人。”②

鲁迅的集体主义不只受到苏联现实的影响，也有苏联文艺政策的重要影响。鲁迅在翻译普列汉诺夫的《艺术论》时，就通过共产国际的刊物《国际通讯》了解了普列汉诺夫的一生功过。首要的一条就是：

> 从一九〇三年至一九一七年的蒲力汗诺夫，生了几回大动摇，倒是总和革命底的马克斯主义违反，并且走向门塞维克去了。惹起他违反革命底的马克斯主义的诸问题，大抵是什么呢？
>
> 首先，是对于农民层的革命底的可能力的过少评价。蒲力汗诺夫在对于民意党人的有害方面的斗争中，竟看不见农民层的种种革命底的努力了。③

脱离大众，就意味着违反了马克思主义，走向了反动。苏联作为中国革命的模板，它的今天很可能就是中国的明天，这不能不引起鲁迅的震动。

第二，左翼文学运动对鲁迅转向集体主义产生了重要影响。左翼好像进行了默契的分工：钱杏邨撰文对鲁迅的个人主义进行猛烈的攻击，而冯雪峰则对鲁迅进行委婉的规劝。钱杏邨认为：“他始终是一个个人主义者。他是倔强。这可以看引文，他只要有饭吃，他是不怕什么的。还可以谈谈几国的文学，续钞《小说旧文钞》，‘因为我喜欢’。他的心目中，何

---

① 鲁迅：《鲁迅全集》第 4 卷，人民文学出版社 1981 年版，第 424 页。

② 同上书，第 426 页。

③ 同上书，第 260 页。

曾有群众，除去‘趣味’与‘幽默’而外，他又何曾看到什么是文学的使命？一个个人主义的享乐者。革命的态度是这样的么？革命的态度是这样的么？革命党人的个性能这样的倔强么？……鲁迅只是任性，一切的行动是没有集体化的，根据目前的政治情况看起来，他不是革命的。”[①] 众所周知，这种严厉的批判是推动鲁迅接受阶级论与集体主义最为直接的原因之一。

而冯雪峰则记录了他是如何以商讨论战战术的方式对鲁迅进行规劝的：“在谈话中我无意地谈到他在文章里面多用‘我’，少用‘我们’；我当时以为有时候是用‘我们’来的壮旺些，而在必要的时候他还应该明白地公开地宣布他自己的代表性的地位。就是，代表巨大的势力，代表人民，代表正确的意见和真理的方面。”“几天之后我去看他，在谈话开头，他就说：‘你那天说的话是不错的。对敌人，就要表示我们的力量；能够用大炮轰，就用大炮轰！……我一向显得个人作战，又多使用投枪，也仍然是散兵站。在我个人，和进攻的同时，还注意防御’。”[②]冯雪峰和瞿秋白不仅带给鲁迅知己的感受，也带给他革命的影响。

第三，国民党反动派对鲁迅以及左翼的压迫和围剿将鲁迅推向了革命的集体主义阵营。鲁迅曾自言无意于直接针对国民党：“我所抨击的是社会上的种种黑暗，不是专对国民党，这黑暗的根源，有远在一二千年前的，也有在几百年前，几十年前的，不过国民党执政以来，还没有把它根绝罢了。现在他们不许我开口，好像他们决计要包庇上下几千年一切黑暗了！”[③] 但是鲁迅揭露黑暗其实不可避免地点到了国民党统治的痛处：既不利于现实统治，也撼动了其思想基础。所以，鲁迅与国民党的冲突，结果演变为全面对抗：“现在，在中国，无产阶级的革命的文艺运动，其实就是惟一的文艺运动。因为这乃是荒野中的萌芽，除此以外，中国已经毫无其他文艺。属于统治阶级的所谓‘文艺家’，早已腐烂到连所谓‘为艺术的艺术’以至‘颓废’的作品也不能生产，现在来抵制左翼文艺的，只有诬蔑，压迫，囚禁和杀戮；来和左翼作家对立的，也只有流氓，侦

① 转引自梁实秋等《围剿集》，河北教育出版社 2000 年版，第 74 页。

② 冯雪峰：《冯雪峰忆鲁迅》，河北教育出版社 2001 年版，第 101 页。

③ 王晓明：《无法直面的人生——鲁迅传》，上海文艺出版社 2001 年版，第 167 页。

探，走狗，刽子手了。”[①] 这样，鲁迅对现实的判断是他倾向集体主义的一个基本点，左翼的争取和右翼以及政府的打压是两个重要的方面。

第四，鲁迅对以往个人主义的反思，他对以往改造国民性的方法进行反思，改变启蒙的知识分子精英立场，回归大众立场。鲁迅的启蒙工作是要向着封建的旧社会发起攻击，这无疑需要战线的扩大，有集体的组织。鲁迅经历过的五四退潮后的黯然心情，很大一部分源于战线的溃败。“后来《新青年》的团体散掉了，有的高升，有的退隐，有的前进，我又经验了一回同一战阵中的伙伴还是会这么变化”。[②] 鲁迅在左联成立大会上的讲话，很重要的两个要求就是“战线应该扩大”，“造出大群的新的战士”。[③]

因此，鲁迅倾向集体主义有着多方面的原因。既有左翼的推动，也有右翼的压迫，还有鲁迅自身的思考。“新兴阶级的领导展开了真正推翻帝国主义和僵尸，推翻流氓资本和地主官僚的新结合的远景。贫民小资产阶级和革命知识阶层，终于发见了他们反对剥削制度的朦胧的理想，只有同着新兴的社会主义的先进阶级前进，才能够实现，才能够在伟大的斗争的集体之中达到真正的‘个性解放’。”[④]

二

鲁迅倾向集体主义，与民族解放联系在一起，与阶级斗争、公有制巨大生产力、对个人主义的反思联系在一起。相对来讲，鲁迅对集体主义道德论证占较少部分，但这是就他自己本身来说的，他对中国政治革命最大的贡献还是伦理论证。但是如果说，鲁迅就是一个完全意义上的集体主义者也不确切。

首先，从来的革命经验让鲁迅一方面希望造成战线，另一方面却又对集体保持警惕。在他看来，团体尤其是中国的团体，不论大小总是容易分裂：“一个团体，虽是小小的文学团体罢，每当光景艰难时，内部是一定

① 鲁迅：《鲁迅全集》第 4 卷，人民文学出版社 1981 年版，第 285 页。

② 同上书，第 456 页。

③ 同上书，第 236 页。

④ 瞿秋白等：《红色光环下的鲁迅》，河北教育出版社 2000 年版，第 18 页。

有人起来捣乱的，这也并不希罕。”① 1936 年，一个青年作者就是否加入文艺家协会的问题咨询鲁迅的意见，鲁迅诉说了对于团体的种种不信任，很有一眼看透的意味。团体不但泯灭个性，而且常常服务于卑劣的目的："我看你也还是加入的好，一个未经事故的青年，真可以被逼得发疯的。加入以后，倒未必有什么大麻烦，无非帮帮所谓指导者攻击某人，抬高某人，或者做点较为费力的工作，以及听些谣言。国防文学的作品是不会有的，只不过攻打何人何派反对国防文学，罪大恶极。”② 最常见到的情况就是团体成为掩盖个人私心的工具：“我明知道几个人做事，真出于‘为天下’是很少的。但人于现状，总该有点不平，反抗，改良的意思。只这一点共同目的，便可以合作。即使含些私心也不妨，利用别人，又给别人做点事，说得好看一点，就是‘互助’。但是，我总是‘罪孽深重，祸延’自己，每每终于发见纯粹的利用，连‘互’字也安不上，被用之后，只剩下耗了力气的自己一个。”③ 在鲁迅看来，这非但不是一种真实的利益，更是对真实的集体利益的一种损害。

其次，鲁迅曾经详细分析过参加革命文学者的构成及其动机，一方面承认这些新鲜血液的注入有利于革命发展，也有着深厚的社会基础：“但因为实在具有社会的基础，所以在新份子里，是很有极坚实正确的人存在的。”但是，同时鲁迅也指出参加者的良莠不齐导致运动存在很多缺点。首要的一点就是：“他们对于中国社会，未曾加以细密的分析，便将在苏维埃政权之下才能运用的方法，来机械的地运用了。”④ 团体不但压制了集体外的个体，同时陷入集体性狂热也容易干扰团体中人的思考能力。

再次，鲁迅对于参加团体，尤其是成为“公物”常常心生苦恼。“你现在不是你自己的了。我听了又打了一个寒噤，和先前听得有人说青年应该学我的多读古文时候相同。呜呼，一戴纸冠，遂成公物，负‘帮忙’之义务，有回骂之必须，然则固不如从速坍台，还我自由之为得计也。”⑤ 鲁迅成为“公物”这是事实，也是必然。并且当时成为“公物”而几乎没有个人生活的也不只鲁迅一人。但是，鲁迅对集体的不信任、对同人的

① 鲁迅：《鲁迅全集》第 6 卷，人民文学出版社 1981 年版，第 64 页。
② 鲁迅：《鲁迅全集》第 13 卷，人民文学出版社 1981 年版，第 384 页。
③ 鲁迅：《鲁迅全集》第 11 卷，人民文学出版社 1981 年版，第 90 页。
④ 鲁迅：《鲁迅全集》第 4 卷，人民文学出版社 1981 年版，第 297 页。
⑤ 鲁迅：《鲁迅全集》第 3 卷，人民文学出版社 1981 年版，第 393 页。

道德表现的悲观结论，以及对革命前途的不乐观也使他下意识地不愿意不计代价地牺牲自己，投入这个看来介于真实和虚假之间的集体利益。

最后，鲁迅自由撰稿人的身份与常年在租界的处境让鲁迅对集体主义没有切实的接触与了解。“现在苏联的存在和成功，使我确切的相信无阶级社会一定要出现，不但完全扫除了怀疑，而且增加许多勇气了。但在创作上，则因为我不在革命的旋涡中心，而且久不能到各处去考察，所以我大约仍然只能暴露旧社会的坏处。”① 鲁迅晚年都在租界度过，因为时常遭受到暗杀的威胁，与外界的交流较少。途径也多是内容并不一定准确的报刊和闲谈，对革命确实没有实地的、近距离的观察，以鲁迅的个性也不会轻易下最终的结论。

从以上的原因看，鲁迅的伦理思想在主要的方面被确定为集体主义，但在鲁迅的内心里和私人态度上对集体主义还是有着自己的思考和怀疑。

在瞿秋白看来，鲁迅之所以“从进化论最终走到了阶级论，从进取的争求解放的个性主义进到了战斗的改造世界的集体主义”，原因在于：“正是这期间鲁迅的思想反映着一般被蹂躏被侮辱被欺骗的人们的彷徨和激愤。”鲁迅自己的解释是“《资本论》未尝寓目，启发我的是事实。”② 这在毛泽东的《新民主主义论》中得到了很好的解释，毛泽东逐一指出了革命的任务、对象、主力军、方针政策：“在中国，事情非常明白，谁能领导人民推翻帝国主义和封建势力，谁就能取得人民的信仰，因为人民的死敌是帝国主义和封建势力、而特别是帝国主义的缘故。在今日，谁能领导人民驱逐日本帝国主义，并实施民主政治，谁就是人民的救星。”③ “抗日，抗日，是谁之力？离了工人农民和其他小资产阶级，你就不能走动一步。谁还敢于去踢他们，谁就要变为粉碎，这又岂非成了常识范围里的东西了吗？”“中国有百分之八十的人口是农民，这是小学生的常识。因此农民问题，就成了中国革命的基本问题，农民的力量，是中国革命的主要力量。”这里可以看到，这种逻辑和论调是钱杏邨批判鲁迅《阿Q正传》的直接理论支持。并且，这个过程最终也将鲁迅融入了其中。鲁迅进

① 鲁迅：《鲁迅全集》第6卷，人民文学出版社1981年版，第18页。

② 鲁迅：《鲁迅全集》第12卷，人民文学出版社1981年版，第273页。

③ 转引自孔范今主编《百年大潮汐——20世纪思想解放运动文录》，泰山出版社1999年版，第740、746、755页。

行的国民性批判也开始服从于、服务于工农大众为主体的救亡运动。经过毛泽东的命名鲁迅成为新民主主义文化“最伟大最英勇的旗手”，成为中华民族的一体。

但是，正如前面在论述知识分子伦理时提到，鲁迅对政治做出了“革命”与“统治”的区分。鲁迅对自己文艺家身份的自觉形成了对“旗手”命名的最大否定。鲁迅写作了《文艺与政治的歧途》，极为系统地反思了文艺、革命、政治、革命文学以及文艺家应有的品格。结论就是文艺家虽然负有重要的社会功能，但是由于文艺家自身的特点以及文艺与政治的深层冲突，必将导致无论在革命过程中还是在革命胜利以后，文艺以及文艺家被放逐的命运。

在鲁迅看来，文艺与政治冲突而与革命相似：“文艺和政治时时在冲突之中，文艺和革命原不是相反的，两者之间，倒有不安于现状的同一。惟政治是要维持现状，自然和不安于现状的文艺处在不同的方向……政治家最不喜欢人家反抗他的意见，最不喜欢人家要想，要开口。”[①] 这原因就在于文艺具有独特的功能，是现实在文艺家思想中的反映，文学家对社会的不满是社会前进的动力，也正是如此，使他们成为维持现状的政治家的眼中钉。但在中国革命中，却并没有真正的革命文学，因为革命现实的急迫使得大家一面忍受物质匮乏的窘迫，另一面要专注具体革命工作，无暇顾及文学。而革命成功以后颂扬革命的文学，又早已不是不满于现状的文学，是颂扬权力的文学。在革命成功后的文艺家的前途又是早已命定：“这时，也许有感觉灵敏的文学家，又感到现状的不满意，又要出来开口。从前文艺家的话，政治革命家原是赞同过；直到革命成功，政治家把从前所反对那些人用过的老法子重新采用起来，在文艺家仍不免于不满意，又非被排轧出去不可。”[②] 鲁迅对这个现实有清晰的认识，不会认为参加集体事业知识分子与政治的冲突就会消解。

文艺家具有燃烧自己的热情，体现了文学对自身责任前所未有的自觉：“以前的文艺，如隔岸观火，没有什么切身关系；现在的文艺，连自己也烧在这里面，自己一定深深感觉到；一到自己感觉到，一定要参加到

---

① 鲁迅：《鲁迅全集》第 7 卷，人民文学出版社 1981 年版，第 113 页。

② 同上书，第 118 页。

社会去！”[1] 除了对现实的分析以外，鲁迅还表现了知识分子的道德热情与批判责任的自觉。

但是文艺家又有自己难以克服的弱点，一个是自身的理想化对革命形成较为浅薄的认识：“在革命的时候，文学家都在做一个梦，以为革命成功将有怎样怎样一个世界；革命以后，他看看现实全不是那么一回事，于是他又要吃苦了。照他们这样叫，啼，哭都不成功；向前不成功，向后也不成功，理想和现实不一致，这是注定的运命。”[2] 另一个是，文艺者对社会干预的无力：“孙传芳所以赶走，是革命家用炮轰掉的，决不是革命文艺家做了几句‘孙传芳呀，我们要赶掉你呀’的文章赶掉的。”所以，因为文学不安现状的特质以及文学家自身有限性导致在现实之中并没有文艺家的立足之地：“现在革命的势力已经到了徐州，在徐州以北文学家原站不住脚；在徐州以南，文学家还是站不住脚，即共了产，文学家还是站不住脚。革命文学家和革命家竟可说完全两件事。”[3] 在这里鲁迅完成了对文艺的双重否定。文艺与政治是冲突的，文艺注定要受政治的压迫，哪怕文艺具有重大的社会功能。而革命文学又并不见于真的革命中，文艺家在革命中作用极为有限，而自身又有难以克服的缺点。文艺家注定要遭遇自己的悲剧宿命。

文艺家不但自身存在缺陷，就是没有这些缺陷知识分子也在天职上与政治生活、集体事业有冲突。在这样的比较和衡量之下，在救亡的时代鲁迅只能服从集体利益，这奠定了鲁迅对集体主义的基本态度。但是，当鲁迅真正加入左联这样的集体，鲁迅对集体新一轮的观察和判断又重新开始。

三

托马斯·潘恩在《常识》中说：“社会在任何状态下都是一种富祉，而政府，即当它处于最佳状态时，也不过是一件不得已的祸害。”[4] 鲁迅

① 鲁迅：《鲁迅全集》第7卷，人民文学出版社1981年版，第118页。

② 同上书，第119页。

③ 同上书。

④ 转引自林贤治《鲁迅的最后十年》，中国社会科学出版社2003年版，第63页。

当然不至于如此激进，这种观点在中国社会也不现实。但是，鲁迅反对一种单纯的政治统治是毫无疑问的。如果要在服从集体的名义下，听命于政治，那么鲁迅会要求服从一个真实的集体利益。鲁迅曾对左翼的文艺青年说过："对于为了远大的目的，并非因个人之利而攻击我者，无论用怎样的方法，我全都没齿无怨言。"① 当代伦理学的理论认为："真实的集体主义原则的合理性体现在它是社会主义处理人与社会关系的现实的伦理原则，特别是处理集体与个人、集体与集体之间关系的基本原则，集体主义原则是对每个集体和每个公民的基本要求。同时，真实的集体主义原则的合理性体现在，集体主义原则不否认社会主义现实道德的层次性，也不否认调节个人与个人、个人与他人之间关系的伦理准则的存在，集体主义原则不是社会道德的全部准则和规范，而是社会主义社会的基本的伦理原则和要求。"② 在民族救亡与解放的斗争中，鲁迅认同了集体主义的原则，但同时它也是一个真实的集体利益最严格的要求者。"中国目前的革命的政党向全国人民所提出的抗日统一战线政策，我是看见的，我是拥护的，我无条件地加入这战线，那理由就因为我不但是一个作家，而且是一个中国人，所以这政策在我是认为非常正确的，我加入这统一战线。"③ 对于涉世不深的文艺青年鲁迅还会苦口婆心地规劝，对于那些借着革命的名义逞其私欲的"指导家"，鲁迅则毫不客气地予以揭露："我那时实在有点怀疑那些自称'指导家'以及徐懋庸式的青年，因为据我的经验，那种表面上扮着'革命'的面孔，而轻易诬陷别人为'内奸'，为'反革命'，为'托派'，以至为'汉奸'者，大半不是正路人；因为他们巧妙地格杀革命的民族的力量，不顾革命的大众的利益，而只借革命以营私。"④ 鲁迅非常强调集体的纯洁性，反对别有用心的人对于集体话语权的把持："我提议'文艺家协会'应该克服它的理论上与行动上的宗派主义与行帮现象，把限度放得更宽些，同时最好将所谓'领导权'移到那些确能认真做事的作家和青年手里去，不能专让徐懋庸之流的人在包办。至于我个人的加入与否，却并非重要的事。"⑤ 鲁迅终生面对着集团与个人的矛盾。

---

① 鲁迅：《鲁迅全集》第 4 卷，人民文学出版社 1981 年版，第 184 页。

② 倪愫襄：《伦理学导论》，武汉大学出版社 2002 年版，第 94 页。

③ 鲁迅：《鲁迅全集》第 6 卷，人民文学出版社 1981 年版，第 529 页。

④ 同上书，第 530 页。

⑤ 同上书，第 531 页。

在日本留学时就反对“借众凌寡”的集体暴政，在五四时代，也是反对“合群的自大”。他的国民性改造出发点更是对大众心理的精确分析：大众中的个人可能麻木而卑怯，但是组成集体就会狂热而蛮横。鲁迅倾向集体主义但也难以掩盖这种国民性带来的灰色记忆。五四运动中鲁迅的论战与创作确实是在整个运动的大环境下自动调整创作倾向：“这些也可以说，是‘遵命文学’。不过我所遵奉的，是那时革命的前驱者的命令，也是我自己所愿意遵奉的命令，决不是皇上的圣旨，也不是金元和真的指挥刀。”① 但是，也许是经由辛亥革命失败的教训，鲁迅每当参加一个为了宏大的集体目标而斗争的运动时，由于无法快速判断这个运动的最终结果，他会习惯性地观察参与者个人的道德水平和个性特征，认为这对运动的成败有着至关重要的作用。鲁迅也记录了当年《新青年》召开编辑会时，他对主将胡适只有佩服却并不亲近，并且这种态度是建立在对周围各个人物的对比基础上：“假如将韬略比作一间仓库罢，独秀先生的是外面竖一面大旗，大书道：‘内皆武器，来者小心！’但那门却开着的，里面有几枝枪，几把刀，一目了然，用不着提防。适之先生的是紧紧的关着门，门上粘一条小纸条道：‘内无武器，请勿疑虑。’这自然可以是真的，但有些人——至少是我这样的人——有时总不免要侧着头想一想。半农却是令人不觉其有‘武库’的一个人，所以我佩服陈胡，却亲近半农。”② 回想鲁迅对胡适的态度，这里应该是极为客气的说法，直接的说法应该是胡适的城府之深、心机之重让他望而却步。鲁迅在左翼阵营中，也是同样如此。为了远大的目的鲁迅可以毫不犹豫做出牺牲，但是同伴的道德水准低下则会让他对集体目标产生怀疑，而更加相信自己：“中国之可作梯子者，其实除我之外，也无几了。所以我十年以来，帮未名社，帮狂飙社，帮朝花社，而无不或失败，或受欺，但愿有英俊出于中国之心，终于未死，所以此次又应青年之请，除自由同盟外，又加入左翼作家连盟，于会场中，一览了荟萃于上海的革命作家，然而在我看来，皆茄花色，于是不佞又不得不有作梯子之险，但还怕他们尚未必能爬梯子也。”③ 这也是鲁迅整体思维的特征，但是鲁迅的这种观察与判断方法在穿透集体主义时，

① 鲁迅：《鲁迅全集》第 4 卷，人民文学出版社 1981 年版，第 456 页。

② 鲁迅：《鲁迅全集》第 6 卷，人民文学出版社 1981 年版，第 72 页。

③ 鲁迅：《鲁迅全集》第 12 卷，人民文学出版社 1981 年版，第 8 页。

还是缺乏足够的洞察力。

倾向集体主义还是个人主义，这是贯穿了鲁迅几乎一生的一个问题。最终鲁迅的确认同了集体主义，但是这种认同并不是我们认为的那么简单。他对真实集体的要求有一种近乎偏执的考量，这是我们无论如何也不应当忽视的。

启蒙要求大众从蒙昧状态摆脱出来，要求培育独立、健全的个体。也就是胡适所说国家不是一群奴隶建立起来，争个人的自由就是争国家的自由。近年来对鲁迅“立人”思想的重视，很大程度上也是对鲁迅启蒙工作的重新肯定与重视。但是，考察鲁迅集体主义伦理原则的演变就会发现：鲁迅的集体主义思想是建立在阶级斗争的立场上、民族救亡的立场上，建立在对个人主义的局限进行反思的基础上，建立在对苏联集体主义伦理原则的经济基础产生的生产力的羡慕的基础上。这使得鲁迅的个人主义过渡到集体主义具有必然性。

同时，从伦理道德产生的目的和本质来看，倾向集体约束个人也是必然。维护社会和集体的存在和发展是伦理道德的目的，相应地就要约束个体的行为。只有在集体发展到一定的阶段，在经济基础、文化水平达到一定的程度才能重视个人要求的满足，这是一个文明发展的过程，不完全依靠个人的主观要求。

但是，鲁迅从个人主义过渡到集体主义，并非是割裂的过渡，而是有条件的过渡。他要求一个真实的集体利益，他不能容许有投机革命者假借革命的集体主义来实现自己的目的，也不能容许以集体的名义要求个体做出超过必要程度的牺牲。鲁迅从北京漂泊到广东，在给许广平的信中说：“我的生命，碎割在给人改稿子，看稿子，编书，较字，陪坐这些事情上者，已经很不少，而有些人因此竟以主子自居，稍不合意，就责难纷起，我此后颇想不再蹈这覆辙了。”① 这虽然是在鲁迅靠近政党之前的言论，但是鲁迅在靠近政党近距离地观察了左翼文艺青年的行动之后，类似的感受重新复活。

有研究者根据马克斯·韦伯的理论指出，中国革命存在一个“工具合理性”高过“价值合理性”的问题。这与李泽厚“实用理性”的理论有相通的地方，但是更加强调对于正面价值的强调，这也类似于鲁迅所要求

① 鲁迅：《鲁迅全集》第11卷，人民文学出版社1981年版，第195页。

的“真实的集体利益”。

韦伯在考察西欧资本主义文明的兴起时，曾提出过“工具合理性行动”和“价值合理性行动”的概念。他认为，工具合理性行动是由对处于周围和他人环境中的客体行为的期待所决定的，这种期待被当作达到行动者本人所追求的和经过计算的目的的“条件”或“手段”；而价值合理性行动是出于某些伦理的、审美的、宗教的、政治的或其他行为方式的考虑，与成功的希望无关，纯由对特定价值的意识信仰所决定。①

这样，集体主义与个人主义的区别在于个人与集体谁是工具，谁是目的。个人主义“强调个人是目的，社会是手段”。② 集体主义则主张社会是目的，个人是手段。通常情况下，为了实现个人目的，即便以社会为手段也要顾及集体的利益；以集体为目的，也要顾及个人的正当利益。但是现代中国的困境在于个人与社会利益处于一种极端的对立状态。从伦理学的产生目的来看，它是为了维护社会的存在和发展，肯定首先强调社会集体的价值。但是，自从资产阶级生产方式产生以后，巨大的生产力使得可以缓解个人与社会的利益冲突，个性解放不但不再在整体上与集体利益出现冲突，而且健全的个人能够更好地实现集体目标。现代中国的问题在于，认识到了个人与社会利益统一的一面，五四作为一种资产阶级的思想运动也代表了通过实现个人解放与独立来达到集体解放的目标的努力。但是，中国不具备西方产生个人主义的思想条件以及经济条件，个人与社会还存在整体性的冲突：个人自由损害集体的利益，集体目的要实现必然需要个体做出牺牲。不是说这种情况在西方绝对不存在，而是它们有较好的调节方式与经济基础。鲁迅的意义在于：传统党史叙事的方式认为从个性主义到集体主义是一个新旧交替的线性过程，历史就是集体主义战胜个人主义的光明战胜黑暗的过程；鲁迅当然反映了这个过程，但是他更加主要地反映了个人主义与集体主义具体而立体的冲突，个人主义与集体主义同时包含价值和局限，现代中国倾向集体主义是必然，但同时也是不得已的选择。我们应当看到历史的无奈和残酷。认识到鲁迅在这两种价值转换之间作出的切实的努力和纠正偏颇的具体工作。

---

① 转引自许纪霖《二十世纪中国思想史论》下卷，东方出版中心 2000 年版，第 8 页。

② 倪愫襄：《伦理学导论》，武汉大学出版社 2002 年版，第 60 页。

第四章

宗法伦理：亚洲宗法伦理下的日本式“辉煌”和中国式黯淡

亚洲传统的宗法伦理包括“忠”“孝”。五四运动伦理革命就是要破除主张“忠”与“孝”的宗法伦理，认为宗法戕害个性，抹杀改革的希望，希望代之以资产阶级个人主义伦理观念。同时，作为中国现代化无法回避的一个亚洲坐标，日本一度成为中国的榜样和追逐的目标。鲁迅的留日经历和急切实现国家独立、富强的心态让他常常赞叹日本的优越，希望中国学习日本。而日本的情况是：在中国受到批判的宗法伦理却发挥了很好的作用。宗法对个人的约束在日本带来了秩序与效率。鲁迅常常羡慕日本国民性的优越，也常常将日本国民性作为批判中国国民性的坐标。主要原因就是日本的皇权发挥了现代化组织与动员核心的作用。但是，鲁迅同时反映出亚洲宗法制度最终造成了严重后果：主体性丧失问题。西方现代性的扩张以及亚洲自身的封建残留共同发生作用，给亚洲带来严重后果，“这不仅因为其（帝国主义）扩张最初采取了殖民主义的可耻和野蛮形式，更深刻的原因在于从十九世纪四十年代开起，在包括东洋在内的广大非欧洲地区引发了一系列持续的文化主体性危机。”① 但中国与日本代表了亚洲宗法制的两个侧面，鲁迅反映出中国的宗法制是一种整体上无效的封建机制，而日本的宗法制在整体上是一种有效的封建机制。但中国宗法制的这种无效性却又包含着一定程度的“有效性”：宗法制的族权给成员提供了宗法温情和庇护，皇权在一定程度上也行使了组织动员功能。但是，日本这种主体性丧失的宗法制度说明了即便看上去“有效”的宗法制，也不能让亚洲真正走向现代化。这是鲁迅带给两国读者、研究者最深刻的感受。

---

① 《读书》杂志编：《亚洲的病理》，生活·读书·新知三联书店 2007 年版，第 67 页。

五四以来中国思想界一个没有解决也无法解决的问题就是：既然对封建宗法制度的缺陷和严重后果揭示得如此充分，那么为什么这个制度及其幽灵还要如此顽固地存在？一个很重要的原因是在亚洲范围内，宗法制度在相当长的一段时间内还在有效运转。在现代中国宗法伦理表面上受到批判，实际上融入了中国现代化的灵魂；而在日本则公然地以宗法伦理作为现代化组织与动员的国民行为规范。鲁迅时代中国宗法制主要表现在以族权为特征的宗法体系还会为成员提供宗法的温情和庇护，日本的宗法制度主要表现为以皇权为特征的国家组织体系。这一点区别导致了鲁迅认为的日本国民性要优于中国。但在根本上两国都信奉一种以等级制度为核心的宗法体系。这使得两国的现代化都遭受了巨大挫折：第二次世界大战失败是日本现代化的低谷，中国的“文化大革命”是其现代化的最大挫折。鲁迅揭示了触目惊心的宗法制恶果，但是日本的宗法制表明这是亚洲的特点和信仰以及组织方式。要汲取历史教训，深刻改变这种宗法制度，不但需要自身深刻的认识和变革的决心，更加需要有效的机制来代替宗法制的功能。特别是以现代的伦理、法律、政治体系来代替宗法制下族权的温情和庇护，以及皇权的组织形式。

第一节　宗法伦理中的族权：致命的宗法温情与庇护

鲁迅不但表现了封建宗法伦理中的家族意识的残忍、虚伪、腐朽，他更表现了宗法家族带给中国人的温情和庇护。而这正是反封建思想革命的难点所在。鲁迅提出了以“爱”代替宗法温情；以“经济独立权”代替宗法庇护的解决方法。但是，鲁迅同时表现了对这一方案的否定：封建宗法严重加剧了法律与政治的不作为，从而中国的反封建思想革命被日益导向政治革命。而日本的宗法家庭意识要较中国薄弱得多，更具开放性和有机性。因而很好地执行了社会功能，但是却彻底地沦为皇权的附庸。因此，封建宗法中的家族意识是东亚现代化进程遭受挫折的一个重要原因。

一

1919 年，参加新文化运动后不久，鲁迅写下《我们现在怎么做父亲》来探讨中国的家庭问题：“我作这一篇文的本意，其实是想研究怎样改革家庭；又因为中国亲权重，父权更重，所以尤想对于从来认为神圣不可侵犯的父子问题，发表一点意见。”①

鲁迅提出改革家庭的理由也简单清晰，完全没有日后文章中表现出的矛盾复杂：中国传统伦理的顽固使得老年人的思想陈旧不堪，以致出现“无法可救”的状况，而寄希望于孩子就成为唯一的解决之道。“中国的‘圣人之徒’，最恨人动摇他的两样东西。一样不必说，也与我辈决不相干；一样便是他的伦常……中国的老年，中了旧习惯旧思想的毒太深了，决定悟不过来。”② 于是鲁迅进一步提出幼者本位的伦理观：“此后觉醒的人，应该先洗净了东方古传的谬误思想，对于子女，义务思想须加多，而权力思想却大可切实核减，以准备改作幼者本位的道德。”③

鲁迅这时的观点其实也并没有什么独特之处。当时宗法精神在社会中表现出极端负面的作用，批判宗法精神中家族观念的言论比比皆是。例如陈独秀从东西文化对比的角度得出结论：“东洋民族，自游牧社会，进而为宗法社会，至今无以异焉……宗法社会，以家族为本位，而个人无权利，一家之人，听命家长”④。毛泽东从国民革命的角度分析：“封建宗法性的土豪劣绅，不法地主阶级，是几千年专制政治的基础，帝国主义、军阀、贪官污吏的墙脚。打翻这个封建势力，乃是国民革命的真正目标”⑤。而宗法精神受到几乎众口一词的批判，完全是由宗法精神的内容决定的：“宗法精神的内涵是祖先崇拜，是父家长制所规定的孝道、人伦和亲情，是国家法律制度中的宗法原则和宗亲法。”⑥ 从以上禁锢社会发展的内容来看，受到批判也就不难理解了。

但是鲁迅的独特之处在于：在批判宗法精神，展现它的残忍、虚伪、陈腐的一面时，他更展现了宗法精神在族权的表现形式下对于成员的温情和庇护，从而在内心深处形成对宗法精神的眷恋与维护。而这正是宗法精神对中国人具有巨大诱惑力的重点所在，同时也是反封建思想革命的难点所在。“中国是个封建主义极长而资本主义启蒙工作做得极少的社会，封

① 鲁迅：《鲁迅全集》第1卷，人民文学出版社1981年版，第129页。

② 同上。

③ 同上。

④ 陈独秀：《东西民族根本思想之差异》，《青年杂志》1915年第1卷。

⑤ 毛泽东：《湖南农民运动考察报告》，《战士》（周报）1927年3月。

⑥ 冯尔康：《中国社会史概论》，高等教育出版社2004年版，第336页。

建意识形态及其文化发展得非常完备而成熟，它不但表现在政治、经济上，而且渗透在人们的日常生活、习俗中。它不但凶狠的吃掉人们，而且笑吟吟的诱惑着人们”[①]。鲁迅也说：“这文明，不但使外国人陶醉，也早使中国一切人们无不陶醉而且至于含笑”[②]。宗法制正是制造这种“诱惑”与“陶醉”的重要原因。

鲁迅的作品表明了宗法精神的巨大诱惑力，不但是一种情感上的依赖，更是一种在现行的政治、经济条件下的理性选择：“尤其是在政治控制强化的时候，家族无论在哪一等级上都采取小心谨慎的保守态度，是符合全体家族利益的。中国社会的保守性乃是建立在人情社会现实基础之上的。”[③] 在鲁迅的作品中这样的展示非常常见。例如《阿 Q 正传》中阿 Q 与赵太爷攀本家的目的就是希望获得一个宗法身份，从而享受这份庇护与荣耀。并且几乎得逞：“其时几个旁听人倒也肃然的有些起敬了”[④]。那么这些看似不过是阿 Q 的酒后胡言乱语何以会让旁人肃然起敬？何以赵太爷会“满脸溅朱”，“跳过去”，“给了他一个嘴巴”，骂道：“你怎么会姓赵！——你那里配姓赵？”并且鲁迅给这一幕闹剧的结局就是：“此后便再没有人提起他的氏族来，所以我终于不知道阿 Q 究竟什么姓。”西方学者的研究清晰地显示了赵太爷暴怒的原因：“在中国，每个人都有一个姓氏，因而也都有一个宗族身份……姓氏被认为在理论上可以最大范围的证实共同的血统，在日常生活中具有深刻的意义。宗族则是以族谱的记载为根据，以共同的血统为基础的团体，对其成员具有强大的约束力。”[⑤] 所谓“所以我终于不知道阿 Q 究竟什么姓”明白无误地说明了阿 Q 就是一个以血缘为纽带的宗法海洋里的孤魂野鬼。他的死表面上是因为参加了莫名其妙的革命与抢劫，根本上却因为完全游离于宗法家族之外，缺少这种封建时代最重要的承认和庇护。不但如此，鲁迅小说中绝大多数悲剧人物都是封建宗法社会的鳏寡孤独一类，例如祥林嫂、孔乙己、单四嫂子、子

① 李泽厚：《略论鲁迅思想的发展》，转引自汪晖、钱理群等《鲁迅研究的历史批判——论鲁迅（二）》，河北教育出版社 2000 年版，第 114 页。

② 鲁迅：《鲁迅全集》第 1 卷，人民文学出版社 1981 年版，第 217 页。

③ ［美］吉尔伯特·罗兹曼主编：《中国的现代化》，江苏人民出版社 2005 年版，第 97 页。

④ 鲁迅：《鲁迅全集》第 1 卷，人民文学出版社 1981 年版，第 488 页。

⑤ ［美］吉尔伯特·罗兹曼主编：《中国的现代化》，江苏人民出版社 2005 年版，第 83—84 页。

君都无一例外地缺少宗法家族的庇护而被随意地吞没。

阿 Q 这种攀亲活动更代表了一种自发的社会倾向："自发的攀亲活动也是一种惯常的做法，能将虚构的亲属关系联结在一起，一如宗族内部那样等级分明"[①]。攀亲的目的仍是将自身的利益与家族利益的捆绑，实现自身利益与家族利益的最大化。阿 Q 的攀亲举动所以失败正是由于在血缘上缺乏明确的归属，加以在社会等级制度中处于最末端因而被随意杀害。阿 Q 的举动非但不能证明这种攀亲活动的无效，相反证明了这种举动的巨大现实合理性。

在《离婚》中，鲁迅本来要揭示的是一种用宗法代替国法的社会现实。"中国的政治思想从公元前 5 世纪开始，就一直在讨论用伦理规范（特点为通过仪式化的社会习俗来运用这种规范）而非法律手段来控制社会的优越性。在名义上，从公元前 1 世纪开始，强调社会调解行动和道德规劝的儒家方法就已经被接受为社会的准则。"[②]《离婚》中所表现的正是这种伦理的和宗法的调节活动。爱姑之所以态度强硬有两个原因，都和宗法有关。一个是"自从我嫁过去，真是低头进，低头出，一礼不缺"；"我是三茶六礼定来的，花轿抬来的呵"[③] 的谨守妇道的宗法合法性。更重要的是"去年木叔带了六位儿子去拆平了他家的灶"，依靠着她的六个同胞兄弟捍卫了这个家族的声誉和利益。但是毕竟木叔的六个儿子也抵不过七大人和知县拜把子的"帖子"。当家族迫于压力，撤回了对爱姑的支持，她的命运无论怎样抗争也就注定了。压倒爱姑的最后一根稻草是一种洋为中用的伦理说法："要不然，公婆说'走！'就得走。莫说府里，就是上海北京，就是外洋，都这样。你要不信，他就是刚从北京洋学堂里回来的，自己问他去。"外洋与洋学堂不是现代中国新伦理的发源地，却成了维护旧伦理的新靠山，不能不说是一种新时代的悲喜剧。鲁迅此时又揭示了一种在西风东渐的背景下正在崩溃中的宗法精神，而这种宗法精神又是新旧因素杂糅的一个怪胎。正如鲁迅所说："谁说中国人不善于改变呢？每一新的事物进来，起初虽然排斥，但看到有些可靠，就自然会改

① ［美］吉尔伯特·罗兹曼主编：《中国的现代化》，江苏人民出版社 2005 年版，第 94 页。

② 同上书，第 98 页。

③ 鲁迅：《鲁迅全集》第 2 卷，人民文学出版社 1981 年版，第 150 页。

变。不过并非将自己变得合于新事物，乃是将新事物变得合于自己而已。”① 宗法精神所塑造的特权阶级更是反过来通过这种对伦理内容的自我变异更加增加了反封建思想革命的难度。

正如鲁迅所揭示的那样，这种宗法调节方式的悲剧并不是爱姑一个人的悲剧，也不是哪一个人的悲剧，而是整个社会的悲剧。《离婚》中与七大人换过帖子的知县没有正面出现，但他在这场闹剧中所起的作用及其在产生的后果中扮演了最为重要的角色。这种伦理至上以及法律与政治的不作为导致的是社会矛盾在基层的积累与激化，最终导致社会矛盾的总爆发，也就是说这中间存在革命的种子。

宗法精神内部的腐朽性与残忍性当然也是鲁迅揭示的一个重要方面，其中更是渗透了鲁迅早年的体验与成年后家族带来的累赘和苦涩。例如《孤独者》中对魏连殳遭遇的描写：“我父亲死去之后，因为夺我屋子，要我在笔据上画花押，我大哭着的时候，他们也是这样热心地围着使劲来劝我……”“他两眼向上凝视，仿佛要在空中寻出那时的情景来”②。相同的场景还出现在《长明灯》中，一模一样的巧取豪夺。可见大家族内部的争夺与倾轧带给鲁迅的伤害极为切身和深重。

面对这种广泛而顽固的宗法家族意识，鲁迅提出了幼者本位和弱者本位伦理主张。他具体的应对方式就是以“爱”来代替宗法温情：“所以我现在心以为然的，便只是‘爱’”③。用“经济独立权”来代替宗法的庇护，尤其是处于弱者地位的女子更要获得充分的经济权：“在这未改革的社会里，一切单独的新花样，都不过一块招牌，实际上和先前并无两样……所以一切女子，倘不得到和男子同等的经济权，我以为所有好名目，都是空话。”④ 鲁迅在这里对子女的“爱”和对“经济独立权”的强调几乎就是今天中国社会的常态，鲁迅差不多一百年前的这个主张确实很有前瞻性。在鲁迅的笔下，宗法精神中家族意识的一切方面都被解析：有限地承认其合理性，坚决地反对其危害性，揭露其诱惑性。相应地，鲁迅也提出了解决方法：用“爱”和“经济独立”来保护幼者和弱者。一切

---

① 鲁迅：《鲁迅全集》第3卷，人民文学出版社1981年版，第102页。

② 鲁迅：《鲁迅全集》第2卷，人民文学出版社1981年版，第93页。

③ 鲁迅：《鲁迅全集》第1卷，人民文学出版社1981年版，第133页。

④ 鲁迅：《鲁迅全集》第4卷，人民文学出版社1981年版，第598页。

看上去都那么完美。

二

那么事实上效果如何呢？鲁迅的幼者、弱者本位确实是从逻辑上对宗法精神的祖先崇拜、家长本位伦理思想的根本性颠覆。但真正在实践中却遇到很大的困难，也给鲁迅带来巨大的困惑与思想的冲突。在作品中也表现出幼者本位伦理观念宿命一般遭受失败的残酷现实。这在《孤独者》中形成了完整的结构。魏连殳正是经历了从爱护幼者到摧残幼者的耐人寻味的转变。从最初的坚持认为："孩子总是好的。他们全是天真……"[①]到落魄时看到小孩子身上表现出的残忍性，使他感觉到莫名的恐怖："想起来真觉得有些奇怪。我到你这里来时，街上看见一个很小的小孩，拿了一片芦叶指着我道：杀！他还不很能走路……"这种挫败感的最高峰是借着二良祖母的口，魏连殳对待孩子的态度被定格在了："要他买东西，他就要孩子装一声狗叫，或者磕一个响头。"

1927年清党开始后，身在广州的鲁迅感到"恐怖"而且"无聊"。这种情况之下，便是观念中心地纯白的孩子也不能带给鲁迅什么希望了："总而言之，现在倘再发那些四平八稳的'救救孩子'似的议论，连我自己听去，也觉得空空洞洞了"[②]。鲁迅幼者本位伦理观念的失败，不单单是一个伦理主张的失败，更代表了他整个伦理启蒙思路与实践的失败。因为鲁迅重视幼者，不仅仅因为孩子未受传统思想的毒害，代表了未来，更希望孩子身上产生健全的人格，从而整个民族体现出崭新的伦理性。

在中国孩子身上苦寻而不得的情况下，鲁迅倒是常常不自觉地提到日本孩子的健康与活泼，完全没有中国孩子被戕害的样子。"中国和日本的小孩子，穿的如果都是洋服，普通实在是很难分辨的。但我们这里的有些人，却有一种错误的速断法：温文尔雅，不大言笑，不大动弹的，是中国孩子；健壮活泼，不怕生人，大叫大跳的，是日本孩子"[③]。

一旦涉及日本社会的家族伦理和宗法观念，不但是鲁迅评价说"日本

---

① 鲁迅：《鲁迅全集》第1卷，人民文学出版社1981年版，第91页。

② 鲁迅：《鲁迅全集》第3卷，人民文学出版社1981年版，第456页。

③ 鲁迅：《鲁迅全集》第6卷，人民文学出版社1981年版，第81页。

国民性，的确很好”[①]。许多留日学生都持这种看法，例如戴季陶曾说过：“日本社会里面，所以确实流行着中国礼教的好处，而中国只保留着礼教的腐败无用的堕力”[②]。这是因为在日本首先就不存在压迫幼者的祖先崇拜。“在日本并不存在对远古祖先的崇拜”；“至于三代以前的祖先那是很快被遗忘掉的。日本的家族联系几乎被削弱到了西方的水平”[③]。而中国的情况恰恰相反。祖先对后代的影响，尤其是恶劣影响根深蒂固：“我们几百代的祖先里面，昏乱的人，定然不少……所以我们现在虽想好好做‘人’，难保血管里的昏乱分子不来作怪，我们也不由自主，一变而为研究丹田脸谱的人物：这真是大可寒心的事。”[④] 这是中日伦理观念的一个重大不同，很多差异正是从这一点上生发出来。

但是并不表示日本没有宗法精神，不存在父权与族权。只是有着自己独特的组织方式：“在日本，辈分、性别和年龄的特权是很大的。但是行使这些特权的人并不像一个专横的独裁者，而倒像一个受托人。父亲或兄长负责照管家庭，无论是活着的，死了的，还是即将诞生的家庭成员，他都得照管。他必须作出重大决定，督促付诸实施。但是他并不拥有绝对的权力。他的行为得为全家的名誉负责”。[⑤] 由于并不存在祖先崇拜，日本的家庭结构相对开放，这种结构与中国家长“拥有绝对的权力”不同。鲁迅则活画出了中国的情况：“他们以为父对于子，有绝对的权力和威严；若是老子说话，当然无所不可，儿子有话，却在未说之前早已错了。”[⑥]

在日本，对于幼者来说也并不是中国式的对于长者无条件地忍从，而是对家族荣誉和利益的服从：“日本人在其家庭生活中并不教人们尊重权力，也并不培养他们轻易屈从专制权力的习性，而是以与家族全体成员都休戚相关的最高价值的名义来要求人们服从家庭意志，不管要求他们做的

---

① 鲁迅：《鲁迅全集》第 13 卷，人民文学出版社 1981 年版，第 682 页。

② 戴季陶：《日本论》，九州出版社 2005 年版，第 159 页。

③ ［美］鲁思·本尼迪克特：《菊花与刀——日本文化的诸模式》，孙志民、马小鹤、朱理胜译，庄锡昌校，九州出版社 2005 年版，第 39 页。

④ 鲁迅：《鲁迅全集》第 1 卷，人民文学出版社 1981 年版，第 313 页。

⑤ ［美］鲁思·本尼迪克特：《菊花与刀——日本文化的诸模式》，孙志民、马小鹤、朱理胜译，庄锡昌校，九州出版社 2005 年版，第 41—42 页。

⑥ 鲁迅：《鲁迅全集》第 1 卷，人民文学出版社 1981 年版，第 129 页。

事有多么艰难，都以共同忠诚的名义来要求服从家庭意志”[①]。并且，随着西方伦理的介入，日本的家庭观念出现了更加松动的迹象。这就是鲁迅所说的“直到近来，经过许多学者的研究，才知道孩子的世界，与成人截然不同；倘不先行理解，一味蛮做，便大碍于孩子的发达。所以一切设施，都应该以孩子为本位，日本近来，觉悟的也很不少；对于儿童的设施，研究儿童的事业，都非常兴盛了。”[②] 中日家庭中儿童的差别是如此巨大，难怪鲁迅要常常生出可望而不可即的感叹。

宗法精神的另一个内容就是对于妇女的禁锢。这在中日两国之间也存在明显的差异。根据鲁迅的描述：“后来，不知怎的，女人就倒了霉：颈项上，手上，脚上，全都锁上了链条，扣上了圈儿，环儿，——虽则过了几千年这些圈儿环儿大都已经变成了金的银的，镶上了珍珠宝钻，然而这些项圈，镯子，戒指等等，到现在还是女奴的象征……同时，父母之命媒妁之言的旧式婚姻，却要比嫖妓更高明。在这制度之下，男人得到永久的终身的活财产”[③]。而日本社会女子的地位同样不高，但是却没有中国宗法中对女子的“节烈”之类要求的摧残：“日本人的社会，是一个男权的社会，女子是绝对没有地位的。所谓三从四德贤母良妻，这些道德标准，在日本是很确实的存在着，很生动的行使着。可是再也没有像中国那样把女子锁在后房里，不许与人见面的习惯。女子的言语行动，在一定的制度下面，是有相当的自由的”[④]。比较而言，中国的家族意识更为僵化封闭，日本的家族意识更具严密性和有机性，因而在社会功能的执行上远胜中国。并且，虽然存在严重的族权但是也注意了幼者与女子的地位。在这一点上，比中国的对幼者和女子家庭地位的完全剥夺要更加宽松。

三

因此，中日的宗法精神看似是伦理观念上的不同，其实是社会组织方式与结构的不同。中国的观念确实落后，但更重要的是中国无法短时间内

① ［美］鲁思·本尼迪克特：《菊花与刀——日本文化的诸模式》，孙志民、马小鹤、朱理胜译，庄锡昌校，九州出版社 2005 年版，第 42—43 页。

② 鲁迅：《鲁迅全集》第 1 卷，人民文学出版社 1981 年版，第 135—136 页。

③ 同上书，第 598 页。

④ 戴季陶：《日本论》，九州出版社 2005 年版，第 161 页。

复制日本的家族结构模式。根据日本学者的研究，中日两国之所以会存在宗族伦理观念上的重大区别：“其原因是社会的协作形态日本已较早的过渡到非亲族协作型，而包括中国在内的其它亚洲国家至今基本上还是亲族协作型。亲族协作型社会的中心伦理意识是‘孝’，而非亲族协作型的主要伦理意识是‘忠’，或者表现为其变形——‘义理’”[①]。而这则涉及了封建宗法精神除去族权以外的另一个方面——皇权的伦理观念，需要另文讨论。简单地说，就是中国侧重“孝”于家族，日本则侧重“忠”于天皇。

东亚的宗法精神与家族制度浑然一体。虽然表现出残忍、虚伪、陈腐的特点，但同时血缘关系为成员提供了亲情，宗族势力为成员提供了庇护。并且，从反封建思想革命的角度来看，大家族的打破和家庭关系的改革也并不能保证宗法精神的完全消除。因为在这之前我们必须找到替代宗法制度带给成员温情和庇护的方法。鲁迅用“爱”来代替宗法温情，用“经济独立”代替宗法庇护的主张在理念上确实很富有见解。从现代化的角度来看，法律和宪法对个人权利的保障是一个最有效的解决方案。也正如竹内好所说：“宪法或者说民主主义的民族化乃至主体化，或者内在化是绝对重要的，如果缺少这些程序，在目前这样的权力之下，我们只能甘做奴隶”[②]。而中国的情况正如鲁迅在《离婚》中表现出的因为伦理宗法的强大，严重加剧着法律与政治的黑暗与不作为，出现“法无定法”的尴尬现象。这也迫使鲁迅采取了绕过法律和宪法的方法来直接主张家族内幼者本位的改革。但是实际上这个主张又缺乏具体的可操作性。因为没有法律与政治的参与，数以千万计的家庭很难自发实行鲁迅的主张。鲁迅在五四时存而未决的问题，却成为了关键所在：“但世间又有一类长者，不但不肯解放子女，并且不准子女解放他们自己的子女；就是并要孙子曾孙都做无谓的牺牲。这也是一个问题；而我是愿意平和的人，所以对于这问题，现在不能解答。”[③] 相对来说，陈独秀注意到了法律手段的可操作性：“法律之前，个人平等也。个人之自由权利，载诸宪章，国法不得而剥夺

① 依田熹家：《日中两国近代化比较研究》，北京大学出版社 1991 年版，第 193 页。

② ［日］竹内好：《近代的超克》，生活·读书·新知三联书店 2005 年版，第 290 页。

③ 鲁迅：《鲁迅全集》第 1 卷，人民文学出版社 1981 年版，第 140 页。

之，所谓人权是也”①。可是陈独秀主张事实上的失败说明了中国的伦理革命彻底走入一个怪圈：理论上可行的方法，事实上不可行；找到了问题的根源，却缺少有效的操作手段。这也说明了，在改革宗法精神的内部，或者反封建思想革命的内部，找不到一个方法解决中国的现实政治问题。一切直指政治革命……而中国随后的政治革命也只注重了对于封建宗法意识的批判，而缺乏有效手段来代替宗法意识所具有温情和庇护，最为注重的还是以革命的道德主义和坚强的纪律性来作为革命的保障。鲁迅伦理主张的挫折指向了政治革命，但政治革命对于鲁迅的伦理主张来说却是一个不可逆的过程，因为政治革命确立了自己的逻辑：“人道主义等同于反帝反封建等同于阶级斗争。”鲁迅只起到了论证政治革命合理性的作用，至于鲁迅的幼者本位，弱者本位的“爱”和“经济独立”的主张完全被忽视了。

而日本的家族意识相较中国更具严密性和有机性，使得作为社会基本单位的家庭很好地行使了其功能。当中国因为严重的族权问题得不到解决而导向政治革命时，日本的家族意识却很好地服从了皇权的需要，在向现代的转化中很好地完成了社会职能。但是完全沦为了皇权的附庸。可见，中国的家族改革因为宗法精神的汪洋大海的广度和深度难以得到有效进行，它的顽固性在法律和政治不作为的条件下引发了政治革命。日本的宗法精神的家族制有效地实现其社会职能，但是正是因为这种极为顺利的转化也保留了大量的封建残余，特别是对于皇权的无保留的效忠。因此，东亚的宗法伦理观念是导致亚洲现代化受挫的一个深层次原因。

第二节　国民性、主体性、功能性的错综与纠缠
——鲁迅对东亚封建宗法伦理中皇权思想的反思

中、日两国的现代化过程，就具体方面来看存在诸多不同。日本现代化顺利、快速、成效显著；中国现代化曲折、缓慢、成效寥寥。但是从20世纪整个跨度来看两国的现代化过程，两国并无本质不同。两国的现代化从起步（被迫开国时的帝国主义入侵）到顶峰（日本是明治维新，中国是中华人民共和国成立）到挫折（日本是第二次世界大战，中国是

① 陈独秀：《东西民族根本思想之差异》，《青年杂志》1915年第1卷。

“文化大革命”）到反思（日本在战后，中国在新时期）到新生（日本是战后民主化，中国是改革开放）的过程极为类似。而之所以两国现代化出现挫折，通常所认为的一个最为重要的思想原因是浓重的封建残留。而封建残留中最为重要的因素又是封建伦理思想中的皇权思想。在中日两国皇权思想的比照中，从东亚视野的角度对两国的现代化过程进行反思会更加深入。

一

相比之下，中国皇权要比日本皇权复杂得多，因为它包含了浓厚的宗法精神：“皇权是父家长权的扩延，皇帝成为国家的最高主宰，他和臣民形成君父与子民的具有宗法含义的关系，臣下对君父的最高道德准则是尽忠，子孙对父祖最高道德准则是尽孝。”① 而鲁迅所着力思考与批判的正是中国皇权思想“忠”与“孝”的陈腐不堪。在鲁迅看来，这种“忠”与“孝”首先是一种“愚忠”“愚孝”，历朝历代真心信奉与实行的人都受骗做了无意义的牺牲；其次更是一种“假忠”“假孝”，更多的人在敷衍与偷生中来搪塞皇权所要求的忠与孝。鲁迅也正是在对忠与孝的否定与瓦解中，从根本上全盘否定了皇权思想。

最典型的“假忠”就是中国历史中经久不衰的“猛人”被亲信包围的循环：“无论是何等样人，一成为猛人，则不问其‘猛’之大小，我觉得他的身边便总有几个包围的人们，围得水泄不透”②，而一旦猛人垮台，“包围者便离开了这一株已倒的大树，去寻求别一个新猛人”③。对皇帝和首领保持绝对的人身依附是对皇权“尽忠”的起码要求，在鲁迅看来却完全是趋炎附势者追逐个人私利的手段。一旦无利可图，所谓的忠诚立刻被抛弃。

至于“假孝”的虚伪，其荒诞程度足可以让一个真心实行的人达到绝望的地步：“因为我请人讲完了二十四个故事之后，才知道‘孝’有如

---

① 冯尔康：《中国社会史概论》，高等教育出版社 2004 年版，第 336 页。

② 鲁迅：《鲁迅全集》第 3 卷，人民文学出版社 1981 年版，第 486 页。

③ 同上书，第 487 页。

此之难，对于先前痴心妄想，想做孝子的计划，完全绝望了。”① 在成年以后鲁迅根本就认为这种假孝只是说明了事实上“孝”的难以施行：“拼命的劝孝，也足见事实上孝子的缺少。”② 因此，由“忠”与“孝”组成的中国皇权思想就变身为大行其道的“假忠”“假孝”，“皇帝和大臣们，向来总要取其一端，或者‘以孝治天下’，或者‘以忠诏天下’……去翻专夸本地人物的府县志书去。我可以说，可惜男的孝子和忠臣也不多的”③。鲁迅认定要求臣下尽忠，子孙尽孝的皇权思想不过是假忠、假孝而已，但这还仅仅是他对皇权思想的初步认识。鲁迅更认为皇权被转化为假忠、假孝，不但表现了皇权思想的瓦解与崩溃，而且在这个过程中国民还表现出瞒和骗、麻木、敷衍和偷生等恶劣表现。所有这些，被鲁迅归结为国民性问题，或更具体地说，是中国的国民劣根性。

在中国皇权思想中，“忠”与“孝”的地位并不相同。“孝”要高于“忠”，居于核心地位：“国家的意识形态和法律都宣称，‘孝’即对家庭和宗族长辈的尊敬和服从，要比‘忠’，即对朝廷，也就是对国家的忠诚，更加重要。”④ 鲁迅所处的时代，中国皇权思想的状况诚如李泽厚所说：“皇帝既然没有了，几千年的‘忠君’已经谈不上了，至少在理论上名义上。但是民国以来不断演出的复辟丑剧又证明‘忠’纲犹在。这‘忠’纲正是由‘孝’纲所支撑的。”⑤ 仔细考察鲁迅的文本可发现，他对这一问题表现出更加深入的认识。鲁迅认为皇权思想最终所表现的并不是表面上所标榜的“孝于家族”，而是国民性的堕落。在《两地书》中许广平认为只顾家庭私利而不忠于国家与社会是中国国民性堕落的根源，而鲁迅对此有不同的看法：“中国国民性的堕落，我觉得并不是因为顾家，他们也未尝为‘家’设想。最大的病根，是眼光不远，加以‘卑怯’与‘贪婪’。”⑥

按照这个逻辑，皇权思想就以愚昧、卑怯、贪婪的特点被鲁迅等同于国民性问题。在皇权的统治下，国民表现出了空前的丑陋与卑劣。在鲁迅

---

① 鲁迅：《鲁迅全集》第2卷，人民文学出版社1981年版，第254页。

② 鲁迅：《鲁迅全集》第3卷，人民文学出版社1981年版，第138页。

③ 同上书，第127页。

④ ［美］吉尔伯特·罗兹曼主编：《中国的现代化》，江苏人民出版社2005年版，第83页。

⑤ 李泽厚：《中国思想史论》下册，安徽文艺出版社1999年版，第834页。

⑥ 鲁迅：《鲁迅全集》第11卷，人民文学出版社1981年版，第40页。

看来，万千国民被皇权理想所支配，表现出以“兽性”为特征的国民性。他以刘邦和项羽为例，说明他们对秦始皇的艳羡其实是想通过皇权使自己兽性方面的欲望得到满足：“何谓‘如此’？说起来话长；简单地说，便只是纯粹兽性方面的欲望的满足——威福，子女，玉帛，——罢了。然而在一切大小丈夫，却要算最高理想（？）了。我怕现在的人，还被这理想支配着。”[①] 鲁迅还发现，在国民中间皇权的残暴却被更加放大了：“暴君治下的臣民，大抵比暴君更暴；暴君的暴政，时常还不能餍足暴君治下的臣民的欲望。”[②] 这样，在鲁迅看来中国的皇权问题就与国民性问题发生了密切的关系，或者说国民性问题就是皇权问题的另一种存在形式，皇权的幽灵附身在无数的国民体中：“从前的经验，是从皇帝脚底下学得；现在与将来的经验，是从皇帝的奴才的脚底下学得。”[③]

二

但是吊诡的是，鲁迅紧接着在改造国民性的过程中又发现并不能将国民性简单地等同于皇权思想。换言之，皇权思想在国民中形成了深远的影响，在最大程度上表现为国民性问题，但是两者不能完全等同。鲁迅发现两者之间存在微妙的差别。鲁迅认为，中国国民性的卑下所反映的更应该是皇权的专横与残暴：“人民在欺骗和压制之下，失了力量，哑了声音，至多也不过有几句民谣。‘天下有道，则庶人不议。’就是秦始皇隋炀帝，他会自承无道么？百姓就只好永远钳口结舌，相率被杀，被奴……其实，中国民族的心，有些是早给我们的圣君贤相武将帮闲之辈征服了的。”[④] 在前一个阶段鲁迅曾认为国民性问题是国民因为对皇权代表的兽性欲望的主动追求而表现出卑劣，而在此时则认为皇权意味着国民被迫承受了强加于自己的残暴与贪婪，这两个阶段说明面对国民性问题鲁迅的认识有了变化：国民性的卑劣不再是国民主动追求的结果，而是被迫接受皇权压迫的结果。所以，皇权思想是国民性问题的根源，国民性的卑下是皇权影响的

① 鲁迅：《鲁迅全集》第 1 卷，人民文学出版社 1981 年版，第 355 页。

② 同上书，第 366 页。

③ 同上书，第 318 页。

④ 鲁迅：《鲁迅全集》第 6 卷，人民文学出版社 1981 年版，第 286—287 页。

一个表现，而这也使鲁迅顺理成章地从主要批判国民性转向重点揭露与批判皇权。

既然鲁迅已经判定国民性问题只是表象，根源是皇权思想以及顽固坚持这种思想的政治势力，那么要解决国民性问题，首要的就是清除皇权思想以及推翻坚持皇权思想的政治势力。因此鲁迅的改造国民性越来越与“彻底地不妥协地反帝反封建的思想革命结合起来了”，同时，“重视在被压迫的农民群众身上挖掘潜在的革命力量，是鲁迅改造国民性思想局限的又一个重大发展。”① 正是在这个过程中鲁迅与现实政治斗争无限接近。

但是，鲁迅改造国民性思想的发展却走了一个曲折的“之”字。当鲁迅改造国民性的主张越来越服从于民族解放的阶级斗争事业时，他在这个过程里惊异地发现作为革命主体的革命者本身存在严重问题。最让鲁迅失望与愤怒的是，他在勃兴的左翼文学运动中也发现了皇权的影子——“唯我独左”“唯我独革”的青年以文坛皇帝自居，“但我也真不懂徐懋庸为什么竟如此昏蛋，忽以文坛皇帝自居”，表现出革命的专制主义与恐怖主义，“如徐懋庸，他横暴到忘其所以，竟用‘实际解决’来恐吓我了。”② 在封建时代，皇帝的权力由“天”赋予，而在有些革命者看来，革命也同样赋予他们这种权力，将自己等同于革命的权威，这种思维方式在本质上就是一种绝对权威的皇权思想。

而这种绝对权威的思维方式，在中国革命的语境下虽然对未来影响深远，但在鲁迅的时代毕竟还属于枝节末流。真正将这个问题凸显得最为清楚的是日本皇权思想造成的主体性丧失问题。第二次世界大战中的日本表现出极度的狂躁与横暴，其思想根源就是这种皇权的绝对权威。第二次世界大战结束之后，很多日本知识分子开始认真反思天皇制，特别是天皇制在侵略战争中所起的负面作用。竹内好是其中著名的代表：“关于日本的天皇制和法西斯主义，已经有社会科学工作者做了分析，可是，以痛苦的实感取出渗透在我们体内骨髓里的天皇制重荷来，这工作我们还做得不够认真。”③ 1948 年，竹内好从鲁迅的《聪明人和傻子和奴才》中受到启

① 孙玉石：《鲁迅改造国民性思想问题的考察》，转引自汪晖、钱理群等《鲁迅研究的历史批判——论鲁迅（二）》，河北教育出版社 2000 年版，第 171—172 页。

② 鲁迅：《鲁迅全集》第 13 卷，人民文学出版社 1981 年版，第 426 页。

③ ［日］竹内好：《近代的超克》，生活·读书·新知三联书店 2005 年版，第 226 页。

发，发现日本文学恰恰是聪明人的文学，是幻想解放的文学。竹内好进而认为这种幻想解放的奴才文学体现了日本文化的性质：“奴才成为奴才的主子，这并不等同于奴才的解放，然而，在奴才的主观上，它却是解放。如果以此衡量日本文化，日本文化的性质就会一目了然。”① 在此基础上竹内好提出了“主体性”问题，认为在皇权统治下的日本所进行的近代化运动，其主题并不包括自我的解放与确立，而是以奴隶主地位的获得而感到满足与优越：“解放运动的主题，不具备自己是奴才这一自觉，安居于自己并非奴才的幻想之中，而欲将作为奴才的劣等生人民从奴才的境遇中解放出来，在自己完全感受不到觉醒者痛苦的状态下唤醒对方。因此无论如何也产生不出主体性来。就是说，无法获得觉醒。”② 而这与徐懋庸等“唯我独革”的左翼文学青年的精神结构何其相似！徐懋庸以奴隶总管、革命工头的姿态肆意向他人鸣鞭，也是一种彻头彻尾的对于解放的幻觉，也是主体性的彻底丧失。

皇权思想作为封建伦理观念的核心思想，在行使其功能的时候必然以封建专制为手段。其结果也必然是主体性丧失，“明治政治家们唯一要做的事情是让所有的日本人都在心中无条件地把‘忠’这个最高之德献给天皇。”③ 很明显，在这样一种强调对天皇的服从和效忠的体制下，国民要保持主体性基本上是不可能的。皇权代表的国家机器对内严密控制人民生活，不仅“不准谈阶级斗争”④，而且实行严密的文化专制，“日本一切左翼作家，现在没有转向的，只剩下了两个……他们那边的压迫法，真也有组织，无微不至，他们是德国式的，精密、周到。”⑤ 对外则发动了一系列的侵略战争，对人道的践踏举世震惊。

而中国的主体性丧失问题也极为严重。鲁迅曾多次提醒革命者认清自身参加革命的真正目标，洗去身上的横暴：“无产者的革命，乃是为了自己的解放和消灭阶级，并非因为要杀人，即使是正面的敌人，倘不死于战

---

① ［日］竹内好：《近代的超克》，生活·读书·新知三联书店 2005 年版，第 207 页。

② 同上书，第 208 页。

③ ［美］鲁思·本尼迪克特：《菊花与刀——日本文化的诸模式》，孙志民、马小鹤、朱理胜译，庄锡昌校，九州出版社 2005 年版，第 97 页。

④ 鲁迅：《鲁迅全集》第 6 卷，人民文学出版社 1981 年版，第 157 页。

⑤ 鲁迅：《鲁迅全集》第 12 卷，人民文学出版社 1981 年版，第 566 页。

场，就有大众的裁判，决不是一个诗人所能提笔判定生死的。”① 可惜的是，现实的发展却印证了鲁迅的担心。正是这种皇权拥有绝对权威的思想和行为方式促使中日两国在对自我的扭曲和对权力的狂热中彻底淹没了自身的主体性，丧失了反思与调整的能力，与真正追求的现代化目标越走越远。

三

徐懋庸代表的这种赤裸裸的主体性缺乏之所以让鲁迅苦恼不已，是因为它依附于皇权思想的一种强大的功能性。贯彻了皇权思想绝对权威的这种功能性就是：作为国家和民族统一的精神象征，来进行民族号召和动员。正如日本皇权思想表现出的那样：“天皇应作为日本国民统一的最高象征，而不是作为负责的国家元首。”② 阶级斗争的阐释者们力图使人们相信阶级斗争所负担的是实现中国现代化所急需的功能性作用。清除腐朽的阶级，意味着先进的无产阶级将作为新的核心推动中国的现代化。在鲁迅的时代，事实上这种功能性很难拒绝，鲁迅改造国民性首先也是出于功能性考虑，主体性问题看上去似乎还在其次：“倘使不改现状，反能兴旺，能得真实自由的幸福生活，那就是做野蛮也很好。——但可有人敢答应说‘是’么？”③ 在这个逻辑下，只要贯彻了功能性，即使在这个过程中鲁迅敏锐地发现了主体性丧失问题，他仍然会保持沉默，哪怕忍受内心的煎熬。如果鲁迅认为这种主体性缺乏从根本上腐蚀了革命，也就是腐蚀了功能性的实现，他仍然会与之斗争。但要明确区分主体性的缺乏在革命中造成的具体影响谈何容易，而鲁迅在参与左翼文学运动的整个过程中都受到这一问题的困扰。这也就解释了鲁迅为什么会批判徐懋庸的主体性丧失而服从于更大规模的对于他的意识形态改造，同时也解释了为什么鲁迅会在日本战后反思天皇制的过程中成为重要的参照。因为皇权思想现实影响的两个侧面——主体性的丧失与功能性的行使之间的冲突一直在鲁迅的

---

① 鲁迅：《鲁迅全集》第 4 卷，人民文学出版社 1981 年版，第 452 页。

② ［美］鲁思·本尼迪克特：《菊花与刀——日本文化的诸模式》，孙志民、马小鹤、朱理胜译，庄锡昌校，九州出版社 2005 年版，第 97 页。

③ 鲁迅：《鲁迅全集》第 1 卷，人民文学出版社 1981 年版，第 314 页。

思想中博弈。而在鲁迅的生前他并没有看到两者决出胜负，甚至在很多时候更倾向于功能性的行使。这在很大程度上是受日本皇权造成的现实结果的影响。在某些西方学者看来，这种功能性是日本优越于中国的主要原因：“就建立一个具有征集资源和协调地方活动能力的中央集权政体来看，中国比日本、俄国何止落后40年！”[①] 这其实才是鲁迅羡慕日本的真正根源。鲁迅可以在小范围内批判徐懋庸等人的皇权思想，却无力改变皇权思想融入整个现代化运动灵魂中的现实。

日本皇权思想在贯彻功能性时在很大程度上又是借助神权来树立自身的绝对权威：“这一个神权思想，差不多支配了日本的治者阶级，以为皇帝的大权宝位，是天神传授下来的……日本的明治维新，就是神权思想的时代化，所以他们自称王政复古。”[②] 无独有偶，中国皇权思想在贯彻功能性时也是借用神权的威严而热衷于造神运动。反讽的是鲁迅自身也参与了这个造神运动，以“民族魂”的图腾作为这个民族还有希望的象征。而在很长一个时期，鲁迅“三家五最”的身份也让人们对他顶礼膜拜：鲁迅的观点不容置疑，被他批判的人也是毫无辩解的余地。鲁迅唯一的缺点是革命不够彻底，较晚地接受马克思主义。如果鲁迅半人半神的地位还可以以革命的名义提出质疑，当然是一种歪曲的质疑，那么政治革命中铺天盖地的个人崇拜就是皇权思想所负担功能性的负面作用的大爆发。

鲁迅对国民性的改造有着极为深刻的认识和迫切要求，但是阶级斗争理论从领导与组织现代化的功能性要求出发，主张对作为现代化对立面的封建地主阶级和资产阶级进行整体上的消灭或者改造，强调一种现实的政治斗争。从而要求改造国民性服从这个逻辑，因而对表现为国民性问题的皇权思想没有进行有效的清理。在这个过程中，又出现了对革命和解放的真正含义有所误解的主体性问题。在这一点上，与日本皇权的消极面单纯表现为主体性丧失不同，中国皇权思想的消极影响更为复杂。它造成了严重困扰中国的国民性问题，却又附着在阶级斗争实现功能性的过程中难以得到有效清理。但在本质上，主体性的丧失说明中、日两国的皇权思想在现实中都表现为一种奴性，只是形态与程度有所不同而已。鲁迅敏锐地注

---

① ［美］吉尔伯特·罗兹曼主编：《中国的现代化》，江苏人民出版社2005年版，第435页。

② 戴季陶：《日本论》，九州出版社2005年版，第13—15页。

意到皇权所造成的国民性与主体性问题，并寻找以何种方式来代替皇权所行使的功能性。最终，阶级斗争理论成为鲁迅重建中国现代化的领导和组织核心的答案。但由于阶级斗争具有自身独立的逻辑，又极大地制约了鲁迅对于上述问题的反思和批判。这正是中国现代化遭受挫折的深层原因。东亚皇权思想的三个侧面：绝对权威下的主体性丧失、以封建专制为手段的功能性、国民性的卑下深层次地规定了中、日两国无论是革命还是维新，都必然带有浓厚的封建残留。

鲁迅曾经系统地总结出中国皇权思想及其行为方式的主要特征：残忍性、狭隘性以及上下相愚的互相欺骗体系。这在今天仍有借鉴意义。鲁迅曾直指皇权“非人间”的残忍：“大明一朝，以剥皮始，以剥皮终，可谓始终不变……那皇泽之长也就可想而知了。”① 同时，鲁迅还批判了皇权的排他性及由此而产生的极为严重的狭隘、保守心态：“从前的排斥外来学术和思想，大抵专靠皇帝；自六朝至唐宋，凡攻击佛教的人，往往说他不拜君父，近乎造反。”② 鲁迅还揭示出皇权最为可悲之处在于形成了一个君民离心离德的互愚互欺体系：“所以皇帝和大臣有‘愚民政策’，百姓们也自有其‘愚君政策’。”③ 在当代中国，皇权思想也以不同的形式表现出来：缺乏人道主义思想的冷漠甚至残酷；排他、自私行为背后的自大、狭隘心态在社会上尤其是在青年一代的“小皇帝”中广泛存在；社会上习惯性地上欺下、下瞒上的相欺相瞒严重缺乏透明性的情况也时常出现。这些都可以看作皇权思想不同方面和形式的表现。但与鲁迅时代相比，今天的国民性、功能性、主体性的羼杂要简单很多。中国已经拥有一个坚强的现代化核心来取代皇权的功能性，而作为手段的阶级斗争也不再是社会生活的中心，皇权思想几个不同侧面所制造的精神与现实困境也已不再能够内在规定今天现代化的方向。但国民性与主体性问题却仍然存在，如何彻底清除皇权思想，遂成为一个尚未完成却亟待完成的历史任务。正如李泽厚所说：“目前已经基本赢得较长的和平环境……社会主义民主提上了迫切日程的建设时代。重视个体的权益和要求，重视个体的自由、独立、平等，发挥个体自动性、创造性，使之不再只是某种驯服的工

① 鲁迅：《鲁迅全集》第6卷，人民文学出版社1981年版，第167页。

② 鲁迅：《鲁迅全集》第1卷，人民文学出版社1981年版，第300页。

③ 鲁迅：《鲁迅全集》第3卷，人民文学出版社1981年版，第252页。

具和被动的螺钉，并进而彻底消解传统在这方面的强大惰性，在今天比在近代任何时期，便更加重要。”①

第三节　宗法伦理中的等级制度：亚洲的信仰与偏执

对于现代中国的反封建思想革命来说，鲁迅的重要性在于他杰出地证明了如果没有一场彻底的以等级制为主要对象的思想革命，中华民族就不会获得真正的解放。鲁迅及其作品“深刻地表现了中国必须有一场深刻而广泛的思想革命……而它的重点应当是以封建等级观念为基础的残酷、虚伪和陈腐的封建伦理观念。”② 与中国的等级制受到彻底的批判不同，日本等级制在全国范围内受到自上而下的信仰：“日本人对人际关系以及人与国家的关系所抱的整个观念都是建立在对等级制度的信赖之上的。”③ 并且在第二次世界大战之后日本也并不情愿对以天皇制为核心的等级制进行彻底清理。“甚至战败也未能使日本从道义上否定其‘大东亚’理想……其中最重要的态度之一就是他们对等级制度的信仰和观念。”④ 在这两种不同态度的背后，是中日之间的等级制存在的巨大差别，两者几乎在所有的方面都存在不同。

一

第一，这种不同表现在制度层面。等级制作为一种对人们社会生活的要求与规范，最终表现的是国家意志，因而需要用一整套规则固定下来。在这方面中日两国等级制都有明确规定，但具体内容差别较大。鲁迅引用《左传》的内容，概括了将等级制系统化和制度化的具体方式：“天有十日，人有十等。下所以事上，上所以共神也。故王臣公，公臣大夫，大夫

① 李泽厚：《中国思想史论》下册，安徽文艺出版社 1999 年版，第 862 页。

② 王富仁：《〈呐喊〉〈彷徨〉综论》，转引自汪晖、钱理群等《鲁迅研究的历史批判——论鲁迅（二）》，河北教育出版社 2000 年版，第 206 页。

③ ［美］鲁思·本尼迪克特：《菊花与刀——日本文化的诸模式》，孙志民、马小鹤、朱理胜译，庄锡昌校，九州出版社 2005 年版，第 34 页。

④ 同上书，第 17 页。

臣士，士臣皁，皁臣舆，舆臣隶，隶臣僚，僚臣仆，仆臣台。”[①] 在这个体系中前四种阶层属于统治者的等级，后六种阶层居于被奴役者的等级。这个体系的特征是施虐者与受虐者、吃人者与被吃者合为一体，也就是说每个人既是这个体系的受害者，也是受益者。“有贵贱，有大小，有上下。自己被人凌虐，但也可以凌虐别人；自己被人吃，但也可以吃别人。”这种体系保持稳定依靠两个因素，首先是这个体系维持自我平衡的因素，一个等级的利益受到较高等级的侵害时，可以通过侵害更低等级的利益来弥补：“但是‘台’没有臣，不是太苦了么？无须担心的，有比他更卑的妻，更弱的子在。而且其子也很有希望，他日长大，升而为‘台’，便又有更卑更弱的妻子，供他驱使了。如此连环，各得其所。”[②] 其次是统治者又发明了维护这个体系的精神束缚，那就是“礼”。在中国，“礼”所起的作用与西方宗教中的基督相类似，也具有浓厚的宗教色彩。因此以“礼”为核心的思想与信仰体系也被称为“礼教”。“在中国，没有俄国的基督。在中国，君临的是‘礼’。”[③] 那么何谓“礼”？就其具体内容来说，可谓无所不包，但核心思想被鲁迅归结为一句话：“《礼》曰：‘礼不下庶人’”[④]。结果就是作为“庶人”的被统治阶级：“‘非礼勿视，非礼勿听，非礼勿言，非礼勿动’，静静的等着别人的‘多行不义，必自毙’，礼也。”[⑤] 正是由于上述原因，这种等级制度并不会随着王朝的更迭而发生变化。“一级一级的制驭着，不能动弹，也不想动弹了。”鲁迅在《狂人日记》中说：“我翻开历史一查，这历史没有年代，歪歪斜斜的每叶上都写着‘仁义道德’几个字。”[⑥] 所反映的就是这种贯穿整个历史的穿透性彻底泯灭了等级制在不同朝代的分别。

日本等级制的核心也是确立较高等级对于较低等级的优越地位：“日本的封建社会是复杂的等级社会，每个人的身份都是世袭固定的。德川氏巩固了这个制度，并规定了每个卡斯特的日常行动细则。各户家长必须在其门口挂上牌子，表明该户的阶级地位以及有关其世袭身份的必要事实。

① 鲁迅：《鲁迅全集》第1卷，人民文学出版社1981年版，第215—216页。

② 同上。

③ 鲁迅：《鲁迅全集》第6卷，人民文学出版社1981年版，第421页。

④ 鲁迅：《鲁迅全集》第1卷，人民文学出版社1981年版，第215页。

⑤ 同上。

⑥ 同上书，第425页。

他所能穿的衣服，他所能买的食物，以及他能够合法居住的房屋的种类，都是根据这种世袭身份规定的。”[①] 但是，不同于中国等级制中统治阶级对被统治阶级人身的彻底压服和经济利益的根本损害，这种优越地位不是依靠侵犯较低等级利益而维持。相反，在很大程度上是靠维护他们的利益而存在：“在每一个依附者与其上司之间存在着一种可信赖的关系，每个人知道他自己的义务、权利和地位，如果这些受到侵犯，即使最贫穷的人也可以提出抗议。”[②] 与中国存在严密的礼教相同，日本人也制定了严密的“礼法”。但与中国的礼教泯灭人性的生硬和残酷的束缚不同，日本“礼法”的目的在于竭力避免等级带来的侵犯与屈辱感：“日本人规定了各种礼法，以避免发生使人受辱的事态。”[③] 在这个体系中，在确保较低等级利益的同时，并且较高等级也要负有更加重大的责任。“比起西方文化来，他们给予‘上司’更大得多的尊敬，从而也就给予‘上司’更大的多得的行动自由，但是‘上司’也必须守本分。日本人的座右铭是：各得其所。”[④] 实质上，这是一种封建式的社会契约和分工。在中国，这种封建式的社会契约也同样存在，也要求统治阶级具备较高的责任和道德水平。1935 年鲁迅在翻译《死魂灵》时，针对果戈理所持的“以为位置高的，道德也高”[⑤] 的观点以及“所以对于大官，攻击特少”的举动，鲁迅虽然以为这是一种偏见，但也承认这种心理在中国同样存在：“例如前清时，一般人总以为进士翰林，大抵是好人，其中并无故意的拍马之意。”[⑥] 但是中国统治阶级层出不穷的荒淫和无耻造成了这种本来就非常松散的契约关系的彻底破裂：“一方面是庄严的工作，另一方面却是荒淫与无耻”[⑦] 的社会现象。当然，在日本这种契约与分工实质上并没有减轻对较低等级惊人的限制与盘剥：“这儿存在着斯巴达式的限制，无论是在

---

① ［美］鲁思·本尼迪克特：《菊花与刀——日本文化的诸模式》，孙志民、马小鹤、朱理胜译，庄锡昌校，九州出版社 2005 年版，第 48 页。

② 同上书，第 55 页。

③ 同上书，第 117 页。

④ 同上书，第 70 页。

⑤ 鲁迅：《鲁迅全集》第 13 卷，人民文学出版社 1981 年版，第 232 页。

⑥ 同上。

⑦ 鲁迅：《鲁迅全集》第 6 卷，人民文学出版社 1981 年版，第 286 页。

对靠租税而活的武士还是对从事生产的阶级都是如此。”① 其苛酷程度也并不较中国为轻。但是日本的统治阶级始终没有表现出中国特权阶级无可比拟的堕落与腐朽。

第二，中日等级制度的不同还表现在社会生活，特别是物质生活的差别上。当等级制表现为国家意志以后，它就在社会生活的一切方面表现出来。首先是物质生活的层面。在鲁迅看来，中国等级制的实质是以损害弱者的利益来满足统治阶级的物质欲望：“我们的古圣先贤既给与我们保古守旧的格言，但同时也排好了用子女玉帛所做的奉献于征服者的大宴。”“简单地说，便只是纯粹兽性方面的欲望的满足——威福，子女，玉帛，——罢了。”② 而这就是鲁迅眼中的中国从皇帝到庶人的“大小丈夫”的最高理想。从表面看来，日本同样存在对物质享受异乎寻常的迷恋：“像日本那种伦理道德戒律，似乎理所当然地会把个人的欲望看成是一种邪恶……但令人奇怪的是日本的道德戒律对官能的享受竟如此宽容。”③ 日本的茶道举世闻名，热水浴则在整个国家风靡，“是日本人最喜欢的肉体小享受之一”。甚至连饮食、睡眠这些琐碎的日常生活事务，日本人都竭力使其艺术化。但是如果在日本人看来这种享受影响了执行自己在等级制中被规定的责任，他们就会毅然放弃这种享受，并且把这种放弃作为一种美德：“在美国人听来，这种理论会导致纵欲和放荡的哲学。但日本人把履行义务定为人生最高的任务……他们经常放弃他们绝不视为邪恶的享受。这需要意志力，这种力量在日本是最受崇拜的美德。”④ 中国社会对等级制所造成的纵欲特征并非一无所知或者视而不见，“存天理，灭人欲”的理学兴起就是一种矫枉过正的努力。而日本对中国强调以伦理限制人欲的文化特征极为轻视，认为：

“道德戒律适合于因本性低劣而不得不用这种人为的手段予以约束的中国人。”18 世纪著名的神道家本居曾这样写过……他们说，日

① ［美］鲁思·本尼迪克特：《菊花与刀——日本文化的诸模式》，孙志民、马小鹤、朱理胜译，庄锡昌校，九州出版社 2005 年版，第 54—55 页。

② 鲁迅：《鲁迅全集》第 1 卷，人民文学出版社 1981 年版，第 355 页。

③ ［美］鲁思·本尼迪克特：《菊花与刀——日本文化的诸模式》，孙志民、马小鹤、朱理胜译，庄锡昌校，九州出版社 2005 年版，第 130 页。

④ 同上书，第 140 页。

本人的本性是天生善的，是可信赖的。没有必要与自己身上的另一半邪恶作斗争，所需的只是净化心灵的窗户，在每种不同的情况下采取适当的行动。即使“脏”了，污垢也极易被除去，人本质上的善又会重放异彩。①

虽然日本人的这种优越感并无事实上的根据，但是日本人以责任与荣誉来调节物质享受，并以此感到自豪，却也是事实。

第三，中日等级制度的不同表现在国民精神上。在物质享受层面之外，等级制更在国民精神上留下深刻印记。在国民精神中形成了一种审美体验，使国民得到一种扭曲的审美愉悦。“即使无名肿毒，倘若生在中国人身上，也便是‘红肿之处，艳若桃花；崩溃之时美如乳酪。’国粹所在，妙不可言。”② “如果从奴隶生活寻出‘美’来，赞叹，抚摸，陶醉，那可简直是万劫不复的奴才了，他使自己和别人永远安住于这生活。”③被等级制压服的中国人，只好在自欺和欺人之中无心，也无力再去区别现实和幻觉：“中国人是并非‘没有自知’之明的，缺点只在有些人安于‘自欺’，由此并想‘欺人’。”④ 日本的等级制却并没有给国民留下精神上被驯服的印记，相反，日本的国民获得的是一种在体制内的平和与稳定：“在这种制度下面，日本人并没有变成温和和顺从的人，像某些处于高压等级制度统治下的国民那样。重要的是要承认给予每个阶级以某种保证。即使是贱民也要保证其对某一特别的行业享有垄断权，他们的自治组织也得到当局的承认。对每个阶级都有很多的限制，但也因而有了秩序和安全。”⑤ 而日本由于强调在等级制度内所做出的牺牲，而使他们获得了一种强烈的优越感：“他们要作出过度的抑制，因而得不到自己的幸福。他们没有勇气过不需要做出如此巨大的精神牺牲的生活，却被军国主义者引上了代价无休止增加的道路。由于付出了如此高昂的代价，他们变得自

---

① ［美］鲁思·本尼迪克特：《菊花与刀——日本文化的诸模式》，孙志民、马小鹤、朱理胜译，庄锡昌校，九州出版社 2005 年版，第 140 页。

② 鲁迅：《鲁迅全集》第 1 卷，人民文学出版社 1981 年版，第 318 页。

③ 鲁迅：《鲁迅全集》第 4 卷，人民文学出版社 1981 年版，第 588 页。

④ 鲁迅：《鲁迅全集》第 6 卷，人民文学出版社 1981 年版，第 625 页。

⑤ ［美］鲁思·本尼迪克特：《菊花与刀——日本文化的诸模式》，孙志民、马小鹤、朱理胜译，庄锡昌校，九州出版社 2005 年版，第 59 页。

鸣得意起来，并蔑视具有比较宽容的伦理的民族。”[①] 中国人在等级制中获得了一种在深渊中享受黑暗的陶醉感，而日本人因为勇于牺牲而获得的是一种自鸣得意的优越感。

这样，在东亚出现了两种在结构上相似内容上却截然不同的等级制度。根据以上比较，中国的等级制要更加封闭、腐朽，而日本等级制更加开放、有机。如果不是西方的入侵，可以设想这两种等级制都不会有根本性的改变。中国的王朝或许更迭，但是等级制将贯穿始终；日本的等级制更是将要世代流传。但是正如竹内好所说“东洋的近代是欧洲强制的结果”[②]。现实是，东方不可避免地要遭遇西方。鲁迅在义愤填膺地批判等级制之后，也依然需要思考与寻找解决方案。在鲁迅的思考过程中自西方传来的平等观念却早已在瓦解着东方的等级制。以谭嗣同为代表的维新派和以邹容为代表的革命派思想家已经为平等观念的普及呐喊多时，平等的现代意义也逐渐为中国人所接受。在西方的影响下中国人开始接受一种作为等级制对立物的平等观念。“‘平等’是一个政治伦理范畴，西方启蒙思想家以此反对中世纪封建等级特权制。”[③] 对西方人来说，等级制是不能忍受的暴政，而平等则代表了更加美好的世界：“美国人向往着更美好的世界，而平等就是这种向往的最高和最合乎道德的基础……我们义愤填膺地与等级制度进行斗争。”[④]

西方人不假思索地对国内存在的等级制进行毫不妥协的斗争。但在面对日本带有封建契约性质的发展极为充分的等级制时却充满了矛盾和不解：“他们相信秩序和等级制度，我们信仰自由和平等，各执一端，因此对我们来说，很难恰如其分地把等级制度作为一种可能的社会结构来理解。”[⑤] 更令西方人不解的是，日本恰恰是依靠等级制来实现了近代化。但是，西方学者还是注意到了日本等级制高效运转的一个最为重要的原因：“承认等级制度的行为对他们来说就像呼吸那样自然。但是，它并不

---

① ［美］鲁思·本尼迪克特：《菊花与刀——日本文化的诸模式》，孙志民、马小鹤、朱理胜译，庄锡昌校，九州出版社 2005 年版，第 222 页。

② ［日］竹内好：《近代的超克》，生活·读书·新知三联书店 2005 年版，第 182 页。

③ 转引自张岂之、陈国庆《近代伦理思想的变迁》，中华书局 2000 年版，第 344 页。

④ ［美］鲁思·本尼迪克特：《菊花与刀——日本文化的诸模式》，孙志民、马小鹤、朱理胜译，庄锡昌校，九州出版社 2005 年版，第 35 页。

⑤ 同上书，第 34 页。

是一种简单的西方式的独裁主义。行使统治权的人同受别人统治的人都要遵守一种传统，而这种传统与我们的传统是不一样的。”①

“平等”给美国人带来更美好的生活，而等级制给日本带来更有秩序和效率的生活。中国的情形却要远比美、日两国复杂。表面上看，中日之间等级制绝无横向的联系与交流。甲午战争之后派遣到日本的留学生在日本看到与中国相同的封建残留，这使他们充满了失望和厌恶，鲁迅对此有清晰的记载：“现在还记得那时心里想，正因为绝望于孔夫子和他的之徒，所以到日本来的，然而又是拜么？一时觉得很奇怪。”② 而美国式的平等看似在思想界风靡一时占尽优势，实则中国人对于平等的理解还比较肤浅。既保存了浓厚封建残留的“三六九等”观念，却又存在要求不加任何区分的“大锅饭”式的绝对平等。即便多少建立了对于平等的信念，在现实中也往往无法实现。而鲁迅就是极少数思考和表现出这个过程的现代作家之一。

根据鲁迅的观察，自由平等这些观念虽然在中国并不缺乏，但是实际上却无法真正影响中国人的生活。“现在的外来思想，无论如何，总不免有些自由平等的气息，互助共存的气息，在我们这单有‘我’，单想‘取彼’，单要由我喝尽了一切空间时间的酒的思想界上，实没有插足的余地。”③“人格的平等，也是一种外来的旧理想；现在‘经验’既已登坛，自然株连着化为妄想。”④ 并且，中国所谓“国粹”所排斥的并不仅仅是自由平等的观念而已，而是对从学术到制度的一系列西方影响的根本排斥：“每一新制度，新学术，新名词，传入中国，便如落在黑色染缸，立刻乌黑一团，化为济私助焰之具……此弊不去，中国是无药可救的。”⑤

正是在这种情况下，鲁迅的平等思想不但有很多矛盾之处并且随着思想的发展多有变迁。在日本留学时期，鲁迅倾向个人主义，坚决反对西方的自由平等观念带来的事实上的绝对平等。“平等自由之念，社会民主之思，弥漫于人心……而风俗习惯道德宗教趣味好尚言语暨其他为作，俱欲

① ［美］鲁思·本尼迪克特：《菊花与刀——日本文化的诸模式》，孙志民、马小鹤、朱理胜译，庄锡昌校，九州出版社 2005 年版，第 36 页。

② 鲁迅：《鲁迅全集》第 6 卷，人民文学出版社 1981 年版，第 315 页。

③ 鲁迅：《鲁迅全集》第 1 卷，人民文学出版社 1981 年版，第 356 页。

④ 同上书，第 318 页。

⑤ 鲁迅：《鲁迅全集》第 5 卷，人民文学出版社 1981 年版，第 480 页。

去上下贤不肖之闲，以大归乎无差别”①。“盖自法朗西大革命以来，平等自由，为凡事首……使天下人人归于一致，社会之内，荡无高卑。此其为理想诚美矣，顾于个人殊特之性，视之蔑如，既不加之别分，且欲致之灭绝。”② 五四时期，鲁迅一方面肯定平等的价值，同时也看到平等在中国语境下事实上难以实行。所以表现中国社会根深蒂固的等级制对平等的抹杀就成为鲁迅作品的着力之处。在说到女学生因为剪发而被学校开除的遭遇时，鲁迅痛切地说：“仍然留起，嫁给人家做媳妇去：忘却了一切还是幸福，倘使伊记着些平等自由的话，便要苦痛一生世！”③ 在这种情况下，鲁迅当然无法说服自己提倡一种空空洞洞的平等引导青年走向死地。并且，鲁迅在《伤逝》中表现了涓生生硬接受作为一种理念的“平等”，不顾传统中女子历来生活在男性羽翼之下的现实，勉强妻子与自己“携手同行”。终于导致了对爱侣的虐杀：“她早已什么书也不看，已不知道人的生活的第一着是求生，向着这求生的道路，是必须携手同行，或奋身孤往的了，倘使只知道捶着一个人的衣角，那便是虽战士也难于战斗，只得一同灭亡。”④

二

1930年，对现实的关注促使鲁迅从对纯理念的“平等”进行探讨中逐渐走出。更加注重以具体的措施来纠正社会中广泛存在的不平等现象。大有少谈主义，多谈问题的意味：“所以在现下的教育不平等的社会里，仍当有种种难易不同的文艺，以应各种程度的读者之需。”⑤ 终于，在1933年鲁迅借着谈论女子应当获得与男子同样的经济权问题时，提出了他最为成熟的平等观。“在这未改革的社会里，一切单独的新花样，都不过一块招牌，实际上和先前并无两样……所以一切女子，倘不得到和男子同等的经济权，我以为所有好名目，都是空话。自然，在生理和心理上，

① 鲁迅：《鲁迅全集》第1卷，人民文学出版社1981年版，第48页。

② 同上书，第50页。

③ 同上书，第465页。

④ 鲁迅：《鲁迅全集》第2卷，人民文学出版社1981年版，第123页。

⑤ 鲁迅：《鲁迅全集》第7卷，人民文学出版社1981年版，第349页。

男女是有差别的；即在同性中，彼此也不免有些差别，然而地位却应该同等。”① 这正与现代西方思想家的观念不谋而合，与卢梭的观点更是极为接近。卢梭认为，社会不平等可以分为“自然的和物理的不平等”和“政治的或道德的不平等”两种形式。前一种形式的不平等“是自然所设立，并且由年龄、健康、体力以及精神或心灵的性质的不同所构成的”；后一种形式的不平等则“从属于一种契约，并且由人的同意而设立的，或者至少是由人民的同意而授权的，这种不平等在于某一些人享有有损于他人的各种特权，例如那些比他人较富的、较尊的、较强的或者甚至能使他人服从自己的就是。”② 卢梭所说前一种不平等是“天生的不平等”；后一种是“人为的不平等”，在鲁迅看来，后者正是由于封建的等级制度造成的。

应该说，上述平等观念比较富于辩证观念，也具有可操作性。然而，理想碰碎在现实上却是鲁迅启蒙道路上的常态。鲁迅在中国社会中悲哀地发现一方面等级制不断在新兴的革命事业中出现，另一方面在群众中绝对平等却又顽固地存在。

1930 年在作联成立大会上，鲁迅就鲜明地指出了存在于作家中的特权等级思想。以为是左翼文学运动的大敌：“以为诗人或文学家高于一切人，他底工作比一切工作都高贵，也是不正确的观念……以为诗人或文学家，现在为劳动大众革命，将来革命成功，劳动阶级一定从丰报酬，特别优待，请他坐特等车，吃特等饭，或者劳动者捧着牛油面包来献他，说：‘我们的诗人，请用吧！’这也是不正确的……不待说，知识阶级有知识阶级的事要做，不应特别看轻，然而劳动阶级决无特别例外地优待诗人或文学家的义务。”③ 当然，鲁迅看到的这个问题只是冰山一角，在革命过程中出现得更多的“衣分三色，食分五等”的等级观念随着他的死亡已经溢出了他的视野。知识分子也因为越来越远离革命中心，并且不驯服的特点在“工农至上”的新式等级思想中居于被改造与打倒的地位。这些鲁迅都已经不可能再有所议论了，而留给后来者的却是富有意味的“鲁迅活着会怎样”的猜想。

---

① 鲁迅：《鲁迅全集》第 4 卷，人民文学出版社 1981 年版，第 598 页。

② 转引自张岂之、陈国庆《近代伦理思想的变迁》，中华书局 2000 年版，第 345 页。

③ 鲁迅：《鲁迅全集》第 4 卷，人民文学出版社 1981 年版，第 234—235 页。

然而另一个在表面上看似与之完全相反的事实却是，在群众中绝对平等又无处不在。1935 年，鲁迅在为一位左翼文学青年所作的序言中写道："我觉得中国有时是极爱平等的国度。有什么稍稍显得特出，就有人拿了长刀来削平它。"① 根据鲁迅在日本时的认识，这种绝对平等是平等观念在实践中的一个偏执与弊端。但是实际上绝对平等却是与等级制度相反相成的另一种具体体现。等级制中大多数被压迫者对等级制的恐惧使得他们对现有压迫无可奈何的同时却本能地排斥新出现的压迫。这种对新出现的压迫随时保持警惕的下意识，反映在现实生活中最明显的表现就是反对一切出风头的表现，排斥任何形式的标新立异。因为这意味着别人在某一方面超过自己，从而可能在等级制中的地位超过自己。除去恐惧心理外，绝对平等的另一个心理原因则是嫉妒。因为等级制是一个施虐者与被虐者、吃人者与被吃者的合体。在恐惧被压迫被吃的同时，又难以克制对压迫与吃人的艳羡。在等级制极为森严的情况下，自己绝无可能居于高位，转而否定别人居于高位的可能就是一个合情合理的选择。所以，绝对平等表现出的是等级制中被压迫者对压迫的恐惧和对压迫者的羡慕与嫉妒的一种综合的心理反应。

因此，中国的等级制之所以存在主要是特权等级对自身利益的坚持，一旦有新的阶级上升到特权等级也乐于固守等级。而占绝大多数的被统治阶级却用绝对平等顽强地对抗等级制。最终的结果是经由等级的分裂最后使整个国家陷入分裂。正如鲁迅所说："中国人至今还有无数'等'，还是依赖门第，还是倚仗祖宗。倘不改造，即永远有无声的或有声的'国骂'。就是'他妈的'，围绕在上下和四旁，而且这还须在太平的时候。"② 所以中国的等级制实际上是一个无药可救的死症。

而日本的等级制则不存在中国等级制那样明显的缺陷：特权等级的为所欲为和被统治阶级的要求绝对平等。日本等级制首先是通过统治阶级的自我约束和体制内的"各守本分"的分工来消除两者的对抗。其次是通过避免竞争来消除群众对竞争的恐惧，从而杜绝了要求绝对平等的心理基础。"对美国人特别重要的是：应该认识到在日本竞争并没有产生那种在我们的生活体系中所收到的同等程度的合乎社会期望的效果……尽管减少

① 鲁迅：《鲁迅全集》第 6 卷，人民文学出版社 1981 年版，第 290 页。

② 鲁迅：《鲁迅全集》第 1 卷，人民文学出版社 1981 年版，第 234 页。

这种直接竞争的努力贯穿于日本人生活的所有方面，在一种以‘恩’为基础的伦理中，竞争的立足之处是有限的，而美国人必须履行的责任是要在与同伴的竞争中取得优异成绩。对各个阶级有详细规则的整个等级制度把直接竞争限制到最低限度。”[①] 日本伦理的“恩”，自然是较高等级对较低等级的照顾，那么这种“恩威并施”自成体系的等级制度真的是亚洲的希望所在吗？

日本等级制的问题在于他们是如此的迷恋等级制，以至于试图在世界范围内建立一种以日本居于领导与特权地位的等级制的世界体系。“日本人是从等级制度的观点来看待国内问题的，他们也用同样的观点来看待国际关系。”[②] 这也成为了日本人发动侵略战争的主要理论依据。“他们认为，只要各国拥有绝对的主权，世界就处于无政府状态。日本必须奋起战斗，建立一种等级制度——当然是在日本领导下的等级制度，因为它是唯一真正彻底的等级国家，因而理解‘各守本分’的必要性……因此根据日本人的等级秩序的前提，日本应该扶持落后的中国弟弟。”[③] 不但如此，发动侵略战争的日本也在维护等级制的幌子下扮演了维护亚洲独立的反抗欧美帝国主义侵略的角色。“日本与‘大东亚’各国属于同一人种，所以在赶走英国人和俄国人之后，它还应该把美国人从世界这个地区赶走，并‘占据其所居的地位’。各国应统一于一个用国际等级制度固定起来的世界中。”[④] 因此，不得不说这种等级制对于日本来说简直完美：“对日本而言，这是创造出来的最适当的幻想。”[⑤] 中国虽然不至于像日本一样致力于将整个世界纳入以自己为首的等级体制，但是也是以一种明显缺乏平等观念的等级思想看待国际关系：“中国人对于异族，历来只有两样称呼：一样是禽兽，一样是圣上。从没有称他是朋友，说他也同我们一样的。”[⑥] 鲁迅在这方面进行了深刻的展示与批判：“这正是被压服的古国人民的精神，尤其是在租界上。因为被压服了，所以自视无力，只好托人向世界去

① ［美］鲁思·本尼迪克特：《菊花与刀——日本文化的诸模式》，孙志民、马小鹤、朱理胜译，庄锡昌校，九州出版社 2005 年版，第 116 页。

② 同上书，第 34 页。

③ 同上书，第 17 页。

④ 同上。

⑤ 同上。

⑥ 鲁迅：《鲁迅全集》第 1 卷，人民文学出版社 1981 年版，第 336 页。

宣传，而不免有些谄；但又因为自以为是‘经过四千余年历史文化训练’的，还可以托人向世界去宣传，所以仍然有些骄。骄和谄相纠结的，是没落的古国人民的精神的特色。”① 可见，中日之间的等级制虽然存在巨大不同，但在全球化时代，它们都表现出相同的狭隘以及顽固坚持压迫合理，这在本质上是完全相同的。作为一种深厚的心理因素，正是其导致了与西方无法实现平等有效的交流：在自认为居于较低地位时无原则地认同西方，当认为自身的实力超过西方就要求其服从等级制的理念，从而服从东方对西方的等级统治。用极端态度来对待西方成为主导东西方交流的常态。

而东亚在国际关系中所坚持的等级制是其国内存在的等级制的放大，那么要实现真正平等的国际关系还要依靠东亚各国彻底肃清等级制的残余，真正接受与实现现代的平等理念。对于中国来说这个过程却并不简单，即便是在全球化的背景下。因为真正消灭等级制及其思想观念是一个改良社会组织与改造国民性的综合体系。正如鲁迅所说：“我总以为下等人胜于上等人，青年胜于老头子，所以从前并未将我的笔尖的血，洒到他们身上去。我也知道一有利害关系的时候，他们往往也就和上等人老头子差不多了，然而这是在这样的社会组织之下，势所必至的事。对于他们，攻击的人又正多，我何必再来助人下石呢，所以我所揭发的黑暗是只有一方面的，本意实在并不在欺蒙阅读的青年。”② 如果社会组织不是一天比一天得到完善，国民性不是一天比一天得到改善，等级制的灵魂就一天比一天靠近而不是远离中国大地。而中国要获得现代意识与实现现代化的一个最大障碍就得不到真正解决。

① 鲁迅：《鲁迅全集》第 4 卷，人民文学出版社 1981 年版，第 412 页。

② 同上书，第 97 页。

结 语

本书的开头指出，鲁迅着重思考和表现了在现代中国转型过程中出现的四对主要矛盾，这主要地构成了现代中国重建伦理体系的深层困难：知识分子伦理重建的困难在于知识分子与政治的矛盾，是要服从民族救亡的大局还是要坚持警惕任何形式奴役的产生？阶级伦理反映了如果统治阶级的表现低于被统治阶级的预期，是要选择容忍还是开始新一轮革命？民族伦理反映了社会发展的终极意义表现在个人还是在集体？尤其是在民族救亡的背景下。宗法伦理反映出中国和日本分别代表了这个伦理体系“孝”与“忠”的两个侧面，两者也作为一个整体反映了宗法伦理与现代伦理的冲突，亚洲在传统与现代中间如何进行价值取舍与融合？这些概念在今天看来相对清晰，并且相互之间并不相干，这是因为现代社会具备了一定的社会条件和空间来协调这些概念的、现实的冲突。但是在鲁迅的时代这些概念却是充满了冲突，相互之间也往往有着紧密的逻辑联系和现实的影响。也应该深刻看到，在当代社会下其实依然存在对这些概念的深层理解问题，存在一定程度的信仰与价值观问题，并且如果经济条件或者政治条件出现问题，讨论这些概念的社会条件与空间有可能丧失或者变得狭隘，我们不可能重演一遍现代历史来获得这些经验。本书试图讨论各种概念原则之间的横向关系与纵向演变，通过考察鲁迅对这些概念的思考与反映，可以看到鲁迅对这些概念的诠释比我们今天所意识到的要更加丰富与复杂。这对我们重新认识这些概念，重新树立个人价值，处理个人与社会的关系，认识鲁迅都有重大意义。

参考文献

［1］鲁迅:《鲁迅全集》，人民文学出版社 1981 年版。

［2］［法］雷蒙·阿隆:《阶级斗争——工业社会新讲》，译林出版社 2003 年版。

［3］汪晖:《反抗绝望》，河北教育出版社 2000 年版。

［4］［美］格里德:《胡适与中国的文艺复兴——中国革命中的自由主义（1917—1937）》，江苏人民出版社 2005 年版。

［5］许纪霖:《知识分子十论》，复旦大学出版社 2003 年版。

［6］张岂之、陈国庆:《近代伦理思想的变迁》，中华书局 2000 年版。

［7］姜振昌:《经典作家与中国新文学》，中国戏剧出版社 2003 年版。

［8］郑家建:《被照亮的世界——故事新编诗学研究》，福建教育出版社 2001 年版。

［9］钱杏邨等:《围剿集》，河北教育出版社 2000 年版。

［10］王晓明:《鲁迅传》，上海文艺出版社 2001 年版。

［11］［英］伯兰特·罗素:《伦理学与政治学中的人类社会》，河北教育出版社 2003 年版。

［12］［美］伊安·夏皮罗:《政治的道德基础》，姚建华、宋国友译，王世茹校订，上海三联书店 2006 年版。

［13］［美］爱德华·W. 萨义德:《知识分子论》，单德兴译，陆建德校，生活·读书·新知三联书店 2007 年版。

［14］易竹贤:《胡适传》，湖北人民出版社 2005 年版。

［15］朱学勤:《思想史上的失踪者》，花城出版社 1999 年版。

［16］罗志田:《激变时代的文化与政治——从新文化运动到北伐》，

北京大学出版社 2006 年版。

[17] 陈独秀等:《红色光环下的鲁迅》,河北教育出版社 2000 年版。

[18] 谢泳编:《鲁迅还是胡适》,中国工人出版社 2006 年版。

[19] 吕周聚:《现代中国文学沉思录》,齐鲁书社 2007 年版。

[20] [美] 弗兰克·梯利:《伦理学导论》,广西师范大学出版社 2002 年版。

[21] [德] 费希特:《伦理学体系》,商务印书馆 2007 年版。

[22] [法] 朱立安·班达:《知识分子的背叛》,上海世纪出版集团 2005 年版。

[23] 林贤治:《鲁迅的最后十年》,中国社会科学出版社 2003 年版。

[24] [日] 伊藤虎丸:《鲁迅与日本人——亚洲的近代与“个”的思想》,河北教育出版社 2000 年版。

[25] 李泽厚:《中国思想史论》(下册),安徽文艺出版社 1999 年版。

[26] 孔范今编:《百年大潮汐——20 世纪思想解放运动文录》,泰山出版社 1999 年版。

[27] 倪愫襄:《伦理学导论》,武汉大学出版社 2006 年版。

[28] [日] 竹内好:《近代的超克》,生活·读书·新知三联书店 2005 年版。

[29] 王海明:《伦理学原理》,北京大学出版社 2001 年版。

[30] 王富仁、汪晖等:《鲁迅研究的历史批判——论鲁迅》(二),河北教育出版社 2000 年版。

[31] [英] 弗里德里希·奥古斯特·哈耶克:《通往奴役之路》,王明毅、冯兴元等译,中国社会科学出版社 1997 年版。

[32] 冯雪峰:《冯雪峰忆鲁迅》,河北教育出版社 2001 年版。

[33] 许纪霖:《二十世纪思想史论·下卷》,东方出版中心 2000 年版。

[34] [俄罗斯] A. И. 季塔连科主编:《马克思主义伦理学》,中国人民大学出版社 1984 年版。

[35] 李欧梵:《铁屋中的呐喊》,岳麓书社 1999 年版。

[36] 胡明:《正误交织陈独秀》,人民文学出版社 2004 年版。

[37] 冯尔康:《中国社会史概论》,高等教育出版社 2004 年版。

[38]［美］吉尔伯特·罗兹曼编：《中国的现代化》，江苏人民出版社2005年版。

[39] 戴季陶：《日本论》，九州出版社2005年版。

[40]［美］鲁思·本尼迪克特：《菊花与刀——日本文化的诸模式》，孙志民、马小鹤、朱理胜译，庄锡昌校，九州出版社2005年版。

[41]［日］依田熹家：《日中两国近代化比较研究》，北京大学出版社1991年版。